安徽省商业网点发展现状研究

李淑琴　编著

中国科学技术大学出版社

内 容 简 介

本书是在国家提出扩大消费需求、促进服务业大发展的背景下，对安徽省“十五”、“十一五”期间全省商业网点发展现状开展的系统性研究。本书系统研究了安徽省商业网点发展现状，进行了评价，提出了安徽省商业网点建设的重点和发展方向；提供了大量与安徽省商业网点建设有关的基础资料；此外，还分别列举了“商业网点总体量分析”、“城市流通竞争力分析”、“商业行业区位商分析”等数据模型及评价报告的技术理论方法。

本书可供各级政府经济管理部门，商贸流通企业、经济发展研究机构等单位，高校教学及科研单位，规划编制机构，商业咨询机构、商业地产投资及外商投资管理人员等参考阅读。

图书在版编目(CIP)数据

安徽省商业网点发展现状研究/李淑琴编著. —合肥：中国科学技术大学出版社，2012.7

ISBN 978-7-312-03070-3

Ⅰ.安…　Ⅱ.李…　Ⅲ.商业网点—研究—安徽省　Ⅳ.F727.54

中国版本图书馆 CIP 数据核字(2012)第 137606 号

出版　中国科学技术大学出版社
地址：安徽省合肥市金寨路 96 号，230026
网址：http://press.ustc.edu.cn

印刷　安徽省瑞隆印务有限公司

发行　中国科学技术大学出版社

经销　全国新华书店

开本　710 mm × 1000 mm　1/16

印张　15.75

字数　320 千

版次　2012 年 7 月第 1 版

印次　2012 年 7 月第 1 次印刷

定价　36.00 元

前　言

21世纪是商业社会时代。从人类发展历史看，第一次社会大分工产生农业，第二次社会大分工出现工业，第三次社会大分工诞生商业。社会发展沿着这一历史轨迹，从农业社会进入工业社会，迎来了商业社会。在"十二五"经济社会发展时期，安徽省将进入工业化中后期，部分城市或将发展进入工业化后期，所谓工业化后期社会实质上就是商业社会。因此，21世纪前叶，特别是最近10～20年是安徽省商业发展的关键时期，是迎接商业全球化、全球商业化而未雨绸缪的最好发展阶段。

众所周知，农业社会的基础产业是农业，工业社会的基础产业是工业，而商业社会的基础产业是流通业。流通业从社会化、贡献率、就业比、关联度和不可替代性等方面决定着其必然是城市发展的基础产业。没有强大的商贸流通产业，既成不了经济大省，更造就不了经济强省。安徽省在《安徽省国民经济和社会发展第十二个五年规划》中提出了工业强省和城镇化发展的"双轮驱动"发展战略。在市场经济条件下，一切生产都是为了交换，企业所有的经济行为最终都要表现为交换行为，交换体现了消费在市场中的需求，既是生产的起点，也是生产的归宿。因此，没有强大的商贸流通业，就没有工业强省。同样，城为廓、市为实，城市是由城与市构成的，应依城建市，以市兴城，城市一体，协调发展。商贸流通业既是城镇化的基础，又是城镇化实现的关键产业。

商业网点是商贸流通业发展的主要组成部分，是扩大内需、促进消费、保障供给、提供服务的基本载体，是构成商品市场体系的基础单位。商业网点建设和发展的水平决定商贸流通业发展的水平。安徽省要实现以大流通、大商业、大市场为基础的现代流通体系，关键在商业网点建设，难点在商业网点建设，潜力在商业网点建设，希望也在商业网点建设。

本书编著者自1984年进入安徽省经济委员会工作，直至2004年国家机构改革调整至安徽省商务厅工作，至今已在省直机关从事经济管理工作近28年，特别是自2005年以来，一直从事全省商业网点规划管理工作，并担任安徽省城乡规划委员会审查委员会委员，熟悉商贸流通业，积累了大量的商业网点规划编制、评审及管理工作的经验及资料。值此“十二五”规划开局之年，又适逢我国商业网点规划工作开展10周年之际，有必要全面总结安徽省商业网点建设发展经验，系统研究和客观评价安徽省商业网点发展现状，深入分析安徽省商业网点发展新机遇和挑战，明确提出未来安徽省商业网点建设的重点和发展方向，为政府部门和企业决策提供服务，为经济研究和教学工作提供参考。这也是本书目的之所在、职责之所在。

本书完稿后，安徽省市场营销协会组织专家学者评审会，对书稿进行专题研讨，邀请了安徽省社科联程必定书记、安徽省商务厅张远琴处长、中国科学技术大学刘志迎教授、安徽财贸职业学院耿金岭教授、安徽省政府发展研究中心李秋淮博士等参加。专家学者一致认为，本书“通过翔实的数据、科学的方法、透彻的分析，理论联系实际，对安徽省商业网点发展现状的评价全面客观；对安徽省商业网点建设所面临的优势、劣势、机遇、挑战的分析符合安徽省商业发展实际；提出的安徽省商业网点建设重点任务和发展方向，思路清晰，导向性强，是迄今为止关于安徽省商业网点建设的一项最系统、全面的研究成果。研究方法具有一定的创新性，研究成果具有很高的应用性，研究水平达到了国内领先水平”。专家学者提出，本书具有“立意深远、方法科学、研究系统、观点新颖、对策可行”的特点，建议“尽快将成果公开出版，扩大影响，为政府决策和社会实践提供重要参考依据”。

本书编著过程中，受到安徽省市场营销协会卢家丰会长和安徽省商务厅张光建副厅长的指导和帮助，并得到了安徽省市场营销协会曹阳副会长、中商商业规划研究院郭亮博士和黄灵丽同志的鼎力支持，在此一并表示感谢。

由于时间仓促和水平有限，书中的许多结论性意见和分析结果或许有不足之处，诚望商贸流通领域的专家、学者和读者朋友们批评指正，以利今后完善提高。

编　者

2011年12日

目　录

第一章　绪　　论

商业网点是商贸流通体系的重要组成部分，是商贸流通功能的实现载体，对繁荣市场、服务生产、满足消费发挥着基础性重要作用。实施商业网点规划是对商业网点进行科学布局、促进公平竞争、保障服务需求的重要措施。

2001 年，原国家经济贸易委员会发布了《关于城市商业网点规划工作的指导意见》(国经贸贸易〔2001〕789 号)，成为国家对商业网点规划工作的第一个指导性意见。之后十年，安徽省商业网点建设在省、市各级商务主管部门的大力推动下，逐步从自发发展、无序发展的状况中开始转变。特别是 2004 年商务部出台的《关于印发〈城市商业网点规划编制规范〉的通知》(商建发〔2004〕180 号)，有效推动了安徽省商业网点规划的编制工作，促进了安徽省商业网点的科学布局和快速发展。截至 2010 年底，安徽省 17 个地级市、5 个县级市及 20 多个县陆续完成了商业网点规划的编制和审批工作，同时部分地级市还陆续开始了第二轮商业网点规划的修编和重编工作。总之，通过“十五”和“十一五”两个五年经济发展期，各地市商业网点规划颁布实施以后，一些地方商业网点无序发展、浪费资源等现象得到一定遏制，社会资源配置和业态结构布局在一定程度上得到优化，覆盖安徽省城乡的商品流通体系基本形成。商业网点规划工作不仅提高了商贸流通业对安徽省经济增长和产业转型升级的贡献率，而且对繁荣市场、扩大消费、促进生产、增加社会就业、改善民生发挥了重要作用。

进入“十二五”经济发展期，商业网点建设环境和要求发生了巨大变化。从宏观环境看，党的十七届五中全会通过的《关于制定国民经济和社会发展第十二个五年规划的建议》提出：“十二五”期间，要坚持扩大内需特别是消费需求战略，把扩大消费需求作为扩大内需的战略重点，把推动服务业大发展作为产业结构优化升级的战略重点。这两大战略重点的提出与实施，既对商业网点的发展提出了新的更高要求，也为商业网点建设提供了难得的发展机遇。从中观环境看，安徽省在《安徽省国民经济和社会发展第十二个五年规划》中提出了工业强省和城镇化发展的“双轮驱动”发展战略。纵观国民经济发展规律，商贸流通业在工业化中后期进程中发展加速，对工业的价值实现起到关键作用。同时，商贸流通业就业门槛低，为城镇化加速发展创造了良好环境。从微观环境看，“十二五”期末，安徽省城镇居民人均年收入将达到 31576 元，超过 5000 美元，不仅多层次商品消费需求更加旺盛，而且进入服务消费需求发展期，商业网点面临巨大发展空间。从行业发展要求看，

"十二五"期末，安徽省社会消费品零售总额将达到9500亿元，要求年均增长18%，发展任务十分艰巨。从行业发展趋势看，商业网点新业态发展迅猛，商业网点组织方式日新月异，商业营销新技术层出不穷，对商业网点建设上水平提出了挑战。

综上所述，全面评价安徽省商业网点发展现状，深入分析安徽省商业网点发展情况，系统总结安徽省商业网点十年发展经验，明确提出未来安徽省商业网点建设的重点及发展方向，显得尤为重要和迫在眉睫。

第二章　安徽省商业网点发展现状

第一节　商业网点总体情况

一、总量

2010年末，全省[①]已建成营业面积5000平方米及以上（以下称“规模以上”）的商业网点773个，合计营业面积3007.59万平方米，2010年实现销售额2366.90亿元。其中已开业网点701个，合计营业面积2341.73万平方米（包括2010年新开业网点63个，营业面积315.74万平方米）；2010年竣工待开业网点62个，合计营业面积644.68万平方米。另外，歇业网点8个，合计营业面积9.58万平方米；空置网点2个，合计营业面积11.60万平方米。详见图2-1、图2-2。

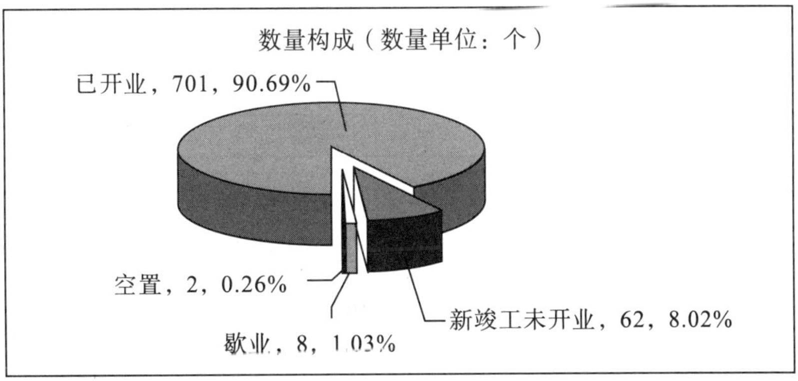

图2-1　全省规模以上网点分经营情况数量构成图

① 文中的“全省”指安徽省。后同。

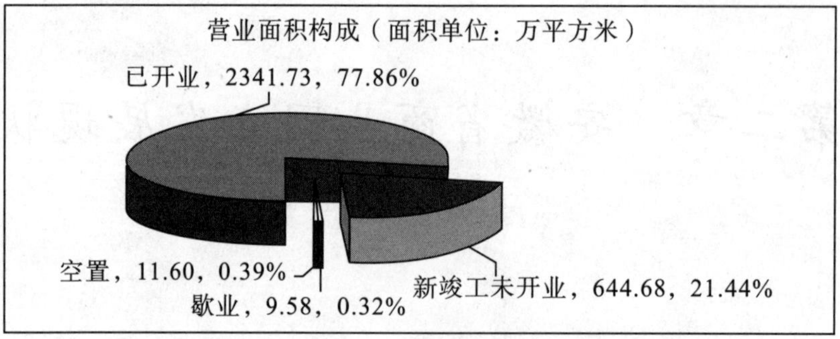

图 2-2　全省规模以上网点分经营情况面积构成图

二、规模结构

对全省规模以上商业网点按营业面积 5000 — 1 万平方米、1 万— 5 万平方米、5 万— 10 万平方米及 10 万平方米以上四个等级划分规模，截至 2010 年末，营业面积在 1 万— 5 万平方米的网点数量最多，达 365 个，占规模以上商业网点总数的比重为 47.22%；营业面积 10 万平方米以上的网点营业面积最大，达 1503.92 万平方米，占规模以上商业网点合计营业面积的比重为 50.00%。

全省规模以上商业网点规模结构详见表 2-1、图 2-3。

表 2-1　全省规模以上商业网点主要指标分规模列表

规模等级	数量(个)	营业面积(万平方米)	2010 年营业额(亿元)
10 万平方米以上	58	1503.92	686.64
5 万— 10 万平方米	75	522.74	432.73
1 万— 5 万平方米	365	798.70	972.98
5000 — 1 万平方米	275	182.23	274.56

注：表中数据来源于安徽省商务厅。

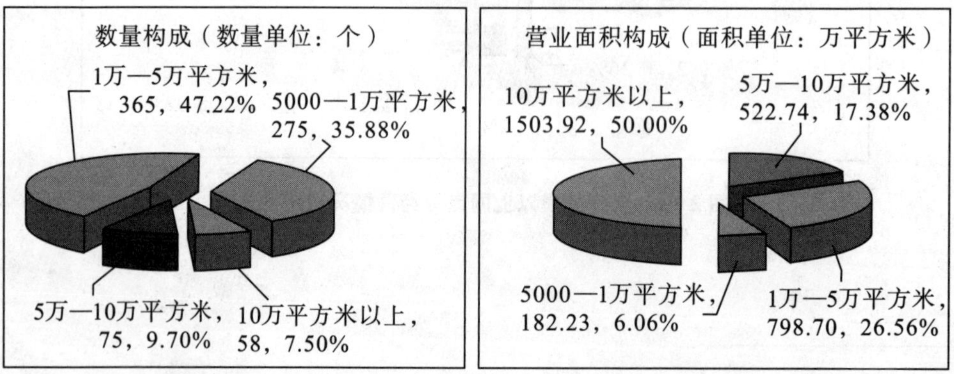

图 2-3　全省规模以上商业网点数量和营业面积构成图

三、业态结构

按照商务部要求列入统计范畴的商业网点有购物中心、百货店、超市、大型超市、专业店/专卖店、家居建材商店等6种零售业态网点和小商品市场、农产品交易市场、建材批发市场、汽摩汽配及其他市场等4类商品交易市场。

截至2010年末，全省规模以上零售业态网点及商品交易市场构成情况详见表2-2。

表2-2　全省规模以上零售业态网点及商品交易市场构成情况列表

业　态	数量占比	营业面积占比	2010年营业额占比
合计	100.00%	100.00%	100.00%
购物中心	10.22%	9.14%	3.29%
百货店	12.42%	6.76%	6.59%
超市	4.27%	0.58%	0.83%
大型超市	17.21%	5.47%	5.78%
专业店/专卖店	5.56%	1.81%	3.06%
家居建材商店	6.21%	6.42%	1.30%
小商品市场	10.61%	16.35%	17.44%
农产品交易市场	20.96%	17.35%	27.04%
建材批发市场	7.76%	17.56%	21.29%
汽摩汽配及其他市场	4.79%	18.56%	13.38%

四、区域结构

截至2010年末，全省规模以上商业网点分地级市构成情况详见表2-3、图2-4、图2-5。

表2-3　全省各市规模以上商业网点数量、营业面积列表

城　市	数量(个)	数量占比	营业面积(万平方米)	营业面积占比
合肥市	107	13.84%	487.22	16.20%
六安市	63	8.15%	308.00	10.24%
阜阳市	61	7.89%	556.01	18.49%
芜湖市	60	7.76%	275.47	9.16%
蚌埠市	59	7.63%	243.30	8.09%
滁州市	55	7.12%	131.49	4.37%
安庆市	54	6.99%	202.50	6.73%
淮北市	45	5.82%	79.41	2.64%
宿州市	41	5.30%	82.84	2.75%
巢湖市	37	4.79%	92.14	3.06%

续表 2-3

城　市	数量(个)	数量占比	营业面积(万平方米)	营业面积占比
马鞍山市	36	4.66%	143.69	4.78%
宣城市	34	4.40%	45.08	1.50%
淮南市	33	4.27%	123.22	4.10%
铜陵市	27	3.49%	66.20	2.20%
池州市	24	3.10%	109.03	3.63%
亳州市	19	2.46%	34.19	1.14%
黄山市	18	2.33%	27.79	0.92%

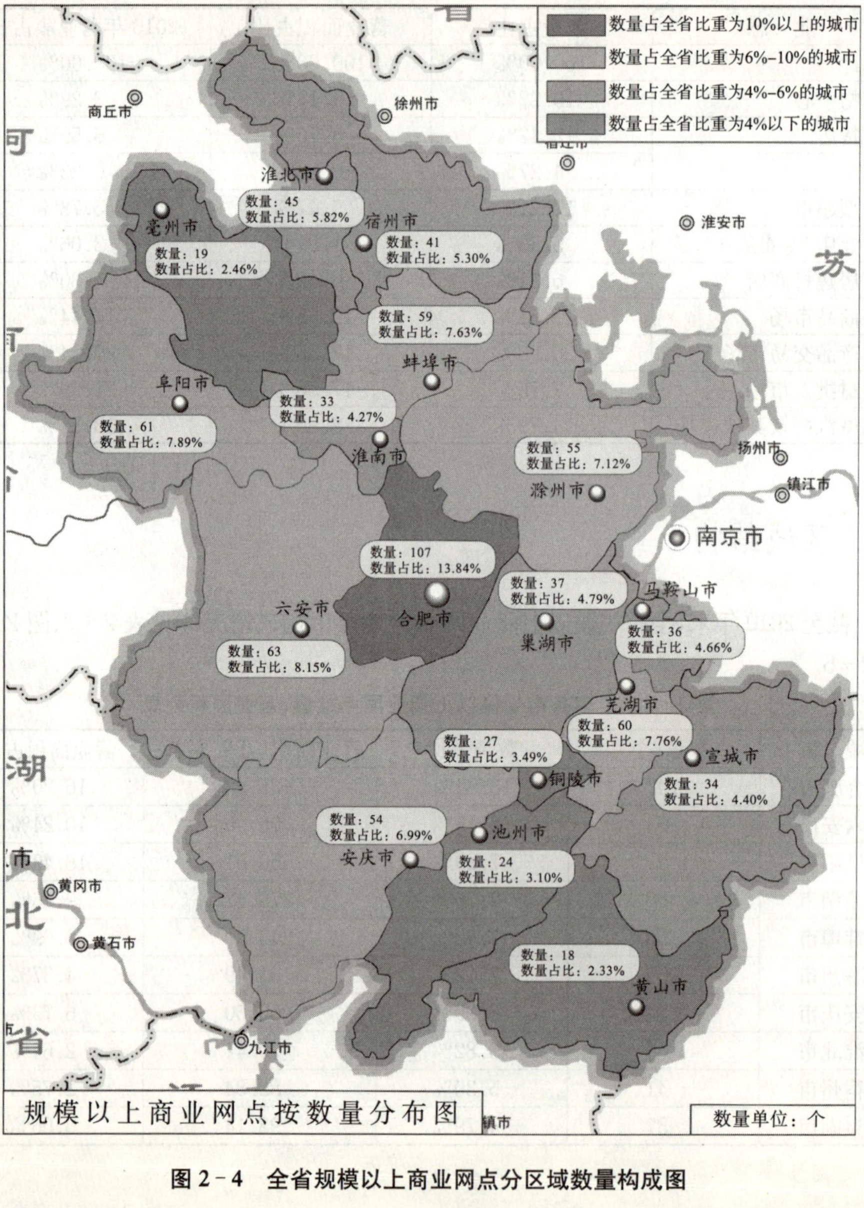

图 2-4　全省规模以上商业网点分区域数量构成图

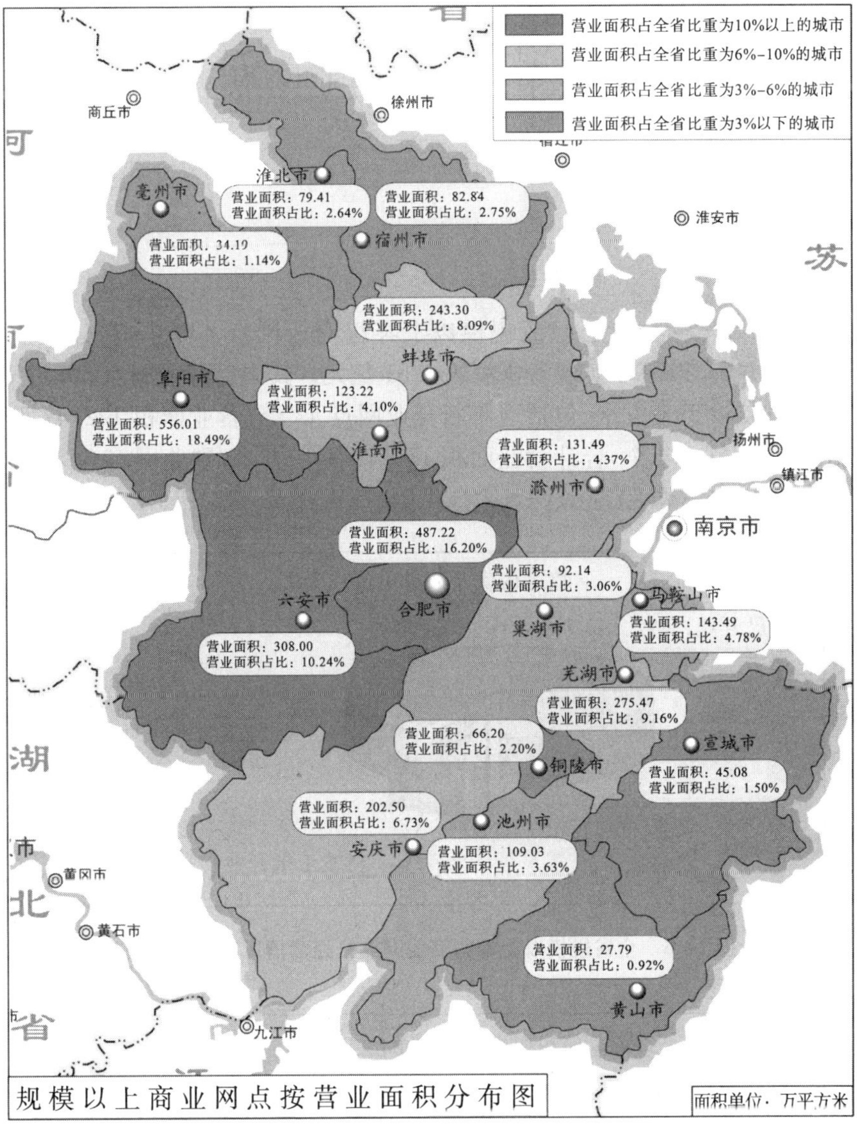

图 2-5　全省规模以上商业网点分区域营业面积构成图

第二节 零售商业网点

一、总量

截至2010年末,全省已建成规模以上零售商业网点432个,合计营业面积907.66万平方米,2010年实现营业额493.51亿元。其中已开业网点392个,合计营业面积746.68万平方米(包括当年新开业网点43个,营业面积122.47万平方米);新竣工未开业34个,合计营业面积153.79万平方米;歇业网点6个,合计营业面积7.18万平方米;无空置网点。详见图2-6、图2-7。

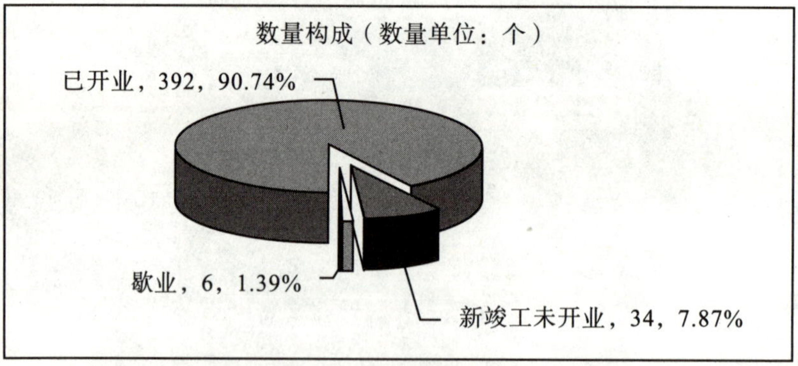

图2-6 全省规模以上零售商业网点分经营情况数量构成图

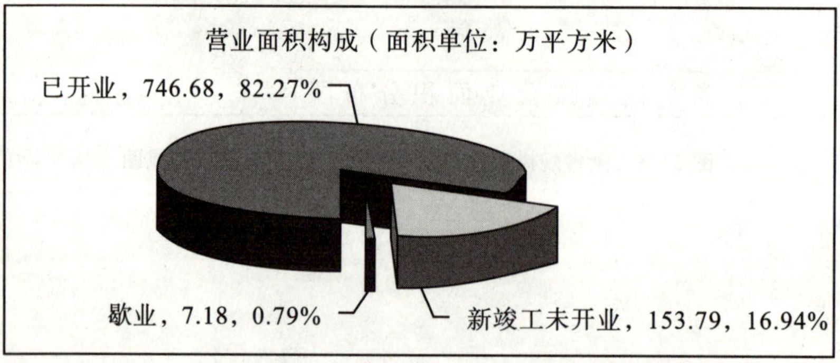

图2-7 全省规模以上零售商业网点分经营情况面积构成图

二、规模结构

截至2010年末，按照商务部统计等级规模划分的要求，全省已建成规模以上零售商业网点的规模结构情况见表2-4。

表2-4　全省规模以上零售商业网点主要指标分规模排序

规模等级	数量排序	营业面积排序	2010年营业额排序
10万平方米以上	4	2	3
5万—10万平方米	3	3	4
1万—5万平方米	1	1	1
5000—1万平方米	2	4	2

截至2010年末，全省规模以上零售商业网点中，营业面积在1万—5万平方米的网点数量和营业面积均最大，分别为204个和417.83万平方米。详见图2-8、图2-9。

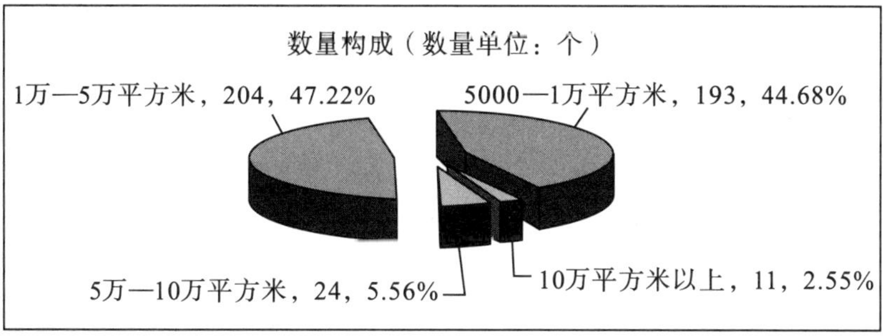

图2-8　全省规模以上零售商业网点分规模数量构成图

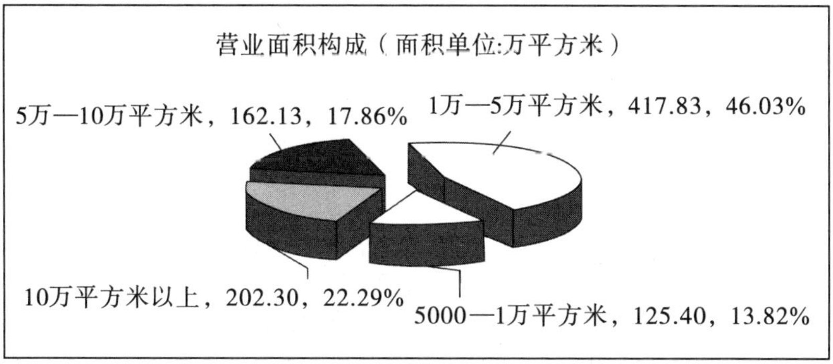

图2-9　全省规模以上零售商业网点分规模营业面积构成图

三、区域结构

截至2010年末，全省规模以上零售商业网点按地级市分布情况详见图2－10、图2－11、表2－5。

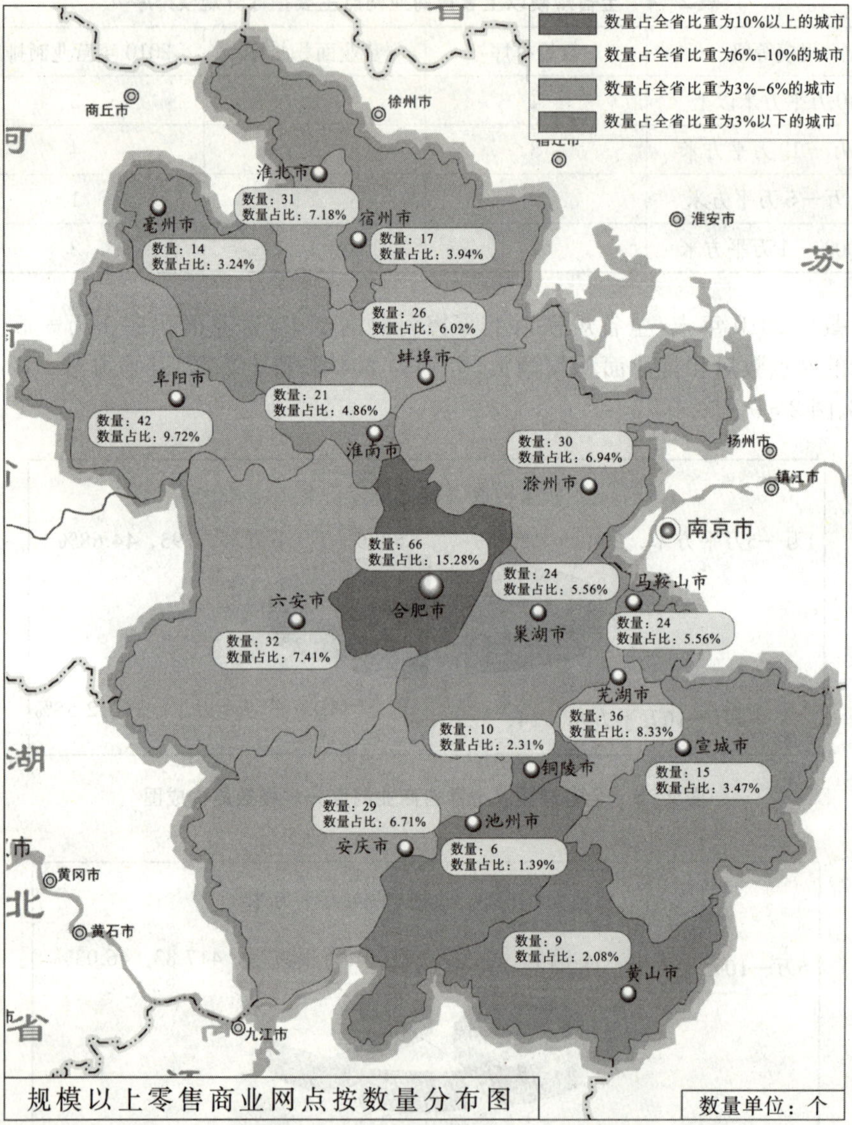

图2－10　全省规模以上零售商业网点分地级市数量分布图

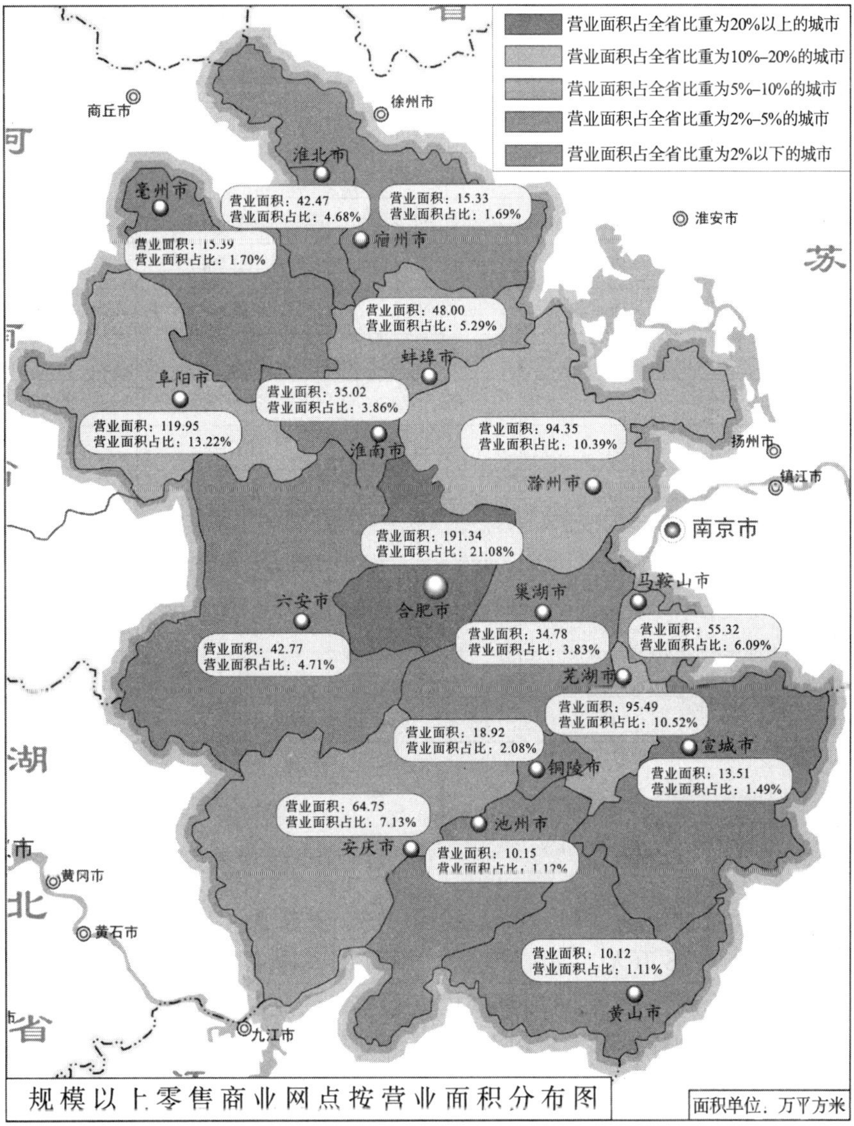

图 2-11　全省规模以上零售商业网点分地级市营业面积分布图

表 2-5　全省各地级市规模以上零售商业网点数量、营业面积列表

城　市	数量(个)	数量占比	营业面积 (万平方米)	营业面积占比
合肥市	66	15.28%	191.34	21.08%
阜阳市	42	9.72%	119.95	13.22%
芜湖市	36	8.33%	95.49	10.52%

续表 2-5

城　市	数量(个)	数量占比	营业面积 (万平方米)	营业面积占比
六安市	32	7.41%	42.77	4.71%
淮北市	31	7.18%	42.47	4.68%
滁州市	30	6.94%	94.35	10.39%
安庆市	29	6.71%	64.75	7.13%
蚌埠市	26	6.02%	48.00	5.29%
马鞍山市	24	5.56%	55.32	6.09%
巢湖市	24	5.56%	34.78	3.83%
淮南市	21	4.86%	35.02	3.86%
宿州市	17	3.94%	15.33	1.69%
宣城市	15	3.47%	13.51	1.49%
亳州市	14	3.24%	15.39	1.70%
铜陵市	10	2.31%	18.92	2.08%
黄山市	9	2.08%	10.12	1.11%
池州市	6	1.39%	10.15	1.12%

四、人均零售商业面积

根据《安徽统计年鉴 2011》,截至 2010 年末,全省常住人口为 5957 万人,其中市区人口为 1973.18 万人。据统计,全省规模以上零售网点总面积为 907.66 万平方米,且主要分布在市区,则可测算规模以上零售商业网点人均面积为 0.46 平方米。另根据经验,规模以下零售网点面积(含交易市场中零售部分)与规模以上零售网点面积之比约为 1∶1,可得出全省人均零售商业面积约为 1.0 平方米。

五、场地资源效益

截至 2010 年末,全省规模以上零售商业网点中,2010 年年底前开始营业且明确提供 2010 年营业额数据的网点共 337 个。这 337 个网点营业面积共 585.85 万平方米,营业额共 484.90 亿元。依此分析,可得出安徽省规模以上零售商业网点地均营业额为 0.83 万元/平方米。零售商业网点分业态地均营业额情况详见表 2-6。

表 2－6　2010 年已营业零售商业网点分业态地均营业额情况

业　态	营业面积(万平方米)	2010 年营业额(亿元)	地均营业额(万元/平方米)
购物中心	146.13	77.68	0.53
百货店	130.66	154.30	1.18
超市	15.75	18.60	1.18
大型超市	131.12	131.47	1.00
专业店/专卖店	46.28	72.18	1.56
家居建材商店	115.91	30.67	0.26
合计	585.85	484.90	0.83

注:表中数据来源于安徽省商务厅。

六、人力资源效益

人力资源效益以限额以上零售商业企业来进行分析,所用数据来源于《安徽省统计年鉴 2011》。其中,限额以上零售商业企业指年末从业人员 60 人及以上,年销售额 500 万元及以上的零售商业企业。

2010 年,全省限额以上零售商业企业实现销售额 1370.72 亿元,从业人员合计 15.82 万人,全省限额以上零售商业企业人均销售额为 86.62 万元/人。限额以上零售商业企业分行业人均销售额情况详见表 2－7、图 2－12。

表 2－7　全省限额以上零售商业企业分行业人均销售额情况

行　业	销售额(亿元)	从业人数(人)	人均销售额(万元/人)
零售业合计	1370.72	158241	86.62
综合零售	460.92	92679	49.73
百货零售	249.59	40214	62.07
超级市场零售	205.64	51365	40.04
食品、饮料及烟草制品专门零售	22.13	7085	31.23
纺织、服装及日用品专门零售	19.68	4726	41.65
服装零售	11.71	3639	32.18
文化、体育用品及器材专门零售	29.46	4360	67.56

续表 2-7

行业	销售额（亿元）	从业人数（人）	人均销售额（万元/人）
体育用品零售	0.38	65	58.01
图书零售	27.23	3776	72.11
医药及医疗器材专门零售	91.26	8855	103.07
药品零售	89.97	8729	103.08
汽车、摩托车、燃料及零配件专门零售	570.52	24566	232.24
汽车零售	391.81	18104	216.42
机动车燃料零售	169.51	5308	319.36
家用电器及电子产品专门零售	147.17	12655	116.29
家用电器零售	116.87	9812	119.11
计算机、软件及辅助设备零售	19.56	1573	124.32
通信设备零售	9.60	1178	81.50
五金、家具及室内装修材料专门零售	16.77	2653	63.21
无店铺及其他零售	12.80	662	193.40

注：表中数据来源于《安徽省统计年鉴 2011》。

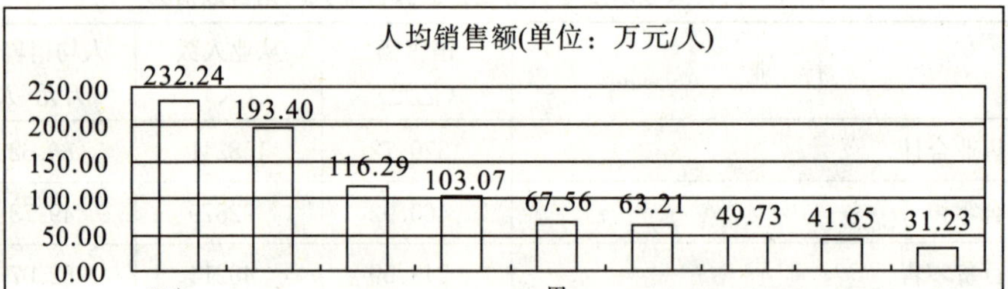

图 2-12　2010 年全省限额以上零售商业企业分行业人均销售额情况

全省 17 个地级市限额以上零售商业企业人均销售额情况详见图 2-13。

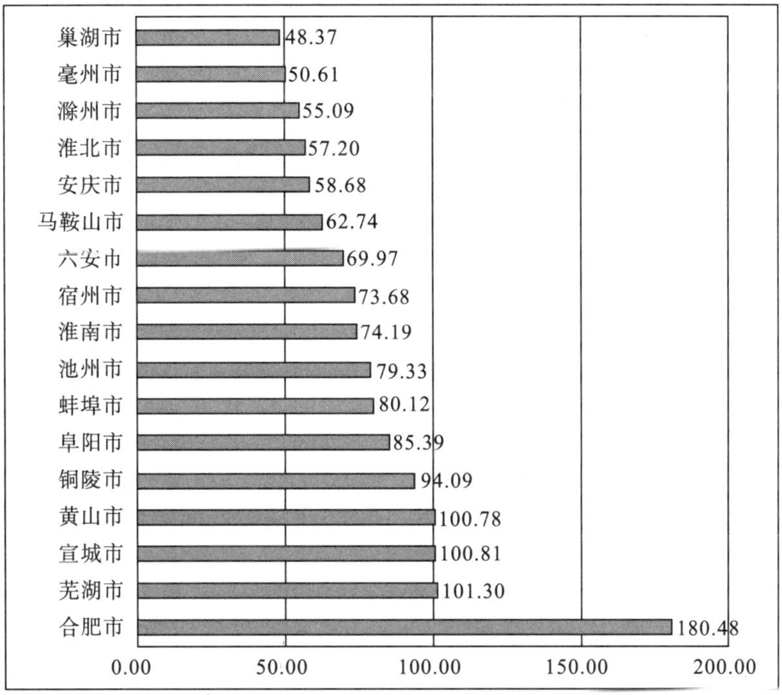

图 2－13　2010 年全省各地级市限额以上零售商业企业人均销售额情况(单位:万元/人)

七、零售业态结构

截至 2010 年末,全省规模以上零售网点涉及国标商业业态分类中的 6 种业态,即购物中心、百货店、超市、大型超市、专业店/专卖店、家居建材商店。各业态构成情况详见图 2－14、图 2－15。其中 6000 平方米以上的大型超市数量最多,达 133 个,占所有规模以上零售网点总量的比重为 30.79%;购物中心营业面积最大,为 274.79 万平方米,占所有规模以上零售网点总面积的比重为 30.27%。

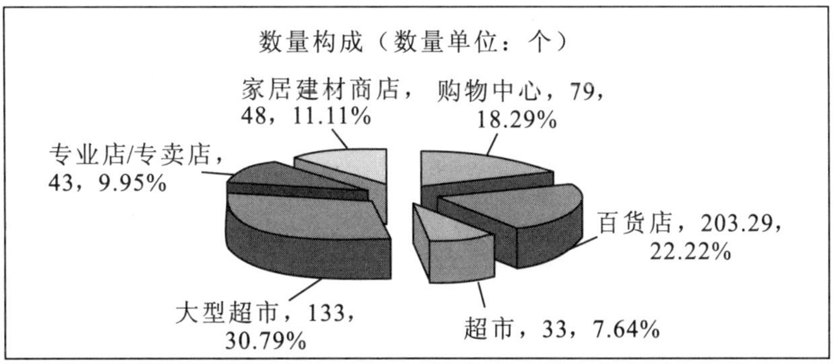

图 2－14　全省规模以上零售商业网点分业态数量构成图

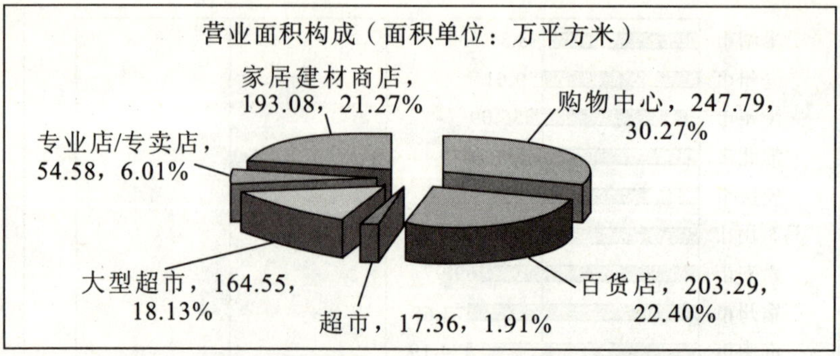

图 2-15 全省规模以上零售商业网点分业态营业面积构成图

1. 购物中心

截至 2010 年末，全省规模以上购物中心 79 个，合计营业面积 274.79 万平方米，平均单体营业面积为 3.48 万平方米。其中，单体营业面积最大的为合肥市的滨湖世纪金源购物中心，为 32 万平方米。

规模以上购物中心分规模数量、营业面积构成情况详见图 2-16、图 2-17。

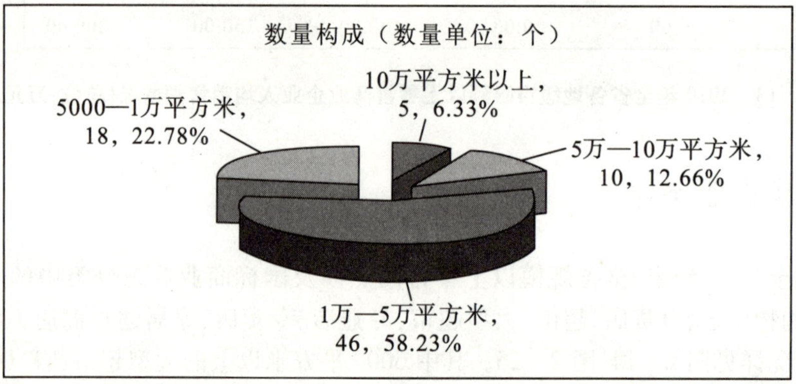

图 2-16 全省规模以上购物中心分规模数量构成情况

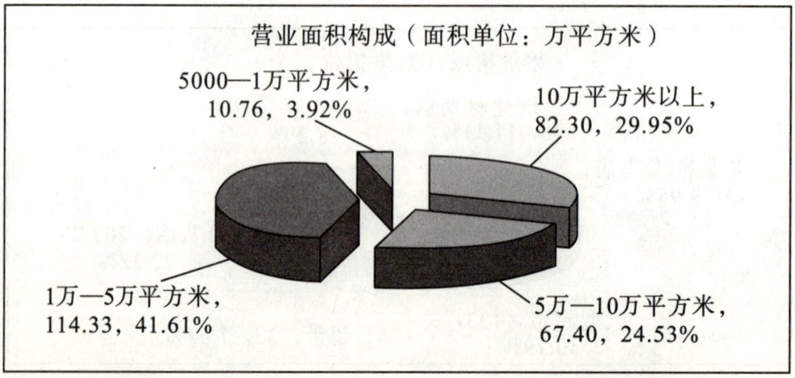

图 2-17 全省规模以上购物中心分规模营业面积构成情况

2. 百货店

截至2010年末，全省规模以上百货店96个，合计营业面积203.29万平方米，平均单店营业面积为2.12万平方米。其中，单店营业面积最大的为阜阳市的阜阳商厦明珠广场，为17万平方米。

规模以上百货店分规模数量、营业面积构成情况详见图2-18、图2-19。

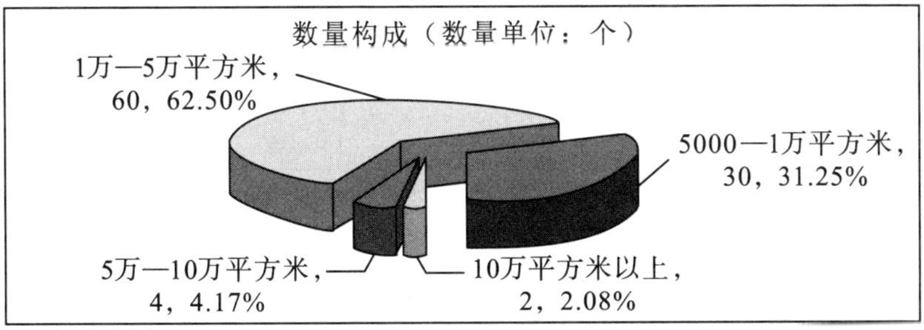

图2-18　全省规模以上百货店分规模数量构成情况

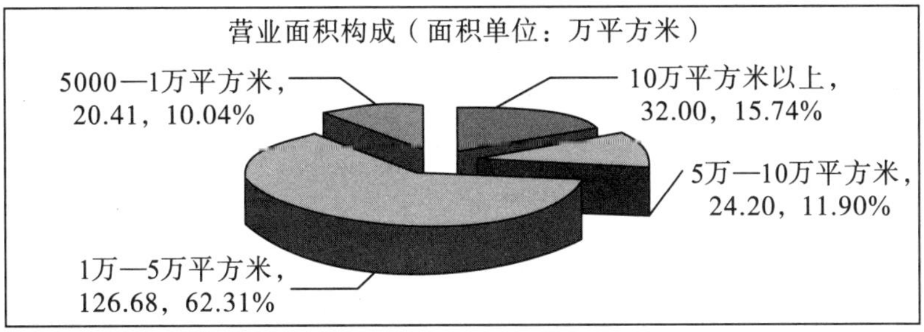

图2-19　全省规模以上百货店分规模营业面积构成情况

3. 超市

截至2010年末，全省规模以上超市166个，合计营业面积181.92万平方米。其中，6000平方米以上的大型超市133个，合计营业面积165.55万平方米，分别占规模以上超市总量的比重为80.12%、90.46%，平均单店营业面积为1.1万平方米。单店营业面积最大的为阜阳市的大润发超市阜阳店，为6万平方米。

规模以上超市分规模数量、营业面积构成情况详见图2-20、图2-21。

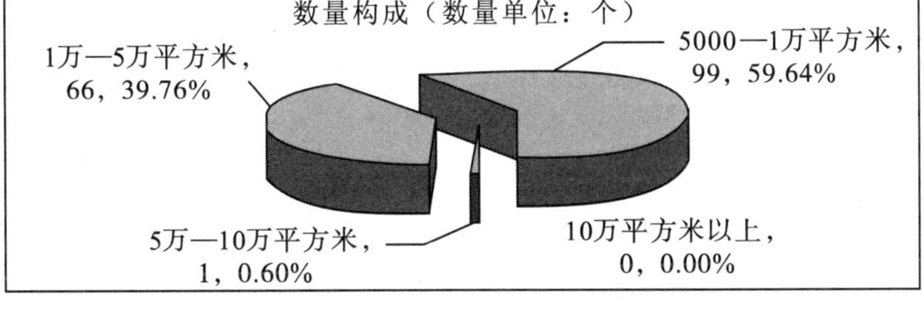

图2-20　全省规模以上超市分规模数量构成情况

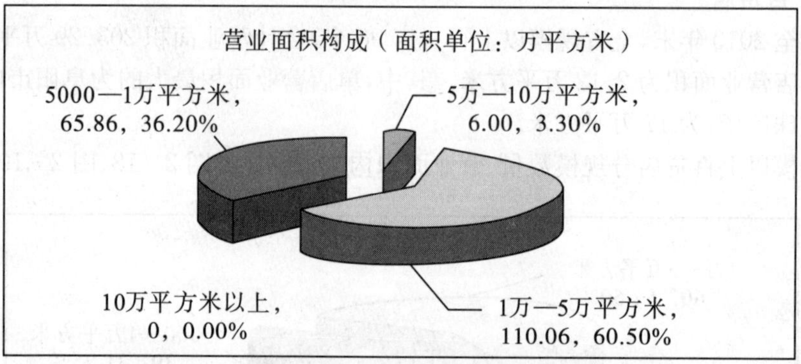

图 2-21 全省规模以上超市分规模营业面积构成情况

4．专业店/专卖店

截至2010年末，全省规模以上专业店/专卖店43个，合计营业面积54.58万平方米，平均单店营业面积为1.27万平方米。其中，单店营业面积最大的为芜湖市的芜湖亚夏汽车城一期，为13万平方米。

规模以上专业店/专卖店分规模数量、营业面积构成情况详见图2-22、图2-23。

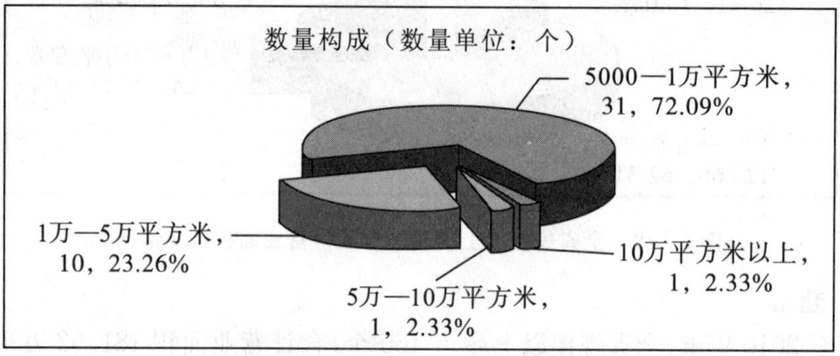

图 2-22 全省规模以上专业店/专卖店分规模数量构成情况

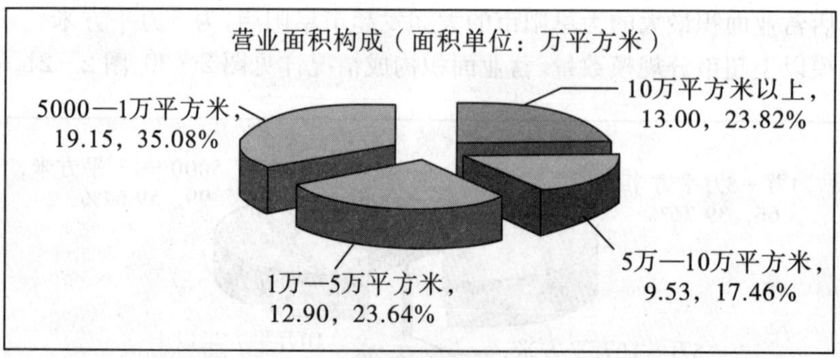

图 2-23 全省规模以上专业店/专卖店分规模营业面积构成情况

5. 家居建材商店

截至2010年末,全省规模以上家居建材商店48个,合计营业面积193.08万平方米,平均单体营业面积为4.02万平方米。其中,单体营业面积最大的为滁州市的来安金太阳装饰城,为55万平方米。

规模以上家居建材商店分规模数量、营业面积构成情况详见图2-24、图2-25。

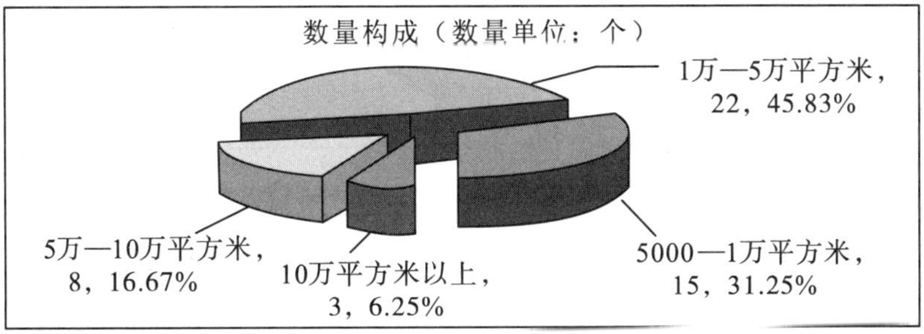

图2-24　全省规模以上家居建材商店分规模数量构成情况

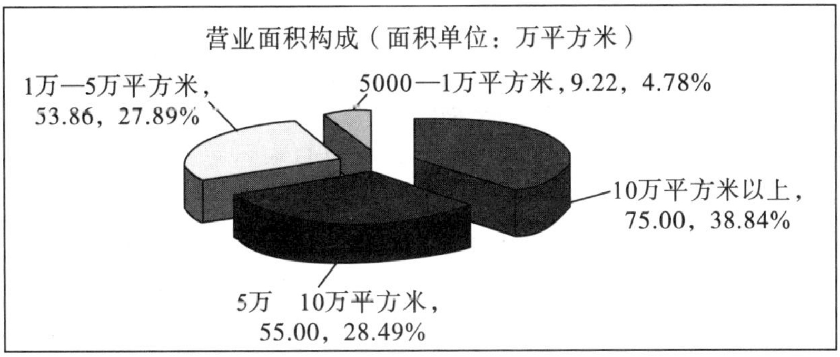

图2-25　全省规模以上家居建材商店分规模营业面积构成情况

第三节　商品交易市场网点

一、总量

截至2010年末,全省已建成规模以上商品交易市场341个,合计营业面积2099.93万平方米,2010年实现销售额1873.40亿元。其中已营业市场309个,合计营业面积1595.04万平方米(包括当年新开业市场20个,营业面积193.27万平方米);新竣工未开业市场28个,合计营业面积490.89万平方米;歇业市场2个,合计营业面积2.40万平方米;空置市场2个,合计营业面积11.60万平方米。详见图2-26、图2-27。

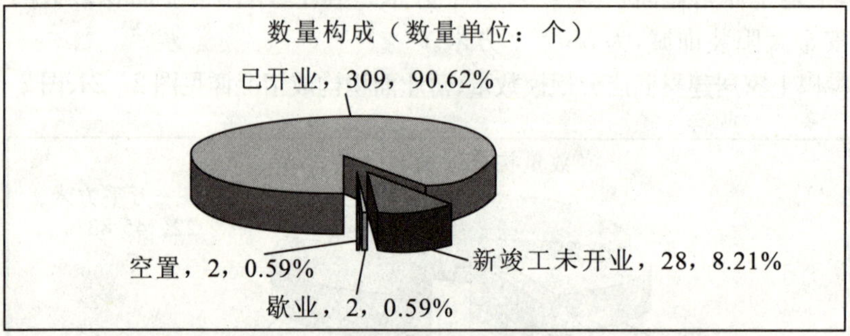

图2-26 全省规模以上商品交易市场分经营情况数量构成图

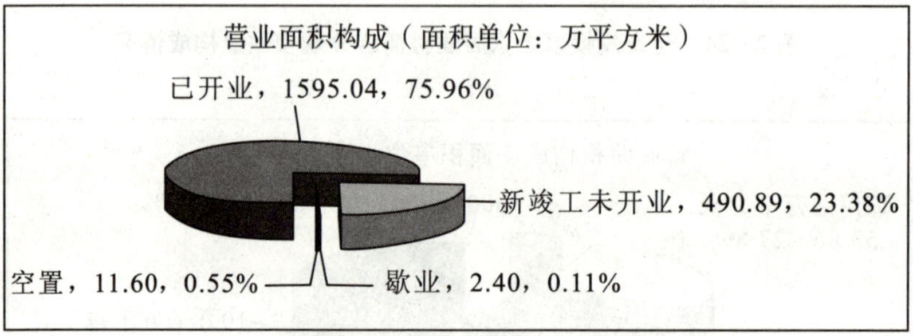

图2-27 全省规模以上商品交易市场分经营情况面积构成图

二、规模结构

截至2010年末,全省规模以上商品交易市场中,营业面积在1万—5万平方米的市场数量最多,为161个;营业面积在10万平方米以上的市场合计面积最大,为1301.62万平方米。详见图2-28、图2-29。

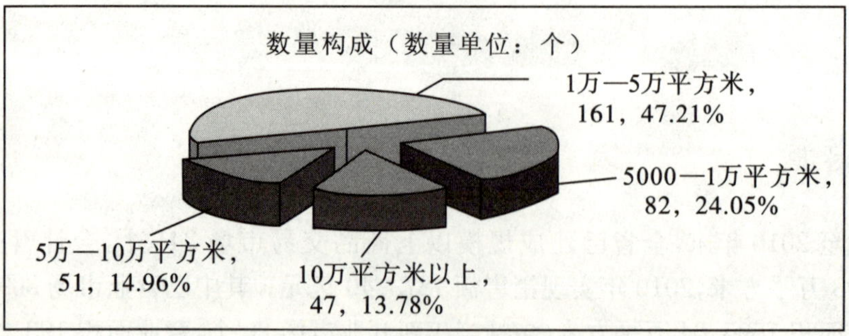

图2-28 全省规模以上商品交易市场分规模数量构成图

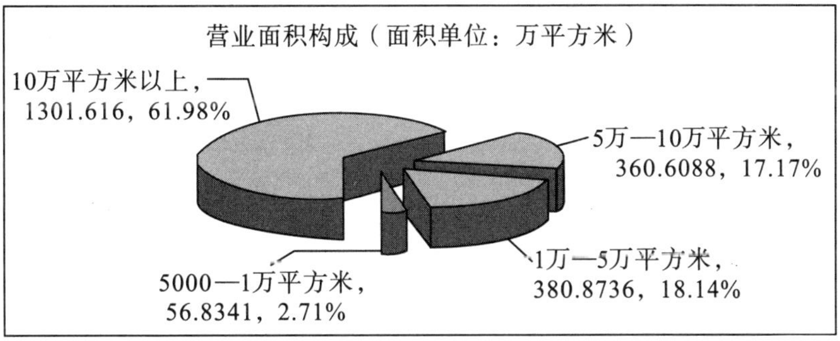

图 2-29　全省规模以上商品交易市场分规模营业面积构成图

三、区域结构

截至2010年末，全省规模以上商品交易市场按地级市分布情况详见表2-8、图2-30、图2-31。

表 2-8　全省各地级市规模以上商品交易市场数量、营业面积列表

城　市	数量(个)	数量占比	营业面积（万平方米）	营业面积占比
合肥市	41	12.02%	295.88	14.09%
蚌埠市	33	9.68%	195.30	9.30%
六安市	31	9.09%	265.23	12.63%
安庆市	25	7.33%	137.75	6.56%
滁州市	25	7.33%	37.14	1.77%
芜湖市	24	7.04%	179.98	8.57%
宿州市	24	7.04%	67.51	3.21%
阜阳市	19	5.57%	436.07	20.77%
宣城市	19	5.57%	31.57	1.50%
池州市	18	5.28%	98.88	4.71%
铜陵市	17	4.99%	47.28	2.25%
淮北市	14	4.11%	36.94	1.76%
巢湖市	13	3.81%	57.36	2.73%
淮南市	12	3.52%	88.20	4.20%
马鞍山市	12	3.52%	88.37	4.21%
黄山市	9	2.64%	17.67	0.84%
亳州市	5	1.47%	18.80	0.90%

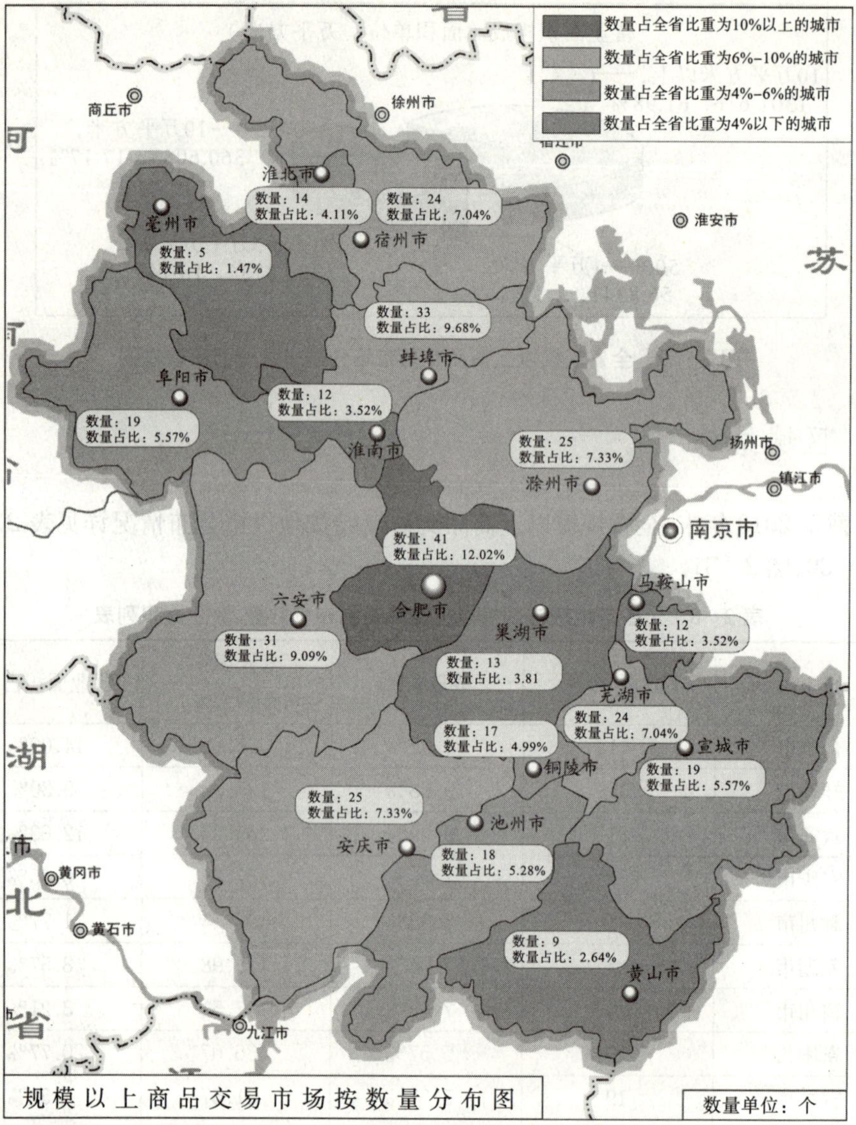

图 2-30 全省规模以上商品交易市场分地级市数量分布图

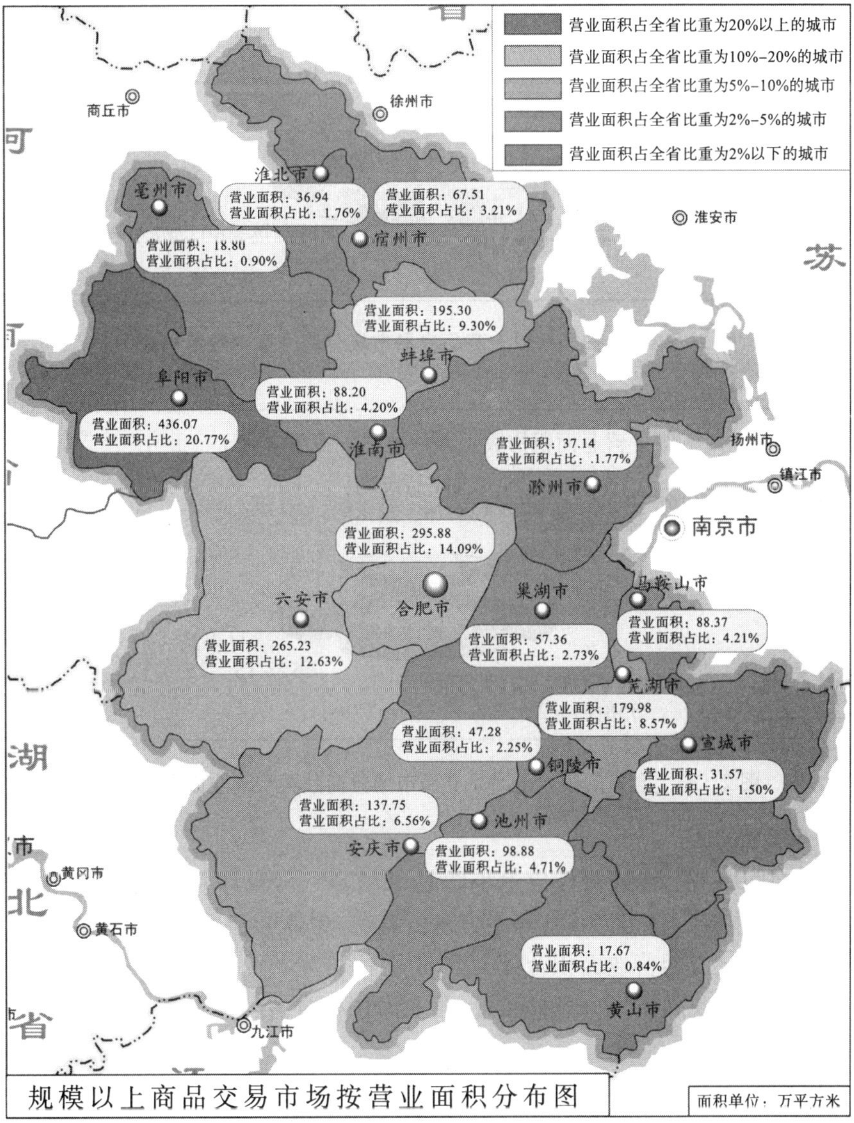

图 2－31　全省规模以上商品交易市场分地级市营业面积分布图

四、商品结构

截至 2010 年末，全省规模以上商品交易市场按小商品市场、农产品市场、建材市场、汽摩汽配及其他市场 4 大类别构成情况详见图 2－32、图 2－33。

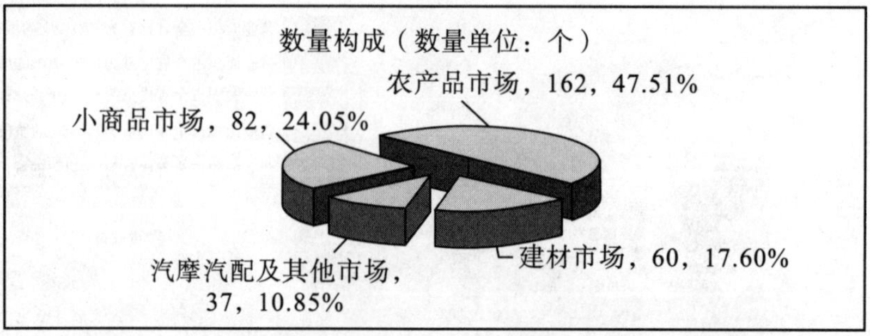

图 2－32　全省规模以上商品交易市场分商品类别数量构成图

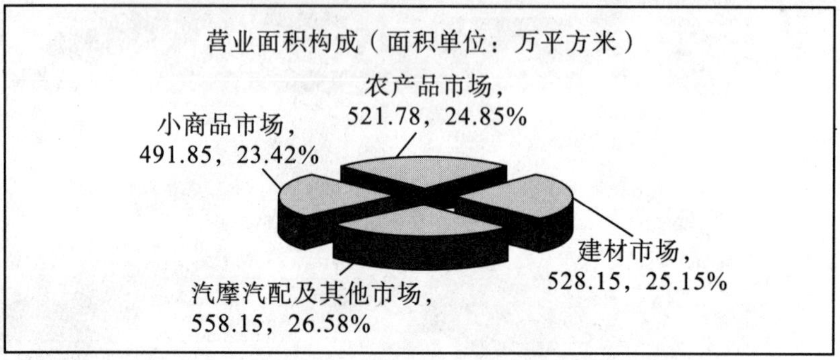

图 2－33　全省规模以上商品交易市场分商品类别营业面积构成图

1. 小商品市场

截至 2010 年末，全省规模以上小商品市场 82 个，合计营业面积 491.85 万平方米，平均单体营业面积为 6.0 万平方米。其中，单体营业面积最大的为蚌埠市的光彩大市场，一、二期营业面积合计 105.50 万平方米。

规模以上小商品市场分规模数量、营业面积构成情况详见图 2－34、图 2－35。

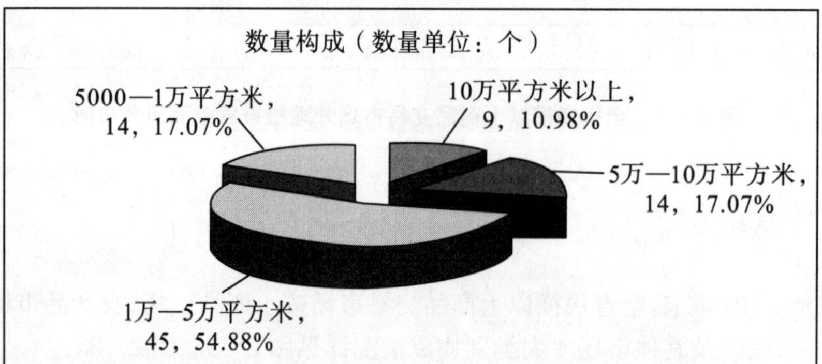

图 2－34　全省规模以上小商品市场分规模数量构成情况

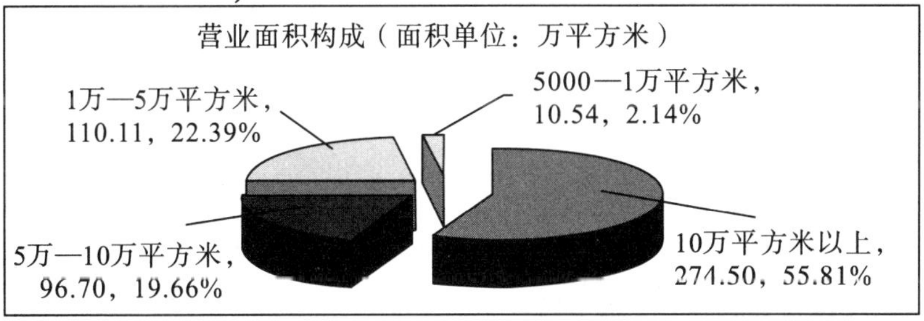

图 2-35　全省规模以上小商品市场分规模营业面积构成情况

2. 农产品市场

截至 2010 年末，全省规模以上农产品市场 162 个，合计营业面积 521.78 万平方米，平均单体营业面积为 3.22 万平方米。其中，单体营业面积最大的为六安市的金寨船冲板栗市场，为 30 万平方米。

规模以上农产品市场分规模数量、营业面积构成情况详见图 2-36、图 2-37。

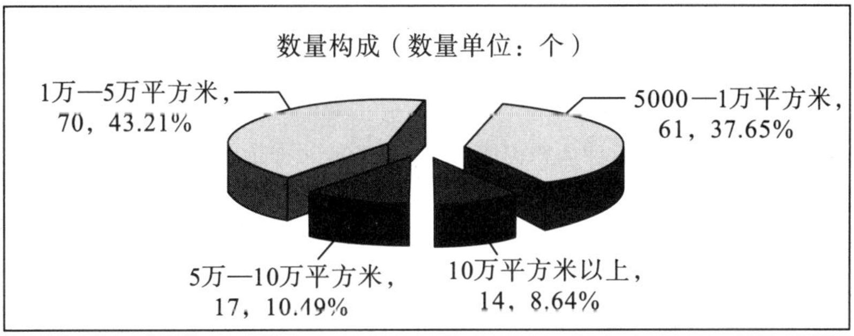

图 2-36　全省规模以上农产品市场分规模数量构成情况

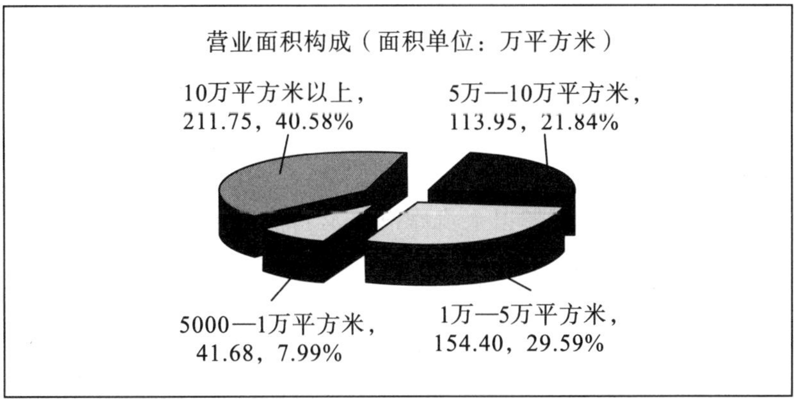

图 2-37　全省规模以上农产品市场分规模营业面积构成情况

3. 建材市场

截至2010年末,全省规模以上建材市场60个,合计营业面积528.15万平方米,平均单体营业面积为8.8万平方米。其中,单体营业面积最大的为安庆市的怀宁建材批发市场,为60万平方米。

规模以上建材市场分规模数量、营业面积构成情况详见图2-38、图2-39。

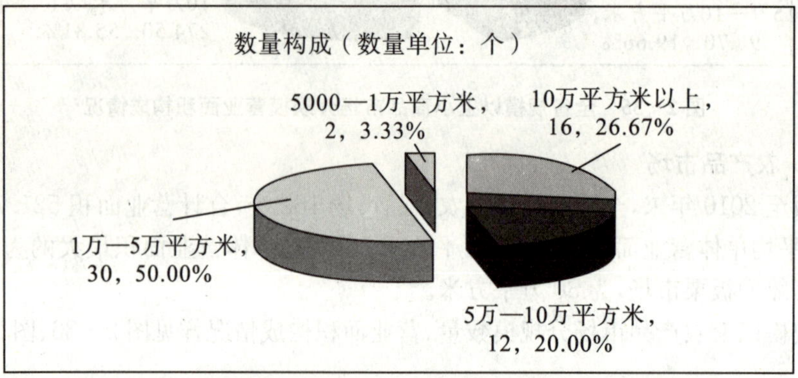

图2-38 全省规模以上建材市场分规模数量构成情况

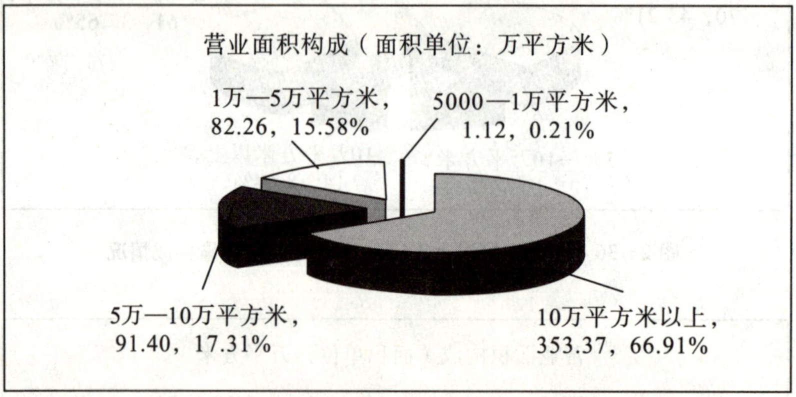

图2-39 全省规模以上建材市场分规模营业面积构成情况

4. 汽摩汽配及其他市场

截至2010年末,全省规模以上汽摩汽配及其他市场37个,合计营业面积为558.15万平方米,平均单体营业面积为15.09万平方米。其中,单体营业面积最大的为阜阳市的阜阳汽贸物流园,为300万平方米。

规模以上汽摩汽配及其他市场分规模数量、营业面积构成情况详见图2-40、图2-41。

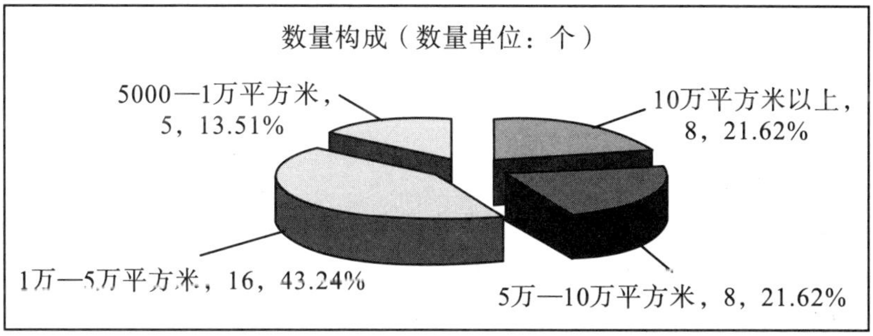

图 2－40　全省规模以上汽摩汽配及其他市场分规模数量构成情况

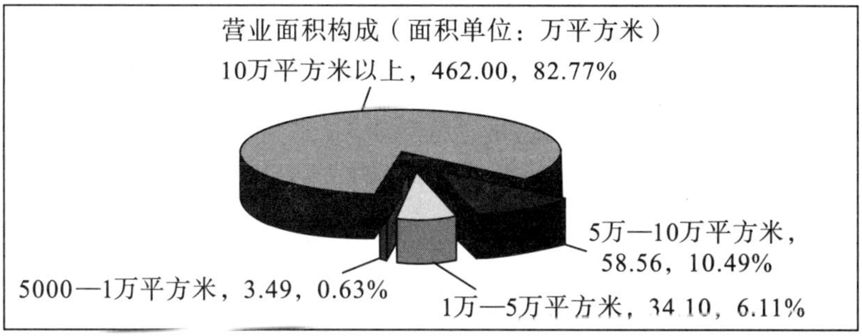

图 2－41　全省规模以上汽摩汽配及其他市场分规模营业面积构成情况

五、场地资源效益

截至2010年末，全省规模以上商品交易市场中，2010年年底前已营业且明确提供2010年营业额数据的市场共264个，营业面积合计1272.21万平方米，营业额合计1834.74亿元。依此分析，得出全省规模以上商品交易市场地均营业额为1.44万元/平方米。商品交易市场分业态地均营业额情况详见表2－9。

表 2－9　2010年已营业商品交易市场分业态地均营业额情况

业　态	营业面积（万平方米）	2010年营业额（亿元）	地均营业额（万元/平方米）
小商品市场	348.17	409.81	1.18
农产品交易市场	422.22	610.17	1.45
建材批发市场	316.95	500.41	1.58
汽摩汽配及其他市场	184.87	314.35	1.70
合计	1272.21	1834.74	1.44

注：表中数据来源于安徽省商务厅。

所分析市场中，地均营业额最高的是合肥市的徽商钢材市场，为69.00万元/平方米。

六、人力资源效益

人力资源效益以限额以上批发企业来进行分析，所用数据来源于《安徽省统计年鉴2011》。限额以上批发企业指年末从业人员20人及以上，年销售额2000万元及以上的批发业企业。

2010年，全省限额以上批发企业实现销售额3773.43亿元，从业人员合计10.15万人，限额以上批发企业人均销售额为371.86万元/人。限额以上批发企业分行业人均销售额情况详见表2-10、图2-42。

表2-10 全省限额以上批发企业分行业人均销售额情况

行业	销售额（亿元）	从业人数（人）	人均销售额（万元/人）
批发业合计	3773.43	101474	371.86
农畜产品批发	63.32	5517	114.77
食品、饮料及烟草制品批发	567.01	29932	189.43
米、面制品及食用油批发	118.12	2213	533.76
烟草制品批发	333.49	10816	308.33
纺织、服装及日用品批发	241.55	7828	308.57
服装批发	48.02	2941	163.26
文化、体育用品及器材批发	33.20	1351	245.78
医药及医疗器材批发	418.08	12099	345.55
矿产品、建材及化工产品批发	1789.46	30487	586.96
煤炭及制品批发	102.83	957	1074.49
石油及制品批发	830.33	23362	355.42
金属及金属矿石批发	656.99	2072	3170.81
建材批发	51.02	1291	395.23
化肥批发	101.12	1848	547.16
机械设备、五金交电及电子产品批发	462.81	11713	395.12
汽车、摩托车及零配件批发	166.36	4379	379.90
家用电器批发	109.26	2726	400.80
计算机、软件及辅助设备批发	19.99	465	429.90
贸易经纪与代理	1.15	72	159.52
其他批发	196.85	2475	795.35

注：表中数据来源于《安徽省统计年鉴2011》。

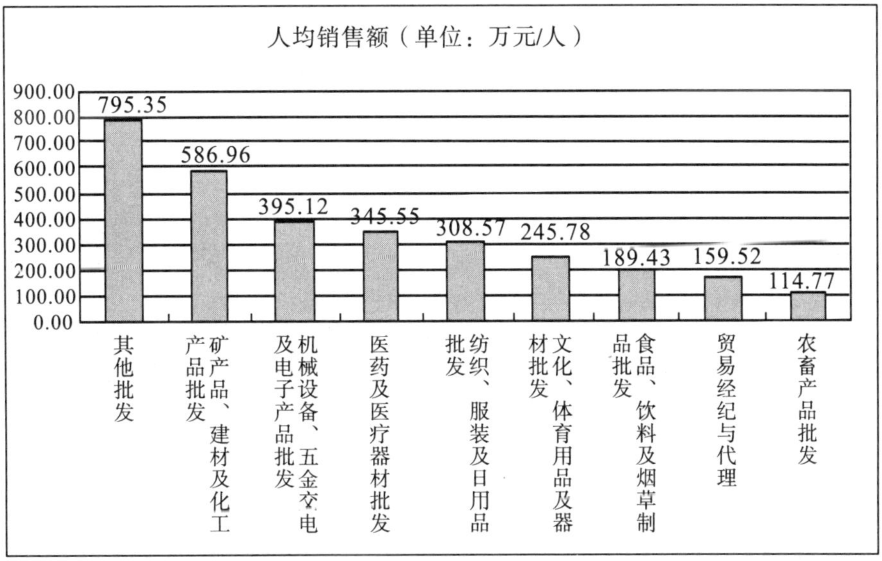

图 2-42　2010 年全省限额以上批发企业分行业人均销售额情况

全省 17 个地级市限额以上批发企业人均销售额情况详见图 2-43。

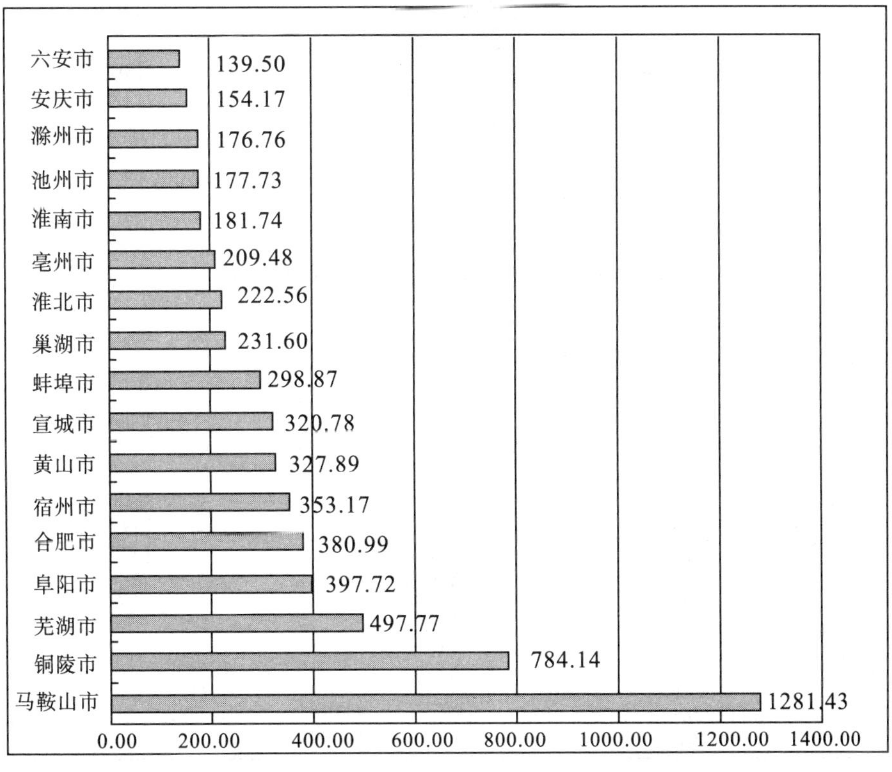

图 2-43　2010 年全省各地级市限额以上批发企业人均销售额情况(单位:万元/人)

第四节 农贸市场网点

一、总量

截至2010年末，全省共有城乡农贸市场698个，经营面积合计349.66万平方米，平均单体营业面积为5009平方米。全省各地级市农贸市场数量、经营面积占比情况详见图2-44、图2-45。

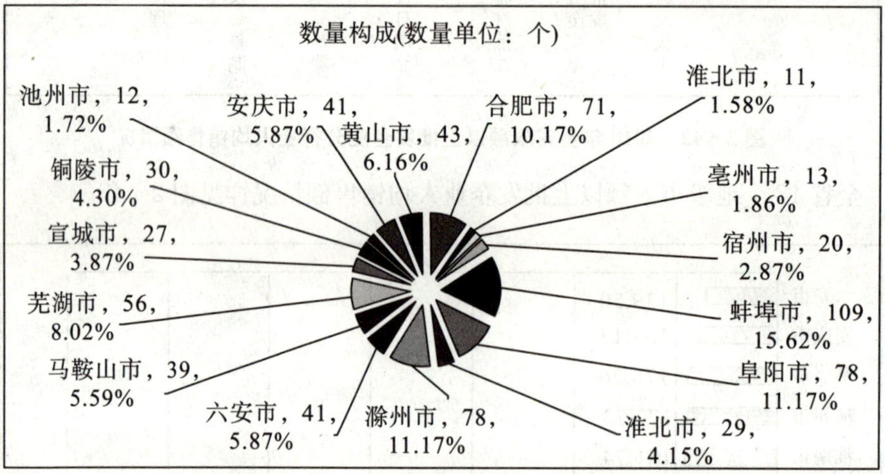

图2-44 全省各地级市农贸市场数量构成

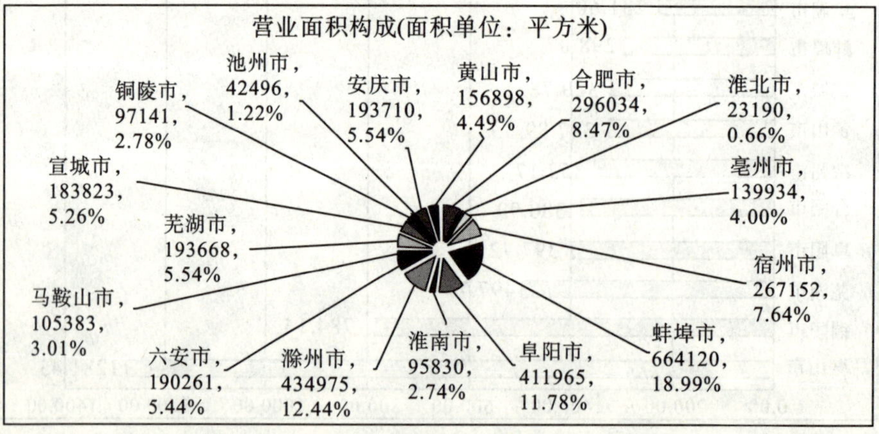

图2-45 全省各地级市农贸市场营业面积构成

二、人均拥有量

根据《安徽省统计年鉴2011》提供的数据，截至2010年末，全省常住人口5957万人，则全省城乡人均农贸市场拥有量约为58.7平方米/千人。

各市人均农贸市场拥有量情况详见表2-11。

表2 11　全省各地级市农贸市场人均拥有量情况

城　市	城乡农贸市场经营面积（万平方米）	常住人口（万人）	人均农贸市场拥有量（平方米/千人）
合肥市	29.60	571	52
淮北市	2.32	212	11
亳州市	13.99	486	29
宿州市	26.72	536	50
蚌埠市	66.41	317	210
阜阳市	41.20	761	54
淮南市	9.58	234	41
滁州市	43.50	394	110
六安市	19.03	562	34
马鞍山市	10.54	137	77
芜湖市	19.37	226	86
宣城市	18.38	253	73
铜陵市	9.71	72	134
池州市	4.25	140	30
安庆市	19.37	532	36
黄山市	15.69	136	115

注：(1) 表中数据来源于安徽省商务厅。

(2) 其中巢湖市农贸市场已分别归入合肥市、芜湖市和马鞍山市，因此该三市实际人均农贸市场拥有量较表中计算值低。

三、城市社区菜市场

1. 总体情况

截至2010年末,全省共有城市社区菜市场498个,合计营业面积100多万平方米。其中,国有和集体的223个、占44.8%,民营和自发形成的275个、占55.2%。目前,全省17个省辖市城市社区菜市场中,老城区以大棚菜市场为主,多数是国有和集体的,由政府或资产运营公司投资和管理,以出租摊位的形式进行经营,由于历史原因,部分老城区还存在一些骑路菜市场。新城区和新建社区以室内菜市场为主,多数是民营的,作为小区配套服务设施,由开发商投资建设并出售摊位,然后由菜市场的经营公司返租,将摊位出租给经营户。

2. 标准化菜市场建设情况

截至2010年末,全省建成标准化菜市场105个,标准化率达21.08%。合计摊位数近3万个,新建或改造面积62万多平方米。其中,合肥市共通过验收标准化菜市场30个,在建10个。

3. 农超对接情况

截至2010年末,全省参与农超对接的企业合计93家,对接农民专业合作社达349个,受益农户27.16万户,带动就业岗位29.34万个,实现农产品品牌建设1332个。各企业直营连锁门店数合计1590个,营业面积达150.25万平方米;拥有生鲜配送中心122个,配送面积达31.72万平方米。2010年,农超对接企业实现生鲜农产品销售总额57.00亿元,占企业销售总额的24.98%。

截至2010年末,全省共实施农超对接项目143个,项目总投资11.55亿元。其中,冷链系统建设投资达3.35亿元,占项目总投资的28.98%;配送中心建设投资达5.43亿元,占项目总投资的47.03%;快速检测系统投资达0.91亿元,占项目总投资的7.85%;品牌建设投资0.86亿元,占项目总投资的7.47%。

第五节 农村商业网点

一、农家店

自商务部布置开展“万村千乡市场工程”以来,全省已建成乡村两级农家店约2.6万个,覆盖安徽省所有乡镇和65%以上行政村。全省纳入2010年统计的农家店2.36万个,合计营业面积194.80万平方米,销售额达136.95亿元,其中省属企业农家店数量为6231个，合计营业面积50.29万平方米，实现销售额44.87亿元，占所有纳入统计农家店的比重分别为26.38%、25.82%、32.76%。

在纳入统计的2.36万个农家店中，日用消费品农家店18179个，占所有农家店数量的比重为76.97%，合计经营面积146.09万平方米，占农家店合计营业面积的比重为75.00%；农资农家店5440个，占所有农家店数量的比重为23.03%，合计经营面积48.71万平方米，占农家店合计营业面积的比重为25.00%。

在纳入统计的2.36万个农家店中，“万村千乡市场工程”直营农家店为872个，占所有农家店数量的比重为3.69%；合计营业面积26.13万平方米，占农家店合计营业面积的比重为13.41%。

除省属企业投资农家店外，各地“万村千乡市场工程”农家店数量合计1.74万个，合计营业面积144.51万平方米。其中直营店481个，合计营业面积22.09万平方米，占各地市农家店数量、面积总量的比重分别为2.77%、15.29%。

除省属企业投资农家店外，各地“万村千乡市场工程”农家店分布情况详见图2　46、图2-47。

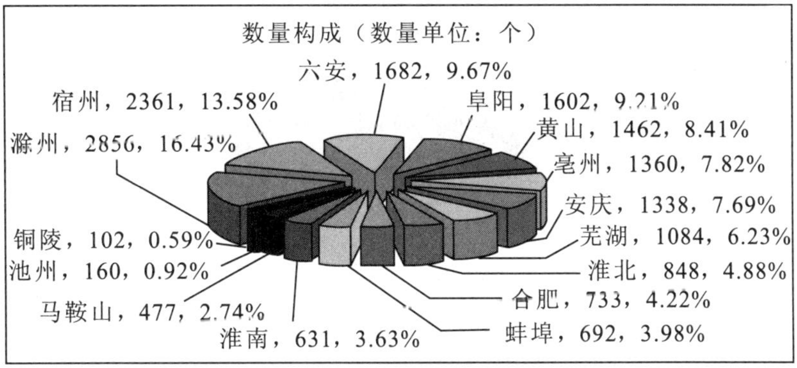

图2-46　全省各地市农家店数量构成图

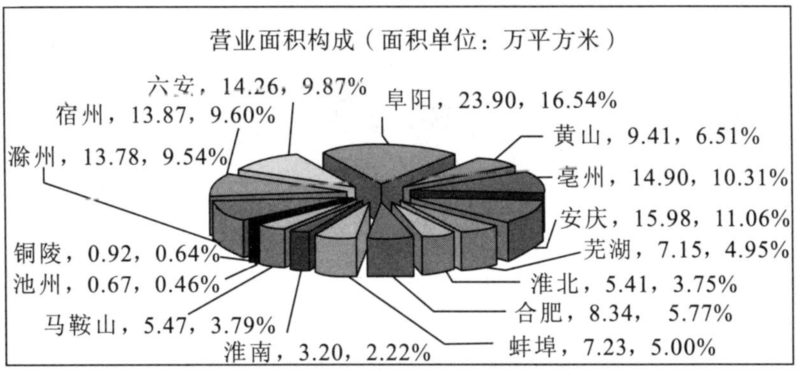

图2-47　全省各地市农家店营业面积构成图

二、农村商品配送中心

截至2010年末，全省共有纳入统计的“万村千乡市场工程”配送中心共275个，面积合计125.49万平方米。其中省属企业配送中心数量为63个，面积合计14.67万平方米，占所有配送中心的比重分别为22.91%、11.69%。

“万村千乡市场工程”配送中心中，日用消费品企业配送中心165个，合计面积79.00万平方米，占所有配送中心的比重分别为60.00%、62.95%；农资企业配送中心110个，合计面积46.49万平方米，占所有配送中心的比重分别为40.00%、37.05%。

除省属企业投资配送中心外，各地“万村千乡市场工程”配送中心合计212个，面积合计110.82万平方米。配送中心分地级市分布情况详见图2-48、图2-49。

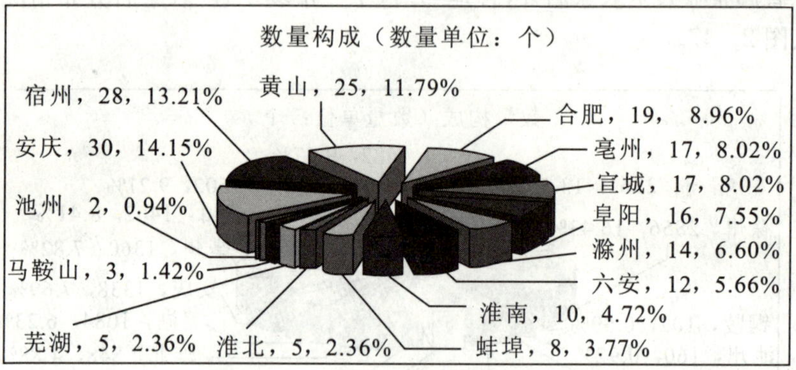

图2-48 全省各市“万村千乡市场工程”配送中心数量构成图

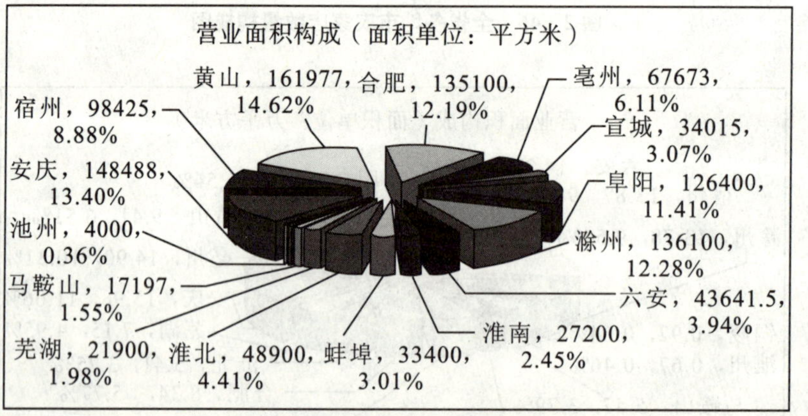

图2-49 全省各市“万村千乡市场工程”配送中心面积构成图

第六节　外商投资商业网点

一、总体情况

截至2010年末，全省共有规模以上外商投资零售商业网点54个，占全省规模以上零售商业网点总数的比重为12.50%，合计营业面积118.62万平方米，占全省规模以上零售商业网点总营业面积的比重为13.07%。外商投资商业网点分经营情况数量、营业面积构成情况详见图2-50。

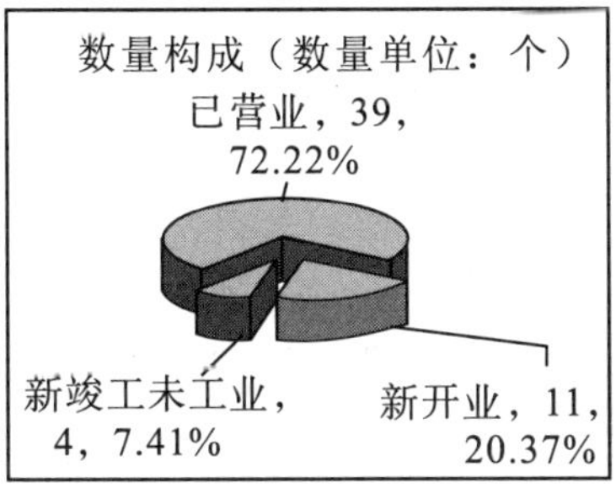

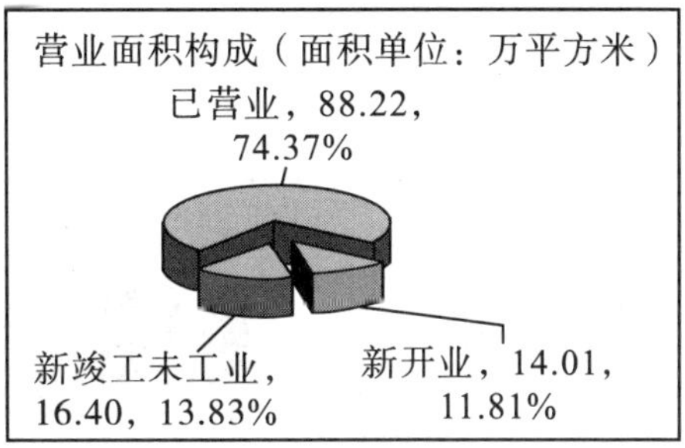

图2-50　全省规模以上外商投资商业网点分经营情况数量、营业面积构成情况

全省外商投资商业企业合计18家，其中位列世界500强的企业有沃尔玛、家乐福、麦德龙、乐购、欧尚和百思买6家，共开设30个门店。此外，大润发、好又多、乐天玛特、红星美凯龙、百盛公司、五星电器、八佰伴、南京新百等知名企业也在安徽省开设有多家门店。世界500强商业企业在安徽省开店情况详见表2-12。

表2-12　世界500强商业企业在安徽省开店情况

序号	企业名称	世界500强排名	安徽省开设门店数量(个)
1	沃尔玛	1	13
2	家乐福	22	7
3	麦德龙	57	1
4	乐购	58	3
5	欧尚集团	122	3
6	百思买	142	3
合计		-	30

二、规模结构

全省54家规模以上外商投资商业网点中,1万—5万平方米的网点数量最多,为32个,合计营业面积31.93万平方米;5万—10万平方米的网点营业面积最大,为64.22万平方米。详见图2-51、图2-52。

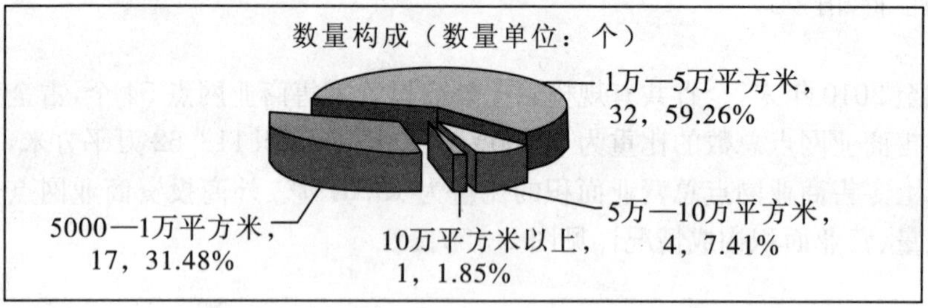

图2-51 全省规模以上外商投资商业网点分规模数量构成图

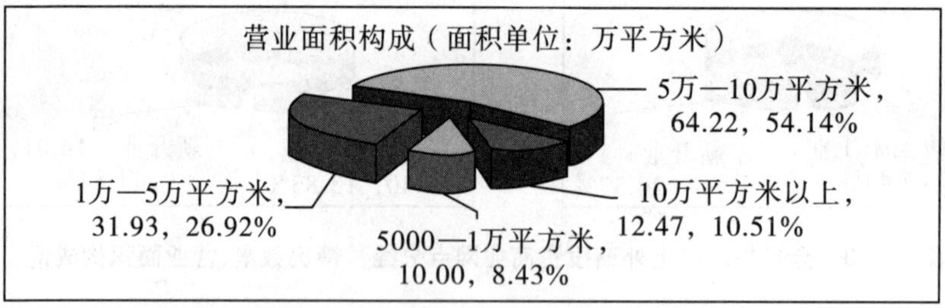

图2-52 全省规模以上外商投资商业网点分规模营业面积构成图

三、业态结构

全省54家规模以上外商投资商业网点中,超市数量最多,为40家,数量占比为74.07%;合计营业面积为59.93万平方米,面积占比为50.52%。详见图2-53、图2-54。

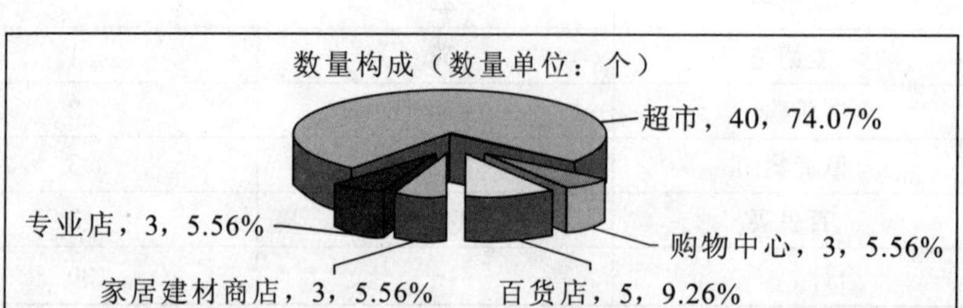

图2-53 全省规模以上外商投资商业网点分业态数量构成图

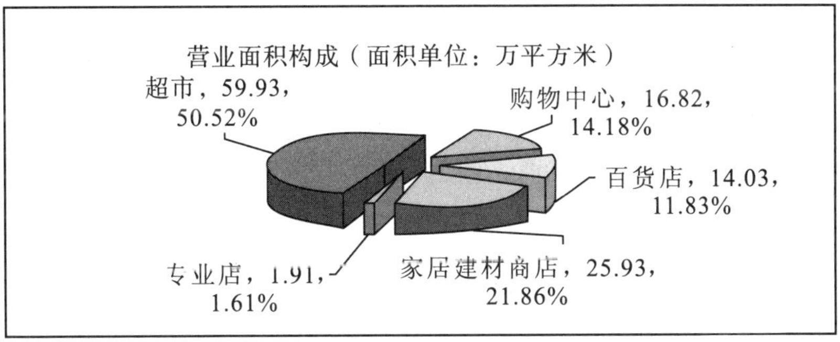

图 2－54　全省规模以上外商投资商业网点分业态营业面积构成图

超市业态中，沃尔玛超市数量最多，为 13 个，占规模以上外商投资超市总量的比重为 32.50%；大润发超市营业面积最大，为 15.85 万平方米，占规模以上外商投资超市总营业面积的比重为 26.45%。详见图 2－55、图 2－56。

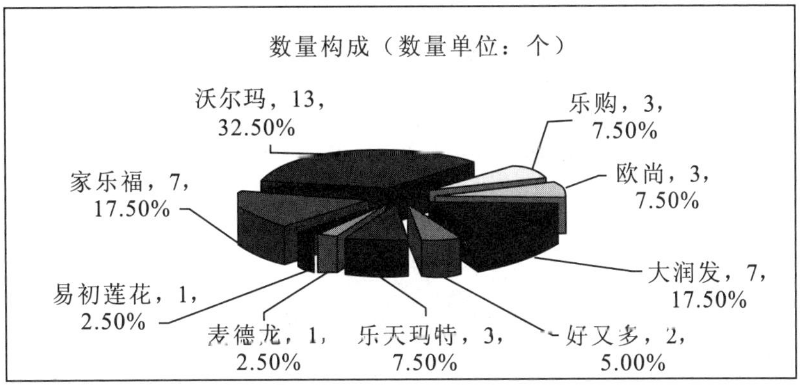

图 2－55　全省规模以上外商投资超市分企业数量构成图

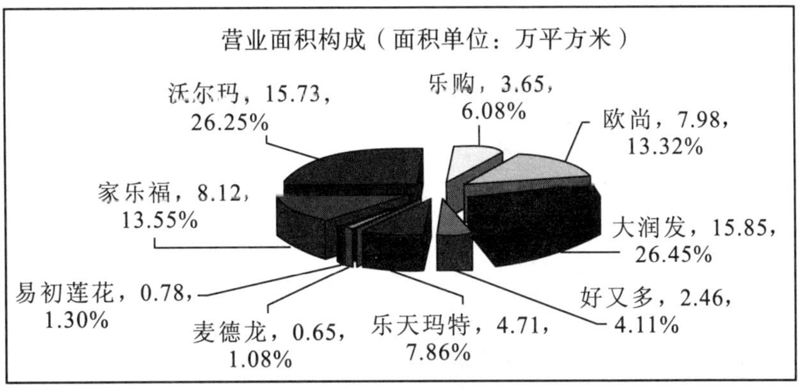

图 2－56　全省规模以上外商投资超市分企业营业面积构成图

四、区域结构

在全省17个地级市中,有11个市有外商投资的规模以上的商业网点,尚有6个地级市没有外商投资的规模以上的商业网点。详见图2-57、图2-58、表2-13。

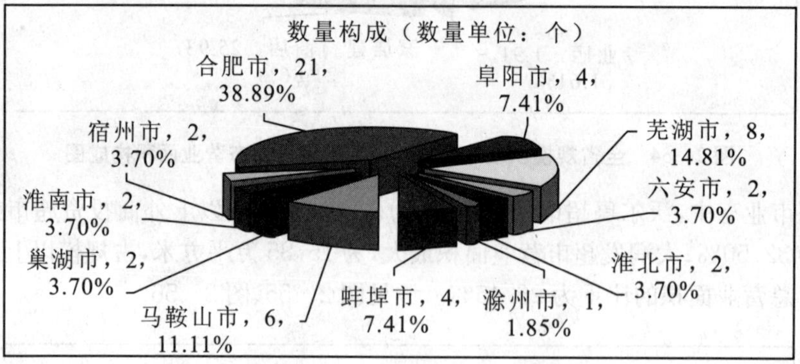

图2-57 全省外商投资商业网点分地区数量构成图

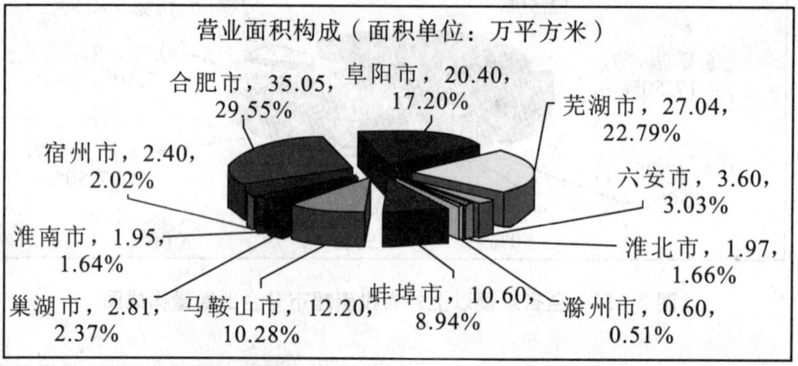

图2-58 全省外商投资商业网点分地区营业面积构成图

表2-13 全省外商投资商业网点分地区情况列表

序号	城市名称	网点数量（个）	数量占比	营业面积（万平方米）	营业面积占比
1	合肥市	21	38.89%	35.05	29.55%
2	阜阳市	4	7.41%	20.40	17.20%
3	芜湖市	8	14.81%	27.04	22.79%
4	六安市	2	3.70%	3.60	3.03%
5	淮北市	2	3.70%	1.97	1.66%
6	滁州市	1	1.85%	0.60	0.51%
7	蚌埠市	4	7.41%	10.60	8.94%

续表 2-13

序号	城市名称	网点数量（个）	数量占比	营业面积（万平方米）	营业面积占比
8	马鞍山市	6	11.11%	12.20	10.28%
9	巢湖市	2	3.70%	2.81	2.37%
10	淮南市	2	3.70%	1.95	1.64%
11	宿州市	2	3.70%	2.40	2.02%
12	宣城市	0	0.00%	0.00	0.00%
13	亳州市	0	0.00%	0.00	0.00%
14	铜陵市	0	0.00%	0.00	0.00%
15	黄山市	0	0.00%	0.00	0.00%
16	池州市	0	0.00%	0.00	0.00%
17	安庆市	0	0.00%	0.00	0.00%
合计		54	100.00%	118.62	100.00%

第七节　名商名品名街发展情况

一、名商

（一）零售企业

1. 零售百强企业

2010年，全国百强零售企业商品销售总额为16641.2亿元，占社会消费品零售总额的比重为10.6%，比2009年提高0.3个百分点。其中，排名前三的企业分别为苏宁电器集团、国美电器有限公司和百强集团有限公司。

全省入围全国零售百强的企业有2家，即安徽省徽商集团有限公司和合肥百货大楼集团股份有限公司。

2. 连锁百强企业

2010年，全省有4家连锁企业入围全国连锁百强，即安徽省徽商集团有限公司、合肥百货大楼集团股份有限公司、安徽华夏集团和阜阳市华联集团股份有限公司，排名分别为8、17、95、100。其中，前两家企业总部均位于合肥市，安徽华夏集团总部位于宿州市，阜阳市华联集团股份有限公司位于阜阳市。

安徽省徽商集团有限公司旗下包括安徽商之都股份有限公司、安徽徽商农家福有限公司、安徽省徽商红府连锁超市有限责任公司等企业。2010年，安徽商之都股份有限公司实现销售额90.48亿元，占徽商集团总销售额的比重为22.33%；

安徽徽商农家福有限公司实现销售额 26.54 亿元，占徽商集团总销售额的比重为 6.55%；安徽省徽商红府连锁超市有限责任公司实现销售额 11.41 亿元，占徽商集团总销售额的比重为 2.82%。

3．餐饮百强企业

2010 年，全国百强餐饮企业中，全省入围 3 家，即安徽梦都集团、合肥肥西老母鸡餐饮有限责任公司、安徽包天下餐饮管理有限公司，排名分别为 77、80、86。

（二）商品交易市场

1．总体情况

根据《中国商品交易市场统计年鉴 2011》中提供的数据，2010 年全国前 100 家商品交易市场中，全省入围 3 家，分别为：安徽省徽商钢材市场，排名第 16 位；安庆市光彩大市场，排名第 38 位；合肥周谷堆农产品批发市场股份有限公司，排名第 93 位。

2010 年，中部地区前 100 家商品交易市场中，全省商品交易市场入围 20 家，详见表 2－14。

表 2－14　2010 年全省入围中部地区前 100 家商品交易市场分布情况

序　号	市场名称	所属城市	市场排名
1	徽商钢材市场	合肥市	1
2	光彩大市场	安庆市	2
3	周谷堆农产品批发市场股份有限公司	合肥市	10
4	安徽信地大市场物业管理有限责任公司	合肥市	17
5	亳州市(中国)中药材交易中心	亳州市	19
6	瑶海实业集团公司(安徽国际汽车城)	合肥市	25
7	合肥国强钢材交易中心	合肥市	33
8	皖西北商贸城	阜阳市	37
9	合肥市庐阳区城隍庙市场	合肥市	54
10	全省广德县农贸市场	宣城市	55
11	安徽白马服装城	合肥市	59
12	全省广德县太极商城	宣城市	61
13	滁州长江商贸城	滁州市	65
14	合肥漕冲糖酒批发市场	合肥市	66
15	淮矿物流大市场	淮南市	78
16	马鞍山市安民农副产品批发交易中心	马鞍山市	83
17	濉溪县中瑞农副产品有限责任公司	淮北市	91
18	宣州区市场	宣城市	93
19	安徽江南第一茶市	芜湖市	96
20	巢湖亚父农副产品批发市场	巢湖市	100

注：资料来源于《中国商品交易市场统计年鉴 2011》。

2010年，全国前100家综合贸易市场中，全省入围5家，分别为：安庆市光彩大市场，排名第8位；合肥周谷堆农产品批发市场股份有限公司，排名第22位；阜阳市皖西北商贸城，排名第66位；合肥市庐阳区城隍庙市场，排名第91位；全省广德县农贸市场，排名第97位。

2010年，全国前100家专业市场中，全省入围1家，即安徽省徽商钢材市场，排名第12位。

2. 综合市场

全国前20家生产资料综合市场中，全省入围1家，即安庆市光彩大市场，排名第3位。

全国前20家工业消费品综合市场中，全省没有入围市场。

全国前20家农产品综合市场中，全省入围1家，即合肥周谷堆农产品批发市场股份有限公司，排名第5位。

全国前20家其他综合市场中，全省入围2家，分别为：全省广德县农贸市场，排名第15位；全省广德县太极商城，排名第19位。

3. 专业市场

全国前17家农业生产用具市场中，全省入围1家，即合肥裕隆市场建设投资有限公司，排名第17位。

全国前20家粮油市场中，全省入围1家，即合肥漕冲糖酒批发市场，排名第16位。

全国前20家肉禽蛋市场中，全省入围2家，分别为：合肥市洪福家禽批发市场，排名第13位；合肥徽商城农产品批发市场有限公司，排名第19位。

全国前20家其他农产品市场中，全省入围2家，分别为：濉溪县中瑞农副产品有限责任公司，排名第15位；巢湖亚父农副产品批发市场，排名第16位。

全国前20家茶叶市场中，全省入围1家，即芜湖市的安徽江南第一茶市，排名第5位。

全国前13家烟酒市场中，全省入围1家，即合肥恒通食品批发市场，排名第13位。

二、名品

本次主要对合肥市大型零售网点进行了抽样调查，调查企业包括：安徽金鹰商贸有限公司百花井店、安徽金鹰商贸有限公司大东门店、合肥金鹰国际购物中心有限公司、合肥百货大楼集团股份有限公司（鼓楼商区和CBD商区）和安徽商之都股份有限公司。

1. 安徽金鹰商贸有限公司百花井店

国内外品牌主要集中在化妆品和珠宝领域，其中化妆品知名品牌包括雅诗兰黛、兰蔻、迪奥、香奈儿等，珠宝知名品牌包括谢瑞麟等。

2. 安徽金鹰商贸有限公司大东门店

国内外品牌主要集中在钟表和服装领域，包括知名钟表品牌卡地亚、欧米伽等，以及知名服装品牌杰尼亚、Hugo Boss 等。

3．合肥金鹰国际购物中心有限公司

企业主要引入了周大福、周生生等珠宝知名品牌，以及卓雅、安吉奥、米欧尼等女装品牌。

4．合肥百货大楼集团股份有限公司

合肥百货大楼集团股份有限公司下辖 15 家百货店、135 家合家福超市和 24 家百大电器专业店。其中，鼓楼商区和 CBD 商区品牌分布情况详见表 2－15。

表 2－15　合肥市鼓楼商区和 CBD 商区品牌分布情况一览表

品　类	品　牌	鼓楼商区	CBD 商区
化妆品	SK－Ⅱ	√	
	FANCI	√	
	兰芝	√	
	水芝澳	√	√
	伊丽莎白·雅顿	√	√
	美谛高丝	√	√
	贝佳斯	√	√
	欧珀莱	√	√
	欧莱雅	√	√
	玉兰油	√	√
	嘉贝诗		√
	SKINFOOD		√
	佰草集		√
珠宝、手表、饰品	老凤祥	√	
	周大福	√	√
	周生生	√	√
	金至尊	√	√
	劳力士	√	
	帝驼	√	
	浪琴	√	√
	Folli	√	
	施华洛世奇	√	
	AGATHA		√
	欧米伽		√
	Gucci		√
	豪雅		√

续表 2-15

品　类	品　牌	鼓楼商区	CBD 商区
鞋类、箱包	诺贝达	√	
	莱尔斯丹	√	√
	嘉宝	√	√
	雅士	√	
	K. H. Design	√	
	BRAUN BUFFEL	√	√
	ECCO	√	√
	Piero Guidi		√
	BRAUN BUFFEL		√
	24HRS		√
针纺、内衣、床上用品	爱慕	√	
	安莉芳	√	√
	黛安芬	√	√
	鄂尔多斯	√	√
	梦洁	√	√
	寐	√	√
	法兰瓷		√
	罗卡芙		√
	喜来登		√
女装	GIRDEAR	√	√
	安姬奥		√
	诗篇		√
	KLOVA		√
	JORYA	√	
	LOUISA. M		√
	ICICLE	√	
	WHITE COLLAR	√	
	恩曼琳	√	
	恩裳		√
	玖姿	√	√
	莱茵福莱尔		√
	ZUCZUG	√	

续表 2-15

品类	品牌	鼓楼商区	CBD 商区
女装	玛丝菲尔	√	
	雅莹	√	√
	卡利亚里	√	
	巨式国际	√	
	MONDIAL ATELIER		√
	ONLY	√	√
	VERO MODA	√	
	OCHIRLY	√	
	百家好事	√	√
	E. LAND	√	√
	Teenie Weenie	√	√
	艾格	√	
	PRICH	√	
	S. Deer	√	
男装	沙驰	√	
	奥德臣		√
	格罗尼亚		√
	BOSS SUNWEN	√	√
	V. E. DELURE	√	
	辛柏林		√
	罗曼·诺贝利		√
	杰凡尼		√
	爵士丹尼		√
	威可多		√
	蓝豹		√
	浪肯		√
	斯卡图	√	
	朗·维高	√	
	戛蒂尔	√	
	VICUTU	√	
	威斯康尼	√	
	路易诗兰	√	
	诺丁山	√	

续表 2-15

品　类	品　牌	鼓楼商区	CBD 商区
儿童	阿迪	√	√
	耐克	√	√
	ELLE	√	√
	常春藤	√	
	衣恋	√	
	好孩子	√	√
	里维斯		√
	芝麻开门		√
运动休闲	Nike	√	√
	Adidas	√	√
	Columbia	√	√
	Jack Jones	√	
	The North Face		√
	Jack Wolfskin		√
	Lee	√	√
	Levi's	√	√

注：表中资料来源于调查企业。

5. 安徽商之都股份有限公司

安徽商之都股份有限公司下辖 63 个门店，业态包括购物中心、百货店、超市等。目前，企业引入国内外知名品牌 76 个，包括兰蔻、迪奥、郝莲娜、纪梵希、资生堂、欧珀莱等化妆品品牌，浪琴、梅花、天梭、新帝舵等手表品牌，周大福、老凤祥等珠宝品牌，以及大 CK、MAX&Co、维肯、宝姿、登喜路、康纳利等服饰品牌。

三、名街

截至 2010 年末，全省共有规模以上的商业街 52 条，合计建筑面积 292 万平方米。其中，商业街数量排名前三位的分别是安庆、芜湖、马鞍山三市。安徽省 17 个地级市中宿州、亳州、黄山、滁州四市尚没有规模以上的商业街（全省商业街名录参见第六章中的表 6-95）。

2010 年，全国各省市列入全国著名商业街的有 22 条，列入全国特色商业街的有 32 条。其中，安徽省芜湖市中山路综合商业街被评为全国著名商业街。

第三章　安徽省商业网点发展现状评价

第一节　总体分析评价

一、商业网点现状总体评价

可归纳为以下几点：

(1) 全省规模以上的商业网点数量较“十五”末期迅猛增长。

2010 年末，全省共有规模以上的商业网点 773 个，较 2005 年增长了 478 个，增长 62%。“十一五”期间，全省规模以上商业网点总量的年均增长率为 10.12%。

(2) 全省商业业态演变模式基本符合商业业态发展规律。

2010 年末，安徽省规模以上商业零售网点以超市、大型超市为主导，其数量占零售网点总量的 38.4%；其次为百货店，占 22.2%。同时，大型购物中心、家居建材商店及专业专卖店也有了较快的发展，其数量分别占零售网点总量的 18.3%、11.1%和 10%。

发达国家商业业态发展的规律是：人均地区生产总值达到 1000 美元时，消费者更注重商品的品质，主导业态为百货商店，并可以导入超市、大型超市；人均地区生产总值 2000 — 3000 美元时，消费者更注重便利与平价，主导业态为超级市场；人均地区生产总值达到 3000 美元时，可考虑导入便利店，并试点发展大型购物中心；人均地区生产总值达到 6000 美元时，消费者更讲究方便与实效，便利店成为主导业态；人均地区生产总值 7000 — 8000 美元时，消费者更追求低价商品，主导业态为仓储式商店(大卖场)，与家庭轿车拥有量提升相配套；而人均地区生产总值达到 12000 美元时，消费者更讲究多元化的购物便利与享受，大型购物中心便成为主导业态。

2010 年，安徽省人均地区生产总值为 20887.8 元，约折合 3085 美元。由此可见，安徽省商业业态演变模式基本符合发达国家商业业态发展规律。

(3) 外商投资商业网点建设步伐加快，尚未形成市场主导优势。

自 2004 年法国家乐福在安徽省合肥市开设第一家大型超市以来，截至 2010 年末，已有 18 家外商投资商业企业(其中世界 500 强企业有 6 家)进入安徽省，在全省 11 个地级城市设立规模以上外商投资商业网点达 54 个。外商投资建设规模以上商业零售网点虽然逐步向购物中心、百货店、仓储式会员店等业态拓展，但还是以超市和大型超市为主。同时，外商投资规模以上商业网点的数量、营业面积分别占全省规模以上商业零售网点的 12.5%、13.1%，总体尚未形成市场主导优势。

(4) 全省商业网点建设总体量尚存在较大的发展空间。

参见附录一的计算，可知全省城镇居民的合理零售商业总面积应为 2074 万—2196 万平方米。

同时，根据商业网点统计数据，截至 2010 年末，全省已建成规模以上零售商业网点营业面积合计 907.66 万平方米，按照规模以上网点和规模以下网点面积约 1∶1的比例估算，全省城镇现有零售商业网点总面积在 1815 万平方米左右。

据此分析，2010 年末，全省商业网点总体量比计算得到的合理规模体量少 260 万— 380 万平方米。也就是说截至 2010 年末，安徽省零售商业网点建设总体量尚存 14%— 21%的发展空间。

(5) 商业资本投入不足，商业网点区域布局不均衡。

2010 年，全国各省(市)平均流通业资本规模人均密度为 2269.78 万元/万人，安徽省平均流通业资本规模人均密度为 979.57 万元/万人，位列全国所有省(市)的第 21 位。其中安徽省 17 个地级市中商业网点数量较多的合肥市、芜湖市的流通业资本规模人均密度分别为 4291 万元/万人、1654 万元/万人；而商业网点数量较少的池州市、黄山市的流通业资本规模人均密度分别为 830 万元/万人、815 万元/万人。由于商业资本投入的差异，带来了各地商业网点建设数量及布局的不均衡。各地级城市流通业资本规模人均密度及排名，在本书第四章将做详细的分析和评价。

二、零售商业网点评价

(一) 数量分析评价

2010 年末，全省规模以上零售商业网点在全省规模以上商业网点总量中占 55.9%，数量比 2005 年增加 249 个，增长 36%。“十一五”期间全省规模以上零售商业网点数量年均增长 6.34%。

(二) 规模结构分析

2010 年末，全省规模以上零售商业网点中，营业面积在 1 万— 5 万平方米的网点数量和营业面积均最大，分别为 204 个和 417.83 万平方米。详见表 3 - 1。

表 3-1 全省规模以上零售商业网点主要指标分规模排序

规模等级	数量排序	营业面积排序	2010 年营业额排序
10 万平方米以上	4	2	3
5 万—10 万平方米	3	3	4
1 万—5 万平方米	1	1	1
5000—1 万平方米	2	4	2

（三）网点效益分析评价

1. 年营业额

全省规模以上零售商业网点中明确提供 2010 年营业额数据的网点有 337 家，总营业额为 484.90 亿元，平均单店营业额 1.44 亿元。其中，年营业额超亿元、10 亿元网点分别为 159 个、6 个。年营业额超 10 亿元的 6 个网点依次为：芜湖亚夏汽车城一期、阜阳商厦、滁州百老汇数码电脑广场、安徽商之都合肥旗舰店、合肥鼓楼商厦有限责任公司、芜湖华亿国际购物中心。目前，全省没有年营业额超过 15 亿元的零售网点。

2. 场地资源效益

全省规模以上零售商业网点中明确提供 2010 年营业额数据的 337 家的总营业面积为 585.85 万平方米，总营业额为 484.90 亿元，平均地均营业额为 0.83 万元/平方米。其中，专业店/专卖店地均营业额最高，家居建材商店地均营业额最低。详见图 3-1。

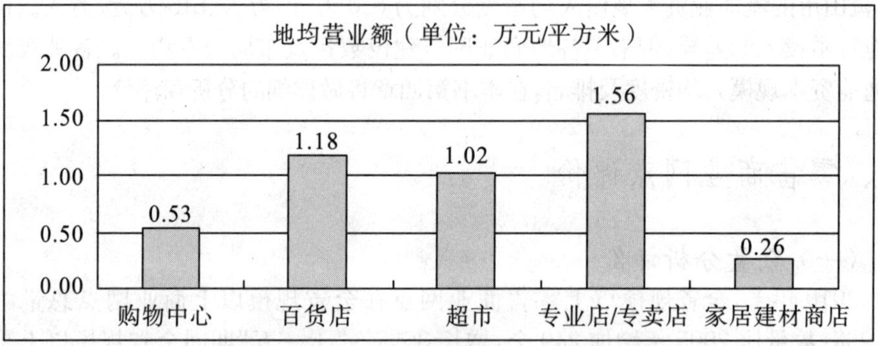

图 3-1 全省规模以上零售商业网点分业态地均营业额情况

3. 人力资源效益

2010 年，全省限额以上零售商业企业实现销售额 1370.72 亿元，从业人员合计 15.82 万人，人均销售额为 86.62 万元/人。在 17 个地级市中，限额以上零售商业企业人均销售额排名前三的依次为合肥市、芜湖市、宣城市，分别为 180.48 万元/人、101.30 万元/人、100.81 万元/人，人均销售额最低的为巢湖市，为 48.37 万元/人。按行业划分来看，汽车、摩托车、燃料及零配件专门零售业的人均销售额最高，为232.24万元/人；食品、饮料及烟草制品专门零售业人均销售额最低，为31.23万元/人。详见表3-2。

表3-2　全省限额以上零售商业企业分行业人均销售额情况

行　业	人均销售额(万元/人)	人均销售额排序
综合零售	49.73	7
食品、饮料及烟草制品专门零售	31.23	9
纺织、服装及日用品专门零售	41.65	8
文化、体育用品及器材专门零售	67.56	5
医药及医疗器材专门零售	103.07	4
汽车、摩托车、燃料及零配件专门零售	232.24	1
家用电器及电子产品专门零售	116.29	3
五金、家具及室内装修材料专门零售	63.21	6
无店铺及其他零售	193.40	2

(四) 业态结构分析

2010年末，全省规模以上零售商业网点，按照5大业态分类，其中超市数量最多、实现销售额也最多，购物中心营业面积最大。详见表3-3。

表3-3　全省规模以上零售商业网点分业态排序表

业　态	数量排序	营业面积排序	2010年销售额排序
购物中心	3	1	3
百货店	2	2	2
超市	1	4	1
专业店/专卖店	5	5	4
家居建材商店	4	3	5

1. 购物中心

2010年，全省17个地级市中，安庆市规模以上购物中心数量最多，达11个；其次为淮北市，达9个。合肥市规模以上购物中心营业面积最大，达70.16万平方米；其次为安庆市，达37.00万平方米。截至2010年底，黄山市、宣城市还没有购物中心。

2. 百货店

全省17个地级市中，阜阳市规模以上百货店数量最多，达18个；其次为合肥市，达16个。阜阳市规模以上百货店营业面积最大，达69.12万平方米；其次为合肥市，达41.29万平方米。

3. 超市

全省17个地级市中，合肥市规模以上超市数量最多，达34个；其次为芜湖市，达15个。合肥市规模以上超市营业面积最大，达38.64万平方米；其次为芜湖市，达19.07万平方米。

4. 专业店/专卖店

全省17个地级市中,芜湖市规模以上专业店/专卖店数量最多,达9个;其次为滁州市,达7个。芜湖市规模以上专业店/专卖店营业面积最大,达18.79万平方米;其次为合肥市,达11.95万平方米。

5. 家居建材商店

全省17个地级市中,合肥市规模以上家居建材商店数量最多,达8个;其次为滁州市,达6个。滁州市规模以上家居建材商店营业面积最大,达71.42万平方米;其次为合肥市,达29.30万平方米。

（五）业态发展情况

目前,全省商业零售业发展业态齐全,大型零售网点仍是以超市为主导,购物中心开始步入发展阶段。全省有形零售店铺业态发展情况详见表3－4。

表3－4 全省有形零售店铺业态发展情况

业 态	业态描述	发展状况	代表企业	数量占比最多城市
食杂店	位于居民区内,辐射半径小,目标顾客以相对固定的居民为主。一般在100平方米以内。以销售香烟、饮料、酒、休闲食品为主	成熟		
便利店	商业中心区、居住区、交通要道以及车站、医院、学校、娱乐场所、办公楼、加油站等公共活动区。商圈范围小,顾客步行到达,目标顾客主要为快速消费者。100平方米左右,使用率高。以销售即时食品、日用小百货为主,售价高于市场平均水平	起步		
折扣店	辐射半径2公里左右,目标顾客主要为商圈内的居民,商品价格一般低于市场平均水平,自有品牌占有较大的比例	起步	凯斯茂	合肥
超市	市、区商业中心,居住区,辐射半径2公里左右,目标顾客以居民为主,营业面积在6000平方米以下,经营包装食品和日用品。食品超市与综合超市商品结构不同	成熟	合家福、红府、好又多、华联等	合肥、宣城、安庆
大型超市	市、区商业中心,城郊结合部,交通要道及大型居住区附近,辐射半径2公里以上,目标顾客以居民、流动顾客为主,营业面积6000平方米以上,大众化衣、食、用品齐全,一次性购齐,注重自有品牌开发	较为成熟	沃尔玛、家乐福、大润发、苏果等	合肥、淮南
仓储式会员店	城乡结合部的交通要道,辐射半径5公里以上,目标顾客以中小零售店、餐饮店、集团购买和流动顾客为主,营业面积6000平方米以上,以大众化衣、食、用品为主,自有品牌占相当部分,商品品种在4000种左右,实行低价、批量销售	起步	麦德龙	合肥

续表 3-4

业　态	业态描述	发展状况	代表企业	数量占比最多城市
百货店	市、区级商业中心，历史形成的商业集聚地，目标顾客以追求时尚和品味的流动顾客为主，营业面积 6000—20000 平方米，综合性，门类齐全，以服饰、鞋类、箱包、化妆品、礼品、家庭用品、家用电器为主	成熟	百大、商之都、百盛、金鹰等	合肥、芜湖、阜阳
专业店	市、区商业中心以及百货店与购物中心内，目标顾客以有目的选购某类商品的流动顾客为主。以销售某类商品为主，体现专业性、深度性，品种丰富，选择余地大	较为成熟	国美、五星电器等	合肥、芜湖
专卖店	市、区商业中心、专业街以及百货店与购物中心内，目标顾客以中高档消费者和追求时尚的年轻人为主，根据商品特点而定，以销售某一品牌系列商品为主，销售量少、质优、高毛利	较为成熟	奇瑞汽车、东风日产等	
家居建材商店	城乡结合部、交通要道或消费者自有房产量比较高的地区，目标顾客以拥有自有房产的顾客为主，营业面积在 6000 平方米以上，商品以与改善、建设家庭居住环境有关的装饰、装修用品，日用杂品，技术及服务为主	比较成熟	东方家园、红星美凯龙等	合肥
社区型购物中心	市、区商业中心商圈，半径为 5—10 公里，20—40 个租赁店，包括大型超市、专业店、专卖店、饮食服务及其他			
市区购物中心	市级商业中心，商圈半径为 10—20 公里，40—100 个租赁店，包括百货店、大型超市、各种专业店/专卖店、饮食店、杂品店以及娱乐服务设施等	初具规模	芜湖华亿、合肥元一时代、安徽国购	合肥、芜湖
城郊购物中心	城乡结合部的交通要道，商圈半径 30 公里以上，200 个租赁店以上，包括百货店、大型超市、各种专业店/专卖店、饮食店、杂品店以及娱乐服务设施等			
工厂直销中心	一般远离市区，目标顾客多为重视品牌的有目的的购买者。为品牌商品生产商直接设立，商品均为本企业的品牌			

注：表中明细根据安徽省商务厅提供资料填列。

三、商品交易市场分析评价

（一）规模结构分析

2010年末，全省规模以上的341个商品交易市场，平均单体营业面积为6.16万平方米。其中，营业面积在1万—5万平方米的市场数量最多，为161个；营业面积在10万平方米以上的市场合计面积最大，为1301.62万平方米。详见表3-5。

表3-5 全省规模以上商品交易市场主要指标分规模排序

规模等级	数量排序	营业面积排序	2010年销售额排序
10万平方米以上	4	1	2
5万—10万平方米	3	3	3
1万—5万平方米	1	2	1
5000—1万平方米	2	4	4

（二）商品结构分析

2010年末，全省规模以上商品交易市场中，农产品市场数量最多，达162个，占所有规模以上商品交易市场总量的比重为47.51%；汽摩、汽配及其他市场营业面积最大，为558.15万平方米，占所有规模以上商品交易市场总面积的比重为26.58%。详见表3-6。

表3-6 全省规模以上商品交易市场分商品结构排序

商品结构	数量排序	营业面积排序	2010年销售额排序
小商品市场	2	4	3
农产品市场	1	3	1
建材市场	3	2	2
汽摩、汽配及其他市场	4	1	4

1. 小商品市场

全省17个地级市中，合肥市规模以上小商品市场数量最多，达19个；其次为芜湖市，达10个。蚌埠市规模以上小商品市场营业面积最大，达129.00万平方米；其次为合肥市，达111.87万平方米。

2. 农产品市场

全省17个地级市中，蚌埠市规模以上农产品市场数量最多，达23个；其次为滁州市，达17个。六安市规模以上农产品市场营业面积最大，达121.17万平方米；其次为巢湖市，达50.86万平方米。

3. 建材市场

全省17个地级市中，合肥市规模以上建材市场数量最多，达14个；其次为六安市，达8个。合肥市规模以上建材市场营业面积最大，达121.40万平方米；其次为六安市，达110.30万平方米。

4. 汽摩、汽配及其他市场

全省17个地级市中，安庆市规模以上汽摩、汽配及其他市场数量最多，达6个；其次为池州市，达5个。阜阳市规模以上汽摩、汽配及其他市场营业面积最大，达323.00万平方米；其次为芜湖市，达54.60万平方米。

（三）市场效益分析

1. 营业额情况

全省规模以上商品交易市场中明确提供2010年营业额数据的市场共264个，共实现营业额1834.74亿元，平均单体营业额为6.95亿元。其中，年营业额过亿元、10亿元、50亿元和100亿元的市场分别达到196家、44家、7家和4家。年营业额超100亿元的4家市场依次为徽商钢材市场、周谷堆农产品批发市场、蚌埠光彩大市场、淮南市的淮矿物流大市场。

2. 场地资源效益

全省规模以上商品交易市场中明确提供2010年营业额数据的264家市场，合计营业面积为1272.21万平方米，平均地均营业额为1.44万元/平方米。其中，汽摩、汽配及其他市场地均营业额最高，小商品市场地均营业额最低。详见图3-2。

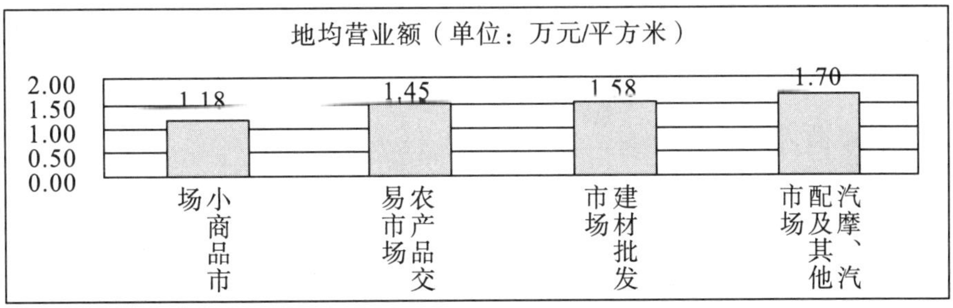

图3-2　全省规模以上商品交易市场分经营内容地均营业额情况

3. 人力资源效益

这里以全省限额以上批发企业为对象做人力资源效益分析。2010年，全省限额以上批发企业实现销售额3773.43亿元，从业人员10.15万人，人均销售额为371.86万元/人。在全省17个地级市中，限额以上批发企业人均销售额排名前三的依次为马鞍山市、铜陵市、芜湖市，分别为1281.43万元/人、784.14万元/人、497.77万元/人；人均销售额最低的为六安市，为139.50万元/人。按九大行业划分，其中，矿产品、建材及化工产品批发业人均销售额最高，为586.96万元/人；农畜产品批发业人均销售额最低，为114.77万元/人。详见表3-7。

表 3-7 全省限额以上批发企业分行业人均销售额情况

行 业	人均销售额（万元/人）	人均销售额排序
农畜产品批发	114.77	9
食品、饮料及烟草制品批发	189.43	7
纺织、服装及日用品批发	308.57	5
文化、体育用品及器材批发	245.78	6
医药及医疗器材批发	345.55	4
矿产品、建材及化工产品批发	586.96	2
机械设备、五金交电及电子产品批发	395.12	3
贸易经纪与代理	159.52	8
其他批发	795.35	1

四、农贸市场

2010年末，全省共有城乡农贸市场698个，摊位总数184714个，经营面积349.66万平方米。据此测算，全省城乡人均农贸市场拥有量约为58.7平方米/千人，低于上海市120平方米/千人的标准和中部地区城市70—90平方米/千人的普遍标准。

五、农村商业网点

（一）农家店

全省纳入2010年统计的农家店2.36万个，合计营业面积194.80万平方米，销售额达136.95亿元，平均单店营业面积82.54平方米，单店销售额为58.03万元。

其中省属企业农家店数量为6231个，合计营业面积50.29万平方米，实现销售额44.87亿元，占所有纳入统计农家店的比重分别为26.38%、25.82%、32.76%。省属企业农家店平均单店营业面积80.7平方米，单店销售额为72.01万元。

比较各地级市，滁州市拥有农家店数量最多，其次为宿州市、六安市，分别为2856个、2361个、1682个，占全省各市农家店总量的比重分别为16.43%、13.58%、9.67%。

（二）农村商品配送中心

2010年末，全省有“万村千乡市场工程”配送中心共275个，面积合计125.49

万平方米，平均单体营业面积为4563平方米。其中省属企业下辖63个，面积14.67万平方米，平均单体营业面积为2329平方米；各地市下辖212个，面积110.82万平方米，平均单体营业面积为5227平方米。

安庆市“万村千乡市场工程”配送中心数量最多，为30个，占各市“万村千乡市场工程”配送中心总数的比重为14.15%；其次为宿州市，28个，占各市“万村千乡市场工程”配送中心总数的比重为13.21%；第三为黄山市，25个，占各市“万村千乡市场工程”配送中心总数的比重为11.79%。

六、外商投资商业网点

（一）外商投资企业实力分析评价

2010年末，在安徽省投资的18家外商投资商业零售企业中，有世界500强企业6家，占全省外商投资商业零售企业数量的比重为33%，500强零售商业企业在安徽省共建规模以上商业零售网点30个，占全部规模以上外商投资商业零售网点总量的比重为56%。这6家企业在世界500强企业中的排名均在前150名以内。

（二）业态分析评价

全省外商投资规模以上商业零售网点主要集中在超市业态，但也逐步向购物中心、百货店等业态拓展，如合肥百盛逍遥广场有限公司、马鞍山八佰伴商贸有限公司、芜湖市凯德广场（新加坡企业投资）、阜阳巨川CBD中央国际广场（英国巨川投资）等。

（三）区域分布分析评价

全省外商投资商业零售网点主要集中在安徽省地级城市，目前县级城市尚没有外商投资的规模以上商业网点。从区域分布来看：合肥经济圈，其中合肥、巢湖、六安、淮南四市有外商投资的规模以上网点27家，占全省规模以上外商投资商业零售网点总量的比重为50%；芜马经济圈，其中芜湖、马鞍山两市有外商投资的规模以上网点14家，占全省规模以上外商投资商业零售网点总量的比重为26%；皖北片区的增长极——蚌埠、阜阳两市有外商投资的规模以上网点8家，占全省规模以上外商投资商业零售网点总量的比重为15%。另外，沿江的安庆、铜陵、池州三市，皖南的宣城、黄山两市和皖北的亳州市，目前尚没有外商投资的规模以上商业网点。

（四）网点效益分析评价

1. 销售规模

全省规模以上外商投资商业零售网点中明确提供2010年营业额数据的有36家，共实现营业额66.28亿元，平均单店营业额1.84亿元，高于全省规模以上商业零售网点的平均单店营业额（1.44亿元）。年营业额超亿元、5亿元的网点分别有25个、1个。目前，全省没有年营业额超10亿元的外商投资商业零售网点。

2. 场地资源效益

全省规模以上外商投资商业零售网点中明确提供2010年营业额数据的36家

网点，合计营业面积为84.51万平方米，平均地均营业额为0.78万元/平方米，低于全省规模以上商业零售网点平均地均营业额(0.83万元/平方米)。地均营业额排在前3位的外资网点依次为：锦江麦德龙现购自运有限公司合肥包河商场、淮南市大润发商业有限公司、合肥悦家商业有限公司蚌埠家乐福店，地均营业额分别为3.08万元/平方米、2.94万元/平方米、2.52万元/平方米。地均营业额排在末3位的依次为江苏时代超市有限公司乐天玛特巢湖店、芜湖融汇中江广场、红星美凯龙蚌埠市淮上区店，地均营业额分别为0.05万元/平方米、0.10万元/平方米、0.11万元/平方米。

七、名商名品

(一) 名商

2010年，全省入围全国零售百强的2家企业为安徽省徽商集团有限公司和合肥百货大楼集团股份有限公司。其中，安徽省徽商集团有限公司共有门店数量2915个，销售规模达405.20亿元，占全国百强零售企业商品销售总额的比重为2.43%，在全国零售百强企业中排名第8；合肥百货大楼集团股份有限公司共有门店数量171个，销售规模达249.00亿元，占全国百强零售企业商品销售总额的比重为1.49%，在全国零售百强企业中排名第35。与全国零售企业百强前3名相比，安徽省两家企业还存在一定差距。详见图3-3。

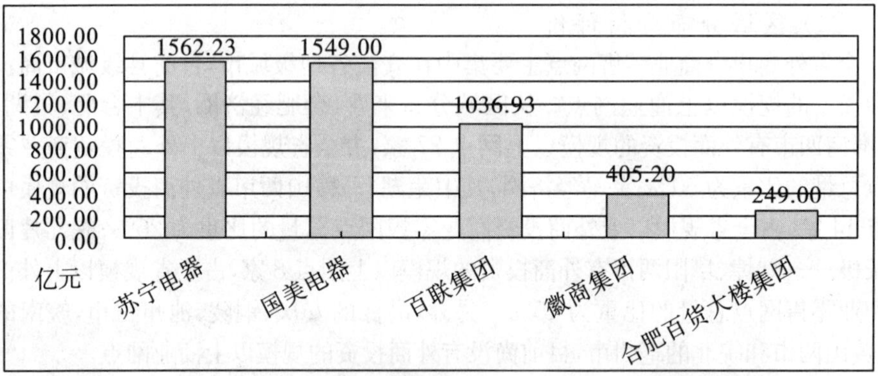

图3-3 2010年安徽省企业与全国零售企业百强前3名企业销售额比较

全省商品交易市场在中部地区较具竞争力，中部地区前100家商品交易市场中，安徽省入围20家，占比达20%，排名前20位以内、前10位以内的市场分别有5家、3家。其中，徽商钢材市场和安庆市光彩大市场在中部地区竞争力较强，分别位列第1位和第2位。

入围中部百强的市场大多分布在省会合肥市，其次为宣城市，详见图3-4。

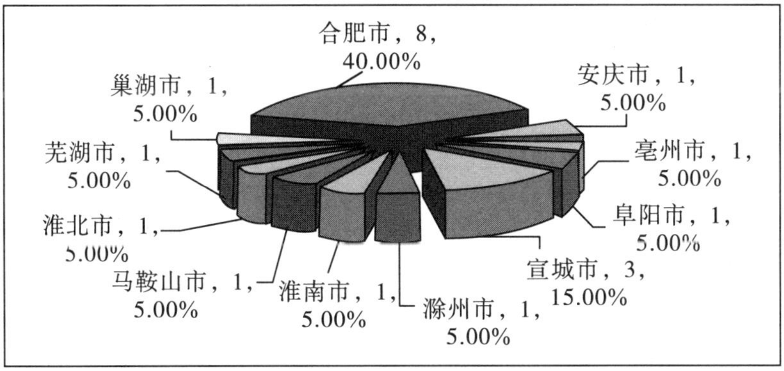

图 3－4　中部地区前 100 家商品交易市场在安徽省分布情况

（二）名品

仅以合肥市国际服装品牌为例，截至 2010 年底，合肥市共有国际高端服装品牌店铺 8 个，与周边地区主要城市相比，尚落后于东部江浙沪区域的苏州、杭州、无锡、宁波、南京等城市。中高端商业资源欠缺，导致一定的高端消费外流。

第二节　各市商业网点现状评价

一、总规模

（一）网点数量

2010 年末，全省规模以上商业网点中，合肥市数量最多，为 107 个，占全省规模以上商业网点总量的比重为 13.84%；其次为六安市，63 个，占全省规模以上商业网点总量的比重为 8.15%；再次为阜阳市，61 家，占全省规模以上商业网点总量的比重为 7.89%；黄山市规模以上商业网点数量最少，为 18 家，占全省规模以上商业网点总量的比重为 2.33%。

（二）营业面积

按地级市统计规模以上商业网点，阜阳市网点营业面积最大，为 556.01 万平方米，占规模以上网点总营业面积的比重为 18.49%；其次为合肥市，487.22 万平方米，占规模以上网点总营业面积的比重为 16.20%；再次为六安市，308.00 万平方米，占规模以上网点总营业面积的比重为 10.24%；黄山市网点营业面积最少，为 27.79 万平方米，占规模以上网点总营业面积的比重为 0.92%。详见表 3－8。

表 3-8 全省各地级市规模以上商业网点数量、营业面积排序表

城 市	数量占比	数量占比 全省排序	营业面积占比	营业面积占比 全省排序
合肥市	13.84%	1	16.20%	2
六安市	8.15%	2	10.24%	3
阜阳市	7.89%	3	18.49%	1
芜湖市	7.76%	4	9.16%	4
蚌埠市	7.63%	5	8.09%	5
滁州市	7.12%	6	4.37%	8
安庆市	6.99%	7	6.73%	6
淮北市	5.82%	8	2.64%	13
宿州市	5.30%	9	2.75%	12
巢湖市	4.79%	10	3.06%	11
马鞍山市	4.66%	11	4.78%	7
宣城市	4.40%	12	1.50%	15
淮南市	4.27%	13	4.10%	9
铜陵市	3.49%	14	2.20%	14
池州市	3.10%	15	3.63%	10
亳州市	2.46%	16	1.14%	16
黄山市	2.33%	17	0.92%	17

规模以上零售商业网点中,合肥市网点数量和营业面积均最大,分别为 66 个和 191.34 万平方米。

规模以上商品交易市场中,合肥市数量最多,为 41 个;阜阳市营业面积最大,为 436.07 万平方米。

二、零售商业网点

(一) 总量

2010 年末,按地级市统计规模以上零售商业网点,数量、营业面积排序前三位均依次为合肥市、阜阳市和芜湖市,分别为 66 个、42 个、36 个,191.34 万平方米、119.95 万平方米、95.49 万平方米。详见表 3-9。

表 3－9　全省各地级市规模以上零售商业网点数量、营业面积排序表

城　市	数量占比	数量占比全省排序	营业面积占比	营业面积占比全省排序
合肥市	15.28%	1	21.08%	1
阜阳市	9.72%	2	13.22%	2
芜湖市	8.33%	3	10.52%	3
六安市	7.41%	4	4.71%	8
淮北市	7.18%	5	4.68%	9
滁州市	6.94%	6	10.39%	4
安庆市	6.71%	7	7.13%	5
蚌埠市	6.02%	8	5.29%	7
马鞍山市	5.56%	9	6.09%	6
巢湖市	5.56%	10	3.83%	11
淮南市	4.86%	11	3.86%	10
宿州市	3.94%	12	1.69%	14
宣城市	3.47%	13	1.49%	15
亳州市	3.24%	14	1.70%	13
铜陵市	2.31%	15	2.08%	12
黄山市	2.08%	16	1.11%	17
池州市	1.39%	17	1.12%	16

（二）人均面积

2010 年末，全省 17 个地级市规模以上零售商业网点人均商业面积情况详见表 3－10。规模以上零售网点地区分布较不均衡。

表 3－10　全省 17 个地级市规模以上零售商业网点人均商业面积情况

城　市	营业面积（万平方米）	营业面积排序	年末城区人口（万人）	规模以上商业网点	
				人均零售面积（平方米/人）	人均零售面积排序
合肥市	191.34	1	214.65	0.89	2
阜阳市	119.95	2	205.60	0.58	6
芜湖市	95.49	3	108.23	0.88	3
滁州市	94.35	4	53.47	1.76	1
安庆市	64.75	5	73.81	0.88	4
马鞍山市	55.32	6	63.20	0.88	5

续表 3 - 10

城 市	营业面积（万平方米）	营业面积排序	年末城区人口（万人）	规模以上商业网点	
				人均零售面积（平方米/人）	人均零售面积排序
蚌埠市	48.00	7	92.52	0.52	7
六安市	42.77	8	185.84	0.23	12
淮北市	42.47	9	109.41	0.39	10
淮南市	35.02	10	181.14	0.19	13
巢湖市	34.78	11	88.66	0.39	9
铜陵市	18.92	12	44.89	0.42	8
亳州市	15.39	13	160.58	0.10	16
宿州市	15.33	14	184.90	0.08	17
宣城市	13.51	15	85.95	0.16	14
池州市	10.15	16	66.01	0.15	15
黄山市	10.12	17	43.69	0.23	11

三、商品交易市场

2010年末，全省17个地级市规模以上商品交易市场中，市场数量排名前三的城市依次为合肥市、蚌埠市和六安市，分别为41个、33个、31个；营业面积排名前三的依次为阜阳市、合肥市和六安市，分别为436.07万平方米、295.88万平方米、265.23万平方米。全省各地级市规模以上商品交易市场数量、营业面积情况详见表3-11。

表 3 - 11 全省各地级市规模以上商品交易市场数量、营业面积排序表

城 市	数量占比	数量占比全省排序	营业面积占比	营业面积占比全省排序
合肥市	12.02%	1	14.09%	2
蚌埠市	9.68%	2	9.30%	4
六安市	9.09%	3	12.63%	3
安庆市	7.33%	4	6.56%	6
滁州市	7.33%	5	1.77%	13
芜湖市	7.04%	6	8.57%	5
宿州市	7.04%	7	3.21%	10
阜阳市	5.57%	8	20.77%	1
宣城市	5.57%	9	1.50%	15

续表 3-11

城　市	数量占比	数量占比全省排序	营业面积占比	营业面积占比全省排序
池州市	5.28%	10	4.71%	7
铜陵市	4.99%	11	2.25%	12
淮北市	4.11%	12	1.76%	14
巢湖市	3.81%	13	2.73%	11
淮南市	3.52%	14	4.20%	9
马鞍山市	3.52%	15	4.21%	8
黄山市	2.64%	16	0.84%	17
亳州市	1.47%	17	0.90%	16

四、农贸市场

分地区来看，全省各市人均农贸市场拥有量差异较大，其中，蚌埠市人均拥有量最大，其次为铜陵市，淮北市人均拥有量最低。全省各地级市农贸市场经营面积及人均拥有量排序情况详见表 3-12 及图 3-5。

表 3-12　全省各地级市农贸市场人均拥有量排序情况

城　市	城乡农贸市场经营面积排序	人均农贸市场拥有量排序
蚌埠市	1	1
滁州市	2	4
阜阳市	3	8
合肥市	4	9
宿州市	5	10
安庆市	6	12
芜湖市	7	5
六安市	8	13
宣城市	9	7
黄山市	10	3
亳州市	11	15
马鞍山市	12	6
铜陵市	13	2
淮南市	14	11
池州市	15	14
淮北市	16	16

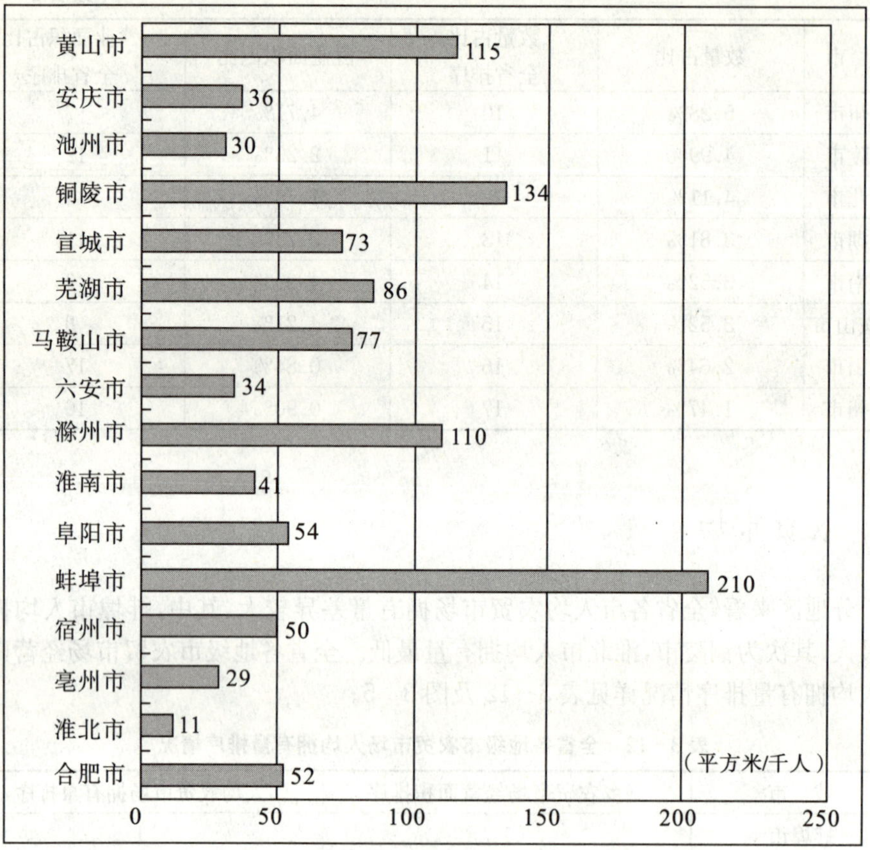

图 3－5 全省各地级市农贸市场人均拥有量情况

第三节 各市商圈动态变化分析

商圈，也称购买圈、商势圈，是指在一定经济区域内，以商场或商业区为中心向周围扩展形成辐射，对顾客形成吸引力的一定范围或区域。“商圈”代表一个城市的商业辐射范围，商圈半径是衡量一个城市商业辐射能力大小的最佳指标，也是商业网点载体建设成就的具体体现。商圈半径可根据断裂点理论计算得出。

确定商圈范围的理论，即断裂点理论，是关于城市与区域相互作用的一种理论，由康维斯（P. D. Converse）于 1949 年对赖利（W. J. Reilly）的“零售引力法则”加以发展而得。零售引力法则，又称赖利法则，它认为：“具有零售中心的两个城市，从位于它们中间的城市吸引的交易量与各自城市的人口成正比例，而与从中间城市到市场的距离成反比例。”该法则主要证实了一个城市的人口越多，规模越大，商业越发达，对顾客的吸引力就越大。

断裂点理论（商圈理论）计算公式如下：

$$d_A = \frac{D_{AB}}{1+\sqrt{\frac{P_B}{P_A}}}$$

式中，d_A为从断裂点到A城的直线距离（A城的商圈半径）；D_{AB}为A、B两城市间的直线距离；P_A为A城市的人口；P_B为B城市的人口。

通过进一步的推广应用，断裂点理论可以应用到相邻城市之间的吸引范围和市场区域的划分，P可以用城市的社会消费品零售总额等来表示，进而可得出城市之间的商圈断裂点（商圈半径）。

以商圈半径比上两城市间的距离，所得的百分比数即为"辐射力指数"。辐射力指数能反映一个城市商圈半径的绝对变化情况。通常，一个城市的辐射力指数大于50%，说明该城市具有一定的吸引周边城市消费的能力；辐射力指数小于50%，说明该城市部分消费被周边城市所吸引。

一、省际商圈

选取省会城市合肥市与周边省会城市进行比较说明。

2005年较2000年，合肥市相对于南京市和济南市的商业吸引力有所下降，而相对上海市、杭州市、南昌市、武汉市、郑州市的商业吸引力有所上升。

2010年较2005年，合肥市商业吸引力有所提升，商圈半径相对于周边各城市均有不同程度的扩张。这说明：相对于周边城市，合肥市虽还存在消费外流情况，但外流部分的消费群在逐步减小，这主要归功于近年来合肥市在商业网点建设方面取得的成效。

详见表3-13、图3-6。

表3-13　2000年、2005年、2010年安徽省省际商圈辐射力指数

城　市	2000年	2005年	2010年	2005年较2000年	2010年较2005年	2010年较2000年
南京市	37.28%	36.23%	37.71%	-1.05%	1.48%	0.44%
上海市	21.99%	24.81%	27.10%	2.82%	2.29%	5.11%
杭州市	34.93%	36.54%	38.47%	1.61%	1.93%	3.54%
南昌市	48.92%	50.57%	51.16%	1.65%	0.58%	2.24%
武汉市	32.69%	34.90%	36.57%	2.21%	1.67%	3.88%
郑州市	38.39%	40.39%	41.42%	2.00%	1.03%	3.03%
济南市	39.27%	38.79%	40.56%	-0.48%	1.77%	1.29%

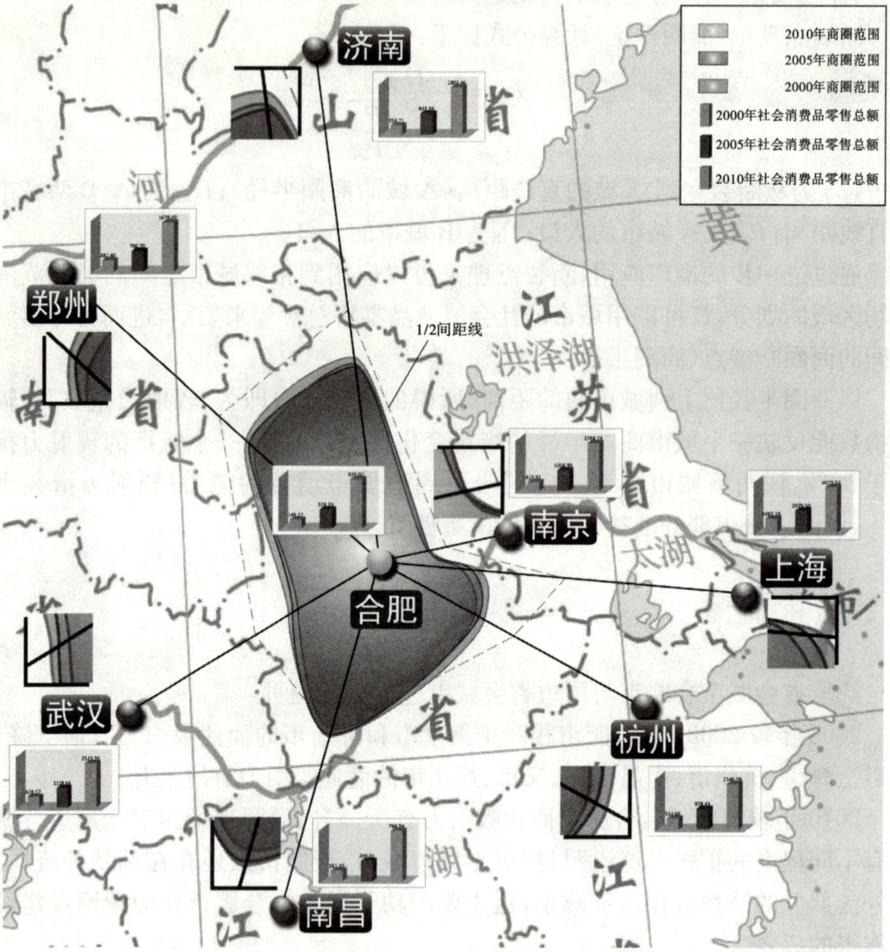

图 3-6 2000 年、2005 年、2010 年安徽省省际商圈图

二、各市商圈

选取各地级市与周边地级市进行比较说明。

(一) 合肥市商圈

2010 年较 2005 年，合肥市省内商圈的辐射力指数均有所上升，相对淮南市、六安市、芜湖市、安庆市、滁州市分别上升 1.27、1.15、0.97、1.26、1.45 个百分点。同时，合肥市对周边各城市均显示出明显的商业吸引力。详见表 3-14、图 3-7。

表 3-14 2005 年、2010 年合肥市商圈辐射力指数

城 市	2005 年	2010 年	2010 年较 2005 年 辐射力指数变化值
淮南市	66.65%	67.92%	1.27%
六安市	62.24%	63.39%	1.15%
芜湖市	62.11%	63.08%	0.97%
安庆市	59.89%	61.15%	1.26%
滁州市	64.94%	66.39%	1.45%

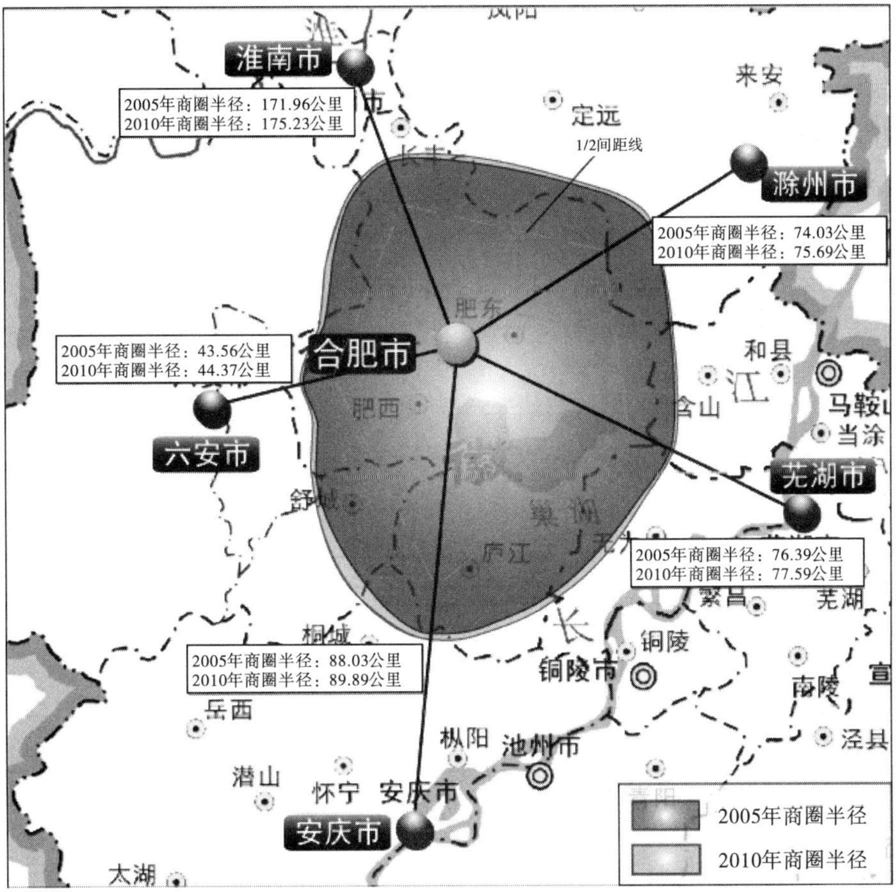

图 3-7 2005 年、2010 年合肥市商圈图

(二) 淮北市商圈

2010 年较 2005 年,淮北市对亳州市的辐射力指数略有上升,相对于蚌埠市的辐射力指数不变,相对于徐州市和商丘市的辐射力指数略有下降。从商业吸引力来看，2010 年，淮北市对周边各城市的商业吸引力均不强，消费外流现象明显。

表 3－15　2005 年、2010 年淮北市商圈辐射力指数

城市	2005 年	2010 年	2010 年较 2005 年辐射力指数变化值
亳州市	42.48	42.88	0.40
蚌埠市	40.55	40.54	0.00
徐州市	27.04	26.59	－0.45
商丘市	35.96	35.90	－0.05

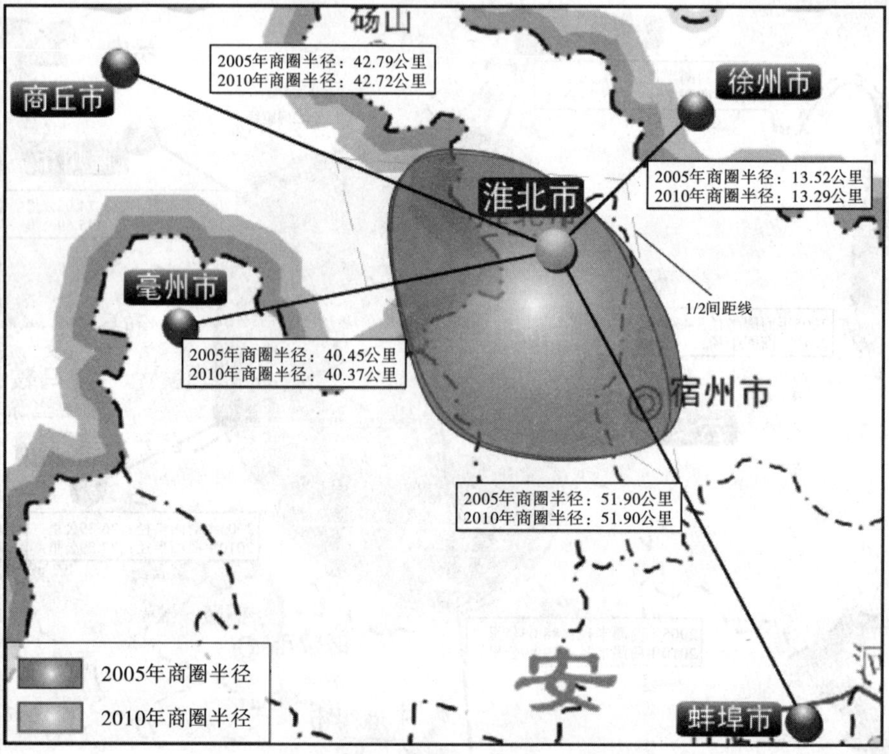

图 3－8　2005 年、2010 年淮北市商圈图

（三）亳州市商圈

2010 年较 2005 年，亳州市在各个方向上的辐射力指数均有所下降，商圈半径全面萎缩。其中，亳州市对淮北市的商业吸引力较强，吸引了部分淮北市居民的消费；对其他城市则商业吸引力较弱，存在消费外流的情况。详见表 3－16、图 3－9。

表 3-16　2005 年、2010 年亳州市商圈辐射力指数

城　市	2005 年	2010 年	2010 年较 2005 年辐射力指数变化值
阜阳市	45.24%	45.23%	-0.02%
蚌埠市	48.02%	47.60%	-0.41%
淮北市	57.52%	57.12%	-0.40%
周口市	41.00%	40.42%	-0.57%
商丘市	43.19%	42.73%	-0.46%

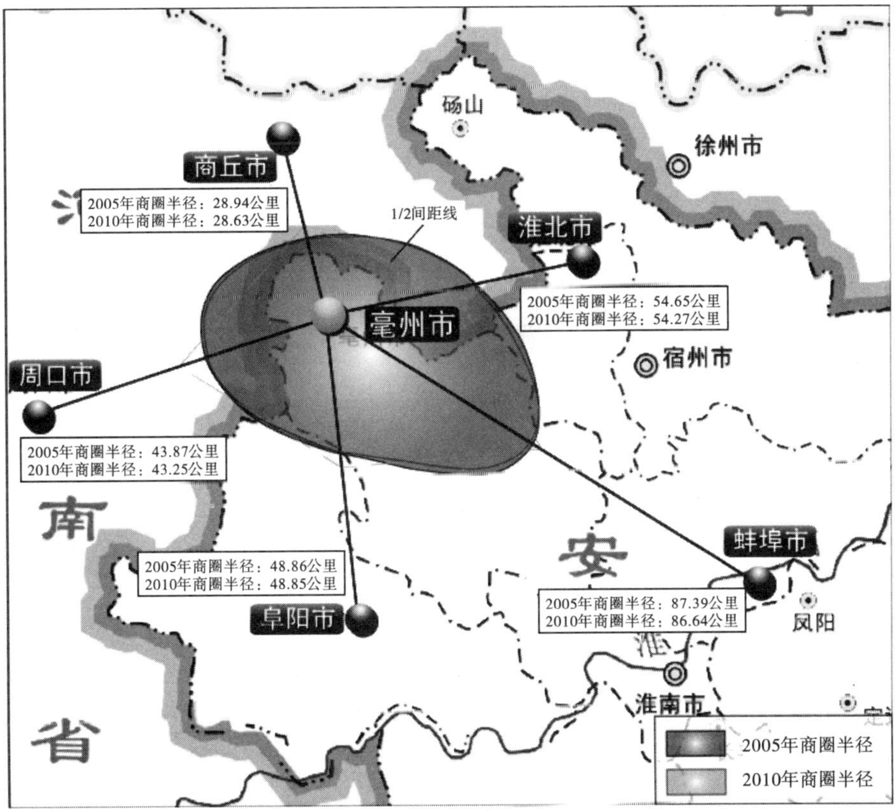

图 3-9　2005 年、2010 年亳州市商圈图

(四) 宿州市商圈

2010 年较 2005 年，宿州市在亳州市和阜阳市方向上辐射力指数略有增加，在淮北市、蚌埠市、徐州市和宿迁市方向上辐射力指数有所下降。其中，对宿迁市的吸引力下降最为明显。2010 年，宿州市对淮北市的商业吸引力较强，吸引了部分淮北市居民的消费；对其他城市则商业吸引力较弱，存在消费外流的情况，其中商

业向徐州方向上的外流最为明显。详见表3-17、图3-10。

表3-17 2005年、2010年宿州市商圈辐射力指数

城市	2005年	2010年	2010年较2005年辐射力指数变化值
淮北市	55.62%	55.42%	-0.19%
蚌埠市	46.08%	45.88%	-0.20%
亳州市	48.06%	48.27%	0.21%
阜阳市	43.33%	43.52%	0.19%
徐州市	31.71%	31.05%	-0.66%
宿迁市	46.90%	45.02%	-1.88%

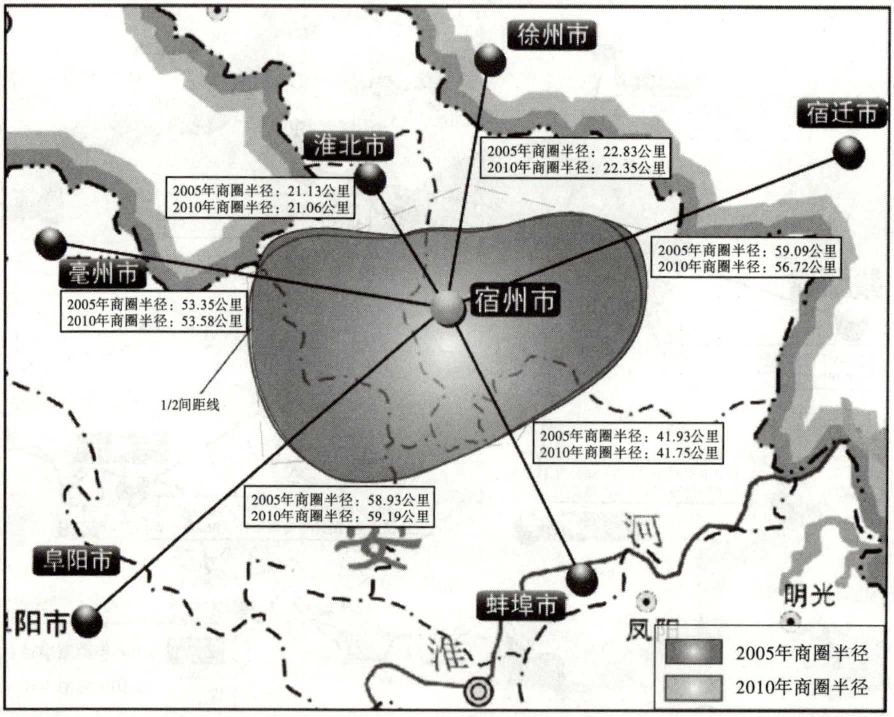

图3-10 2005年、2010年宿州市商圈图

(五) 蚌埠市商圈

2010年较2005年，蚌埠市在宿州市、亳州市和滁州市方向上的辐射力指数略有上升，商业吸引力增强；在合肥市、宿迁市方向上的辐射力指数有所下降，商业吸引力减弱。其中，蚌埠市对宿州市、亳州市和滁州市均存在一定的商业吸引力，能吸引这3个城市的部分消费。详见表3-18、图3-11。

表 3-18　2005 年、2010 年蚌埠市商圈辐射力指数

城　市	2005 年	2010 年	2010 年较 2005 年辐射力指数变化值
宿州市	53.92%	54.12%	0.20%
亳州市	51.98%	52.40%	0.41%
合肥市	37.51%	36.19%	-1.32%
滁州市	52.65%	52.84%	0.19%
宿迁市	50.82%	49.13%	-1.69%

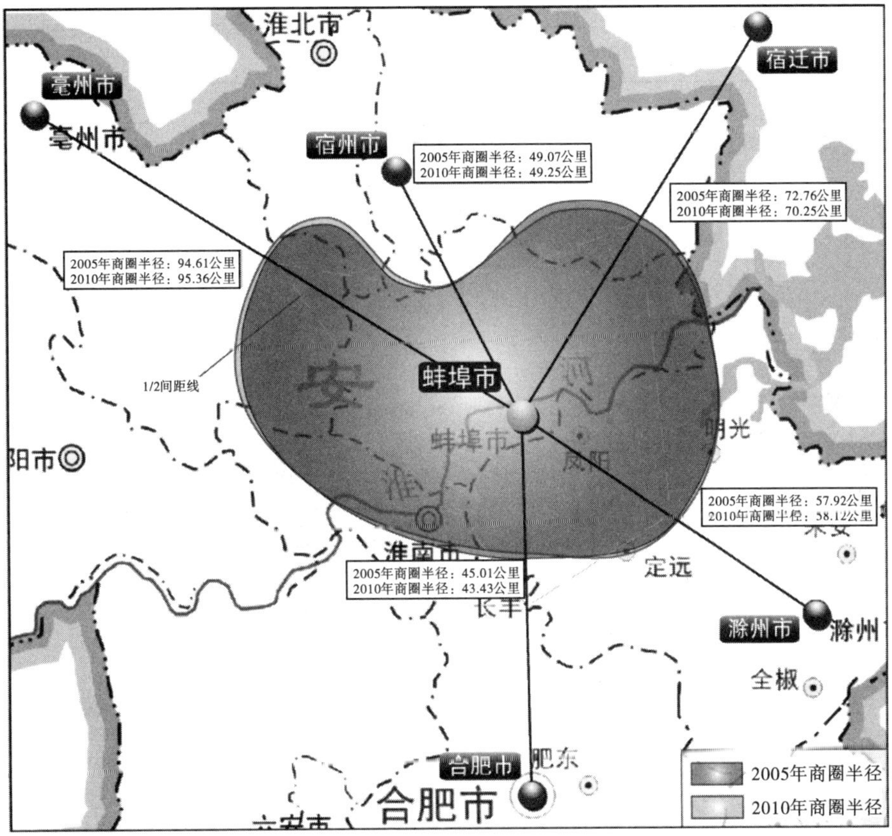

图 3-11　2005 年、2010 年蚌埠市商圈图

(六) 阜阳市商圈

2010 年较 2005 年，阜阳市在亳州市方向上的辐射力指数略有上升，在淮南市、六安市、周口市、驻马店市和信阳市方向上的辐射力指数均有所下降，商业吸引力开始减弱。其中，阜阳市在亳州市、淮南市、六安市方向上的商业吸引力较强，能够吸引部分外来消费。详见表 3-19、图 3-12。

表 3-19 2005 年、2010 年阜阳市商圈辐射力指数

城 市	2005 年	2010 年	2010 年较 2005 年辐射力指数变化值
亳州市	54.76%	54.77%	0.02%
淮南市	57.29%	56.92%	-0.37%
六安市	52.51%	51.93%	-0.58%
周口市	45.68%	45.11%	-0.57%
驻马店市	48.63%	48.22%	-0.41%
信阳市	46.87%	46.49%	-0.39%

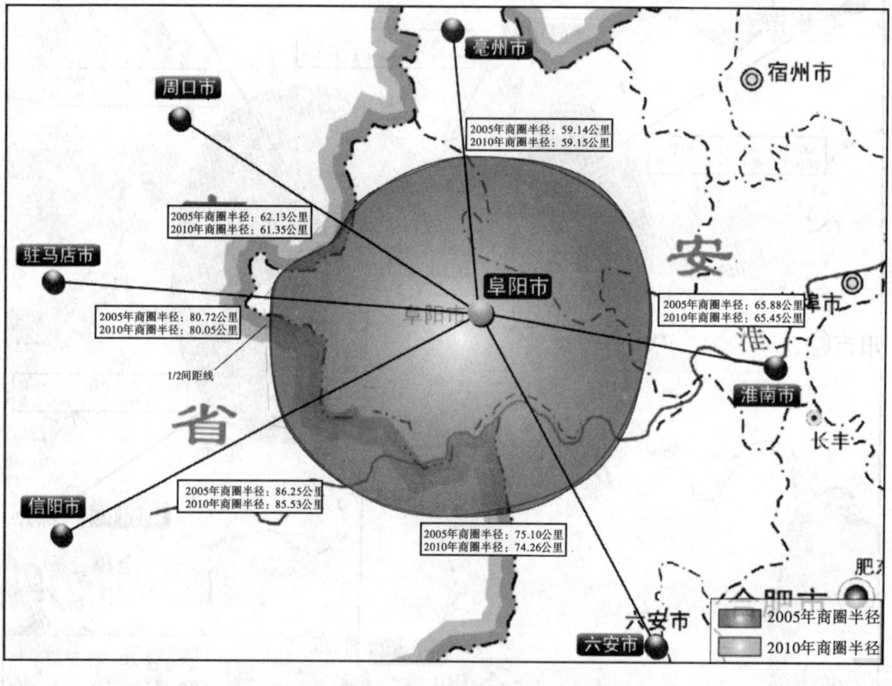

图 3-12 2005 年、2010 年阜阳市商圈图

（七）淮南市商圈

2010 年较 2005 年，淮南市在亳州市、阜阳市和滁州市方向上的辐射力指数有所提升，商业吸引力增强；在蚌埠市、六安市和合肥市方向上的辐射力指数有所下降，商业吸引力减弱。2010 年，淮南市在各个方向上的辐射力指数均小于 50%，消费外流现象明显，其中，向合肥市的消费外流最为显著。详见表 3-20、图 3-13。

表 3－20　2005 年、2010 年淮南市商圈辐射力指数

城　市	2005 年	2010 年	2010 年较 2005 年辐射力指数变化值
蚌埠市	45.46%	45.44%	－0.02%
亳州市	47.43%	47.83%	0.39%
阜阳市	42.71%	43.08%	0.37%
六安市	45.19%	44.99%	－0.20%
合肥市	33.35%	32.08%	－1.27%
滁州市	48.10%	48.27%	0.17%

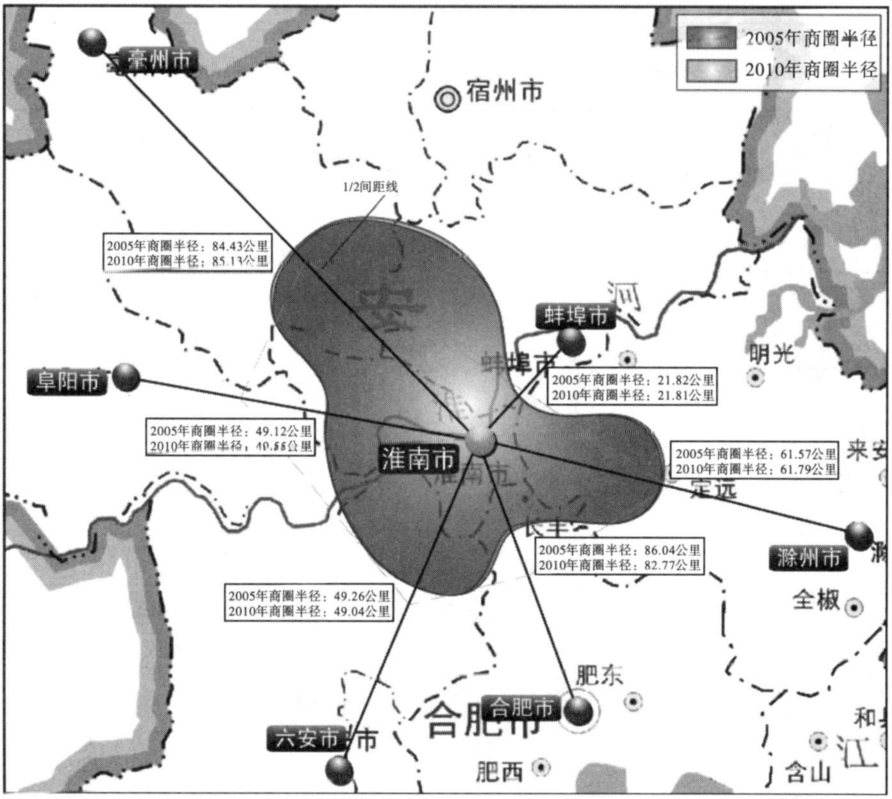

图 3－13　2005 年、2010 年淮南市商圈图

（八）滁州市商圈

2010 年较 2005 年，滁州市在各个方向上的吸引力均有所下降，商圈半径全面萎缩。其中，在宿迁市方向上的商业吸引力下降最为明显。相对周边城市，滁州市在马鞍山市方向上的商业吸引力较强，能够吸引部分外来消费；在其他城市方向上

吸引力则较弱，出现消费外流的现象，其中向南京市的消费外流最为显著。详见表3-21、图3-14。

表3-21　2005年、2010年滁州市商圈辐射力指数

城　市	2005年	2010年	2010年较2005年辐射力指数变化值
蚌埠市	47.35%	47.16%	-0.19%
合肥市	35.06%	33.61%	-1.45%
马鞍山市	54.80%	54.67%	-0.13%
宿迁市	48.16%	46.29%	-1.87%
淮安市	40.82%	40.37%	-0.45%
扬州市	35.69%	35.24%	-0.45%
南京市	23.47%	23.46%	-0.01%

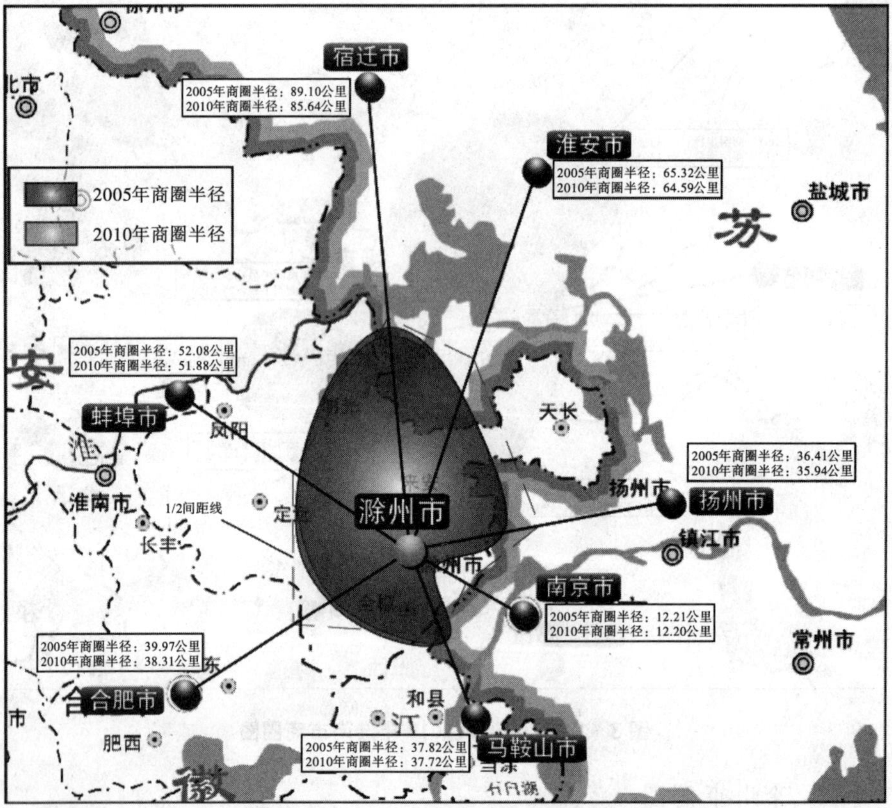

图3-14　2005年、2010年滁州市商圈图

（九）六安市商圈

2010年较2005年，六安市在合肥市和黄冈市方向上的辐射力指数有所下降，商业吸引力减弱；在其他城市方向上的辐射力指数增加，商业吸引力有所增强。相对周边城市，六安市对淮南市商业吸引力较强，能够吸引部分外来消费；对其他城市则出现部分消费外流情况。详见表3－22、图3－15。

表3－22　2005年、2010年六安市商圈辐射力指数

城　市	2005年	2010年	2010年较2005年辐射力指数变化值
阜阳市	47.49%	48.07%	0.58%
淮南市	54.81%	55.01%	0.20%
合肥市	37.76%	36.61%	－1.15%
安庆市	47.53%	47.62%	0.09%
信阳市	44.38%	44.57%	0.19%
黄冈市	46.28%	45.32%	－0.96%

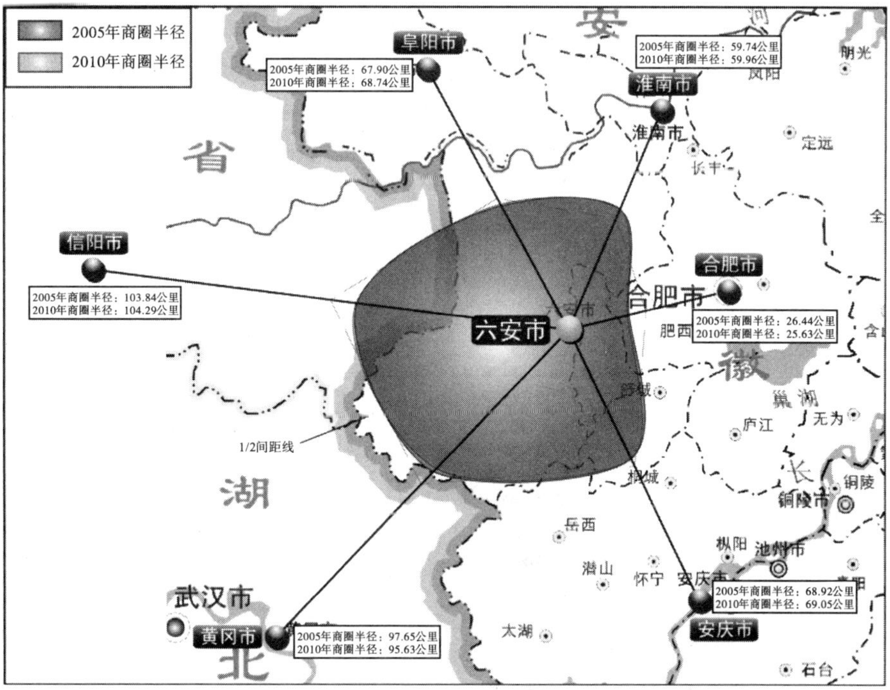

图3－15　2005年、2010年六安市商圈图

（十）马鞍山市商圈

2010年较2005年，马鞍山市在滁州市、南京市和宣城市方向上的辐射力指数略有提升，在合肥市和芜湖市方向上的辐射力指数则有所下降，说明马鞍山市整体商业竞争力有减弱趋势。并且马鞍山市在各个方向上的辐射力指数均小于50%，商业吸引力不强，消费外流现象明显。详见表3-23、图3-16。

表3-23 2005年、2010年马鞍山市商圈辐射力指数

城市	2005年	2010年	2010年较2005年辐射力指数变化值
合肥市	30.80	29.56	-1.24
滁州市	45.20	45.33	0.13
南京市	20.19	20.26	0.08
宣城市	46.39	46.56	0.18
芜湖市	42.19	41.76	-0.43

图3-16 2005年、2010年马鞍山市商圈图

（十一）芜湖市商圈

2010年较2005年，芜湖市在马鞍山市、铜陵市和宣城市方向上的辐射力指数均有所增长，仅在合肥市方向上的辐射力指数出现略微下降，说明芜湖市商业吸引力有进一步增强的趋势。其中，除合肥市外，芜湖市对周边城市均具有明显的商业吸引力，这主要是由于合肥市是省会城市，在商业发展方面优势更加明显。详见表3-24、图3-17。

表3-24　2005年、2010年芜湖市商圈辐射力指数

城　市	2005年	2010年	2010年较2005年辐射力指数变化值
马鞍山市	57.81%	58.24%	0.43%
合肥市	37.89%	36.92%	-0.97%
铜陵市	62.84%	63.00%	0.16%
宣城市	54.25%	54.85%	0.61%

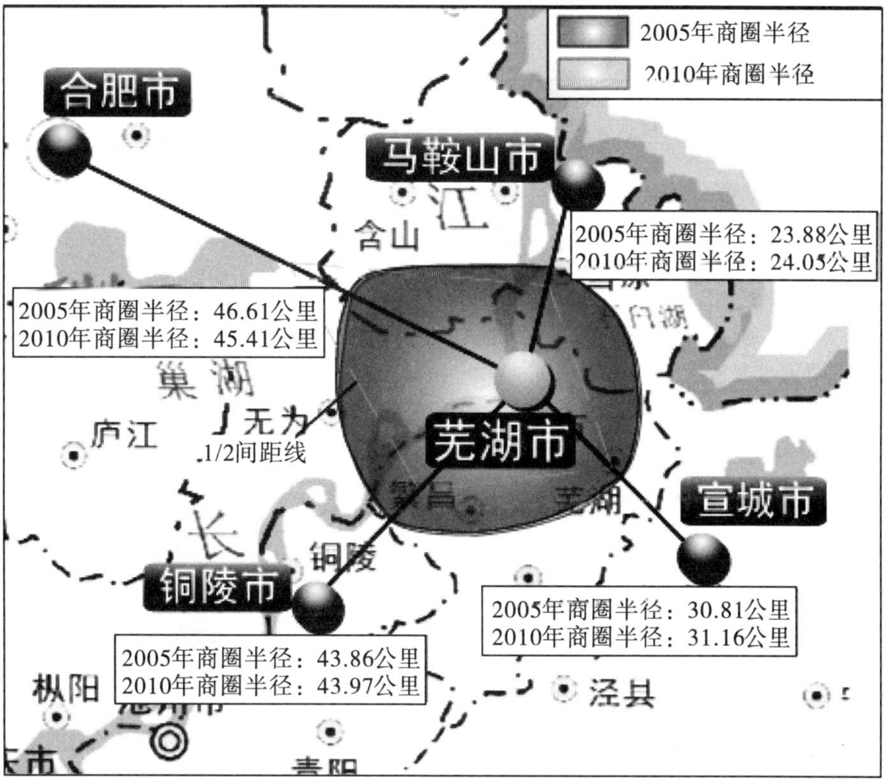

图3-17　2005年、2010年芜湖市商圈图

(十二) 宣城市商圈

2010年较2005年,宣城市在湖州市和杭州市方向上的辐射力指数略有增长,在其他城市方向上的辐射力指数则均在下降,说明宣城市整体商业吸引力有转弱的趋势。相对于周边城市,宣城市对池州市、黄山市和马鞍山市具有一定的商业吸引力,能够吸引部分外来消费;对芜湖市、常州市、湖州市和杭州市则出现消费外流情况,其中向杭州市方向上的消费外流现象最为显著。详见表3-25、图3-18。

表3-25　2005年、2010年宣城市辐射力指数

城　市	2005年	2010年	2010年较2005年辐射力指数变化值
芜湖市	45.75%	45.15%	-0.61%
池州市	59.52%	59.37%	-0.15%
黄山市	55.81%	55.42%	-0.39%
马鞍山市	53.61%	53.44%	-0.18%
常州市	30.55%	30.06%	-0.49%
湖州市	37.54%	38.05%	0.51%
杭州市	22.88%	23.15%	0.26%

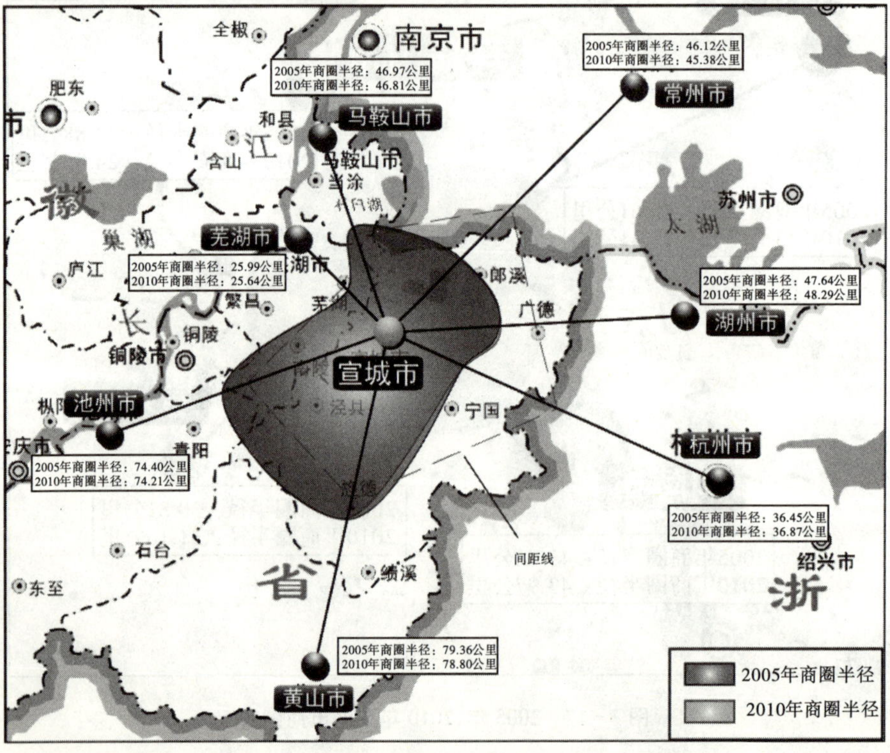

图3-18　2005年、2010年宣城市商圈图

（十三）铜陵市商圈

2010 年较 2005 年，铜陵市在芜湖市和合肥市方向上的辐射力指数有所下降，在安庆市和黄山市方向上的辐射力指数略有增长，城市对外商业吸引力不强，消费外流明显，其中向合肥市的消费外流最为显著。详见表 3－26、图 3－19。

表 3－26　2005 年、2010 年铜陵市商圈辐射力指数

城　市	2005 年	2010 年	2010 年较 2005 年辐射力指数变化值
芜湖市	37.16%	37.00%	－0.16%
合肥市	26.52%	25.58%	－0.93%
安庆市	35.01%	35.11%	0.10%
黄山市	46.97%	47.01%	0.04%

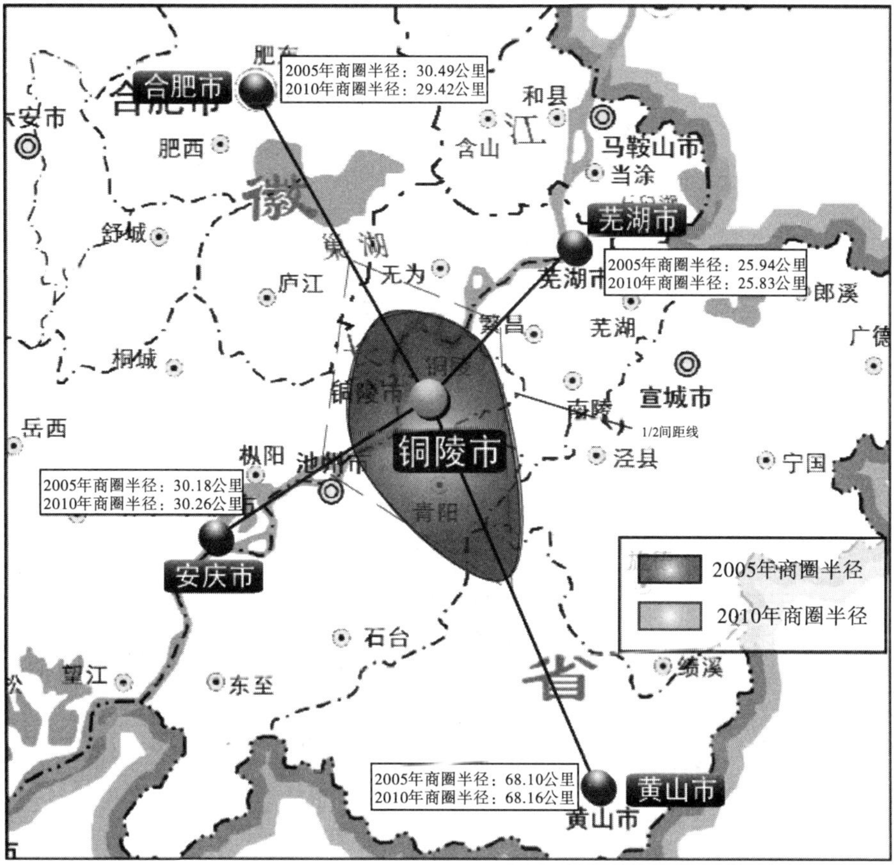

图 3－19　2005 年、2010 年铜陵市商圈图

（十四）池州市商圈

2010 年较 2005 年，池州市除在宣城市方向上辐射力指数略有增长外，在其他城市方向上辐射力指数均有所下降，说明城市商业吸引力有转弱趋势。相对周边各城市，池州市均存在一定的消费外流情况，其中向合肥市的消费外流较为显著。详见表 3 - 27、图 3 - 20。

表 3 - 27 2005 年、2010 年池州市商圈辐射力指数

城 市	2005 年	2010 年	2010 年较 2005 年辐射力指数变化值
铜陵市	49.23%	48.96%	-0.28%
安庆市	34.31%	34.16%	-0.15%
黄山市	46.20%	45.97%	-0.24%
宣城市	40.48%	40.63%	0.15%
合肥市	25.92%	24.79%	-1.13%
景德镇市	45.22%	44.52%	-0.70%

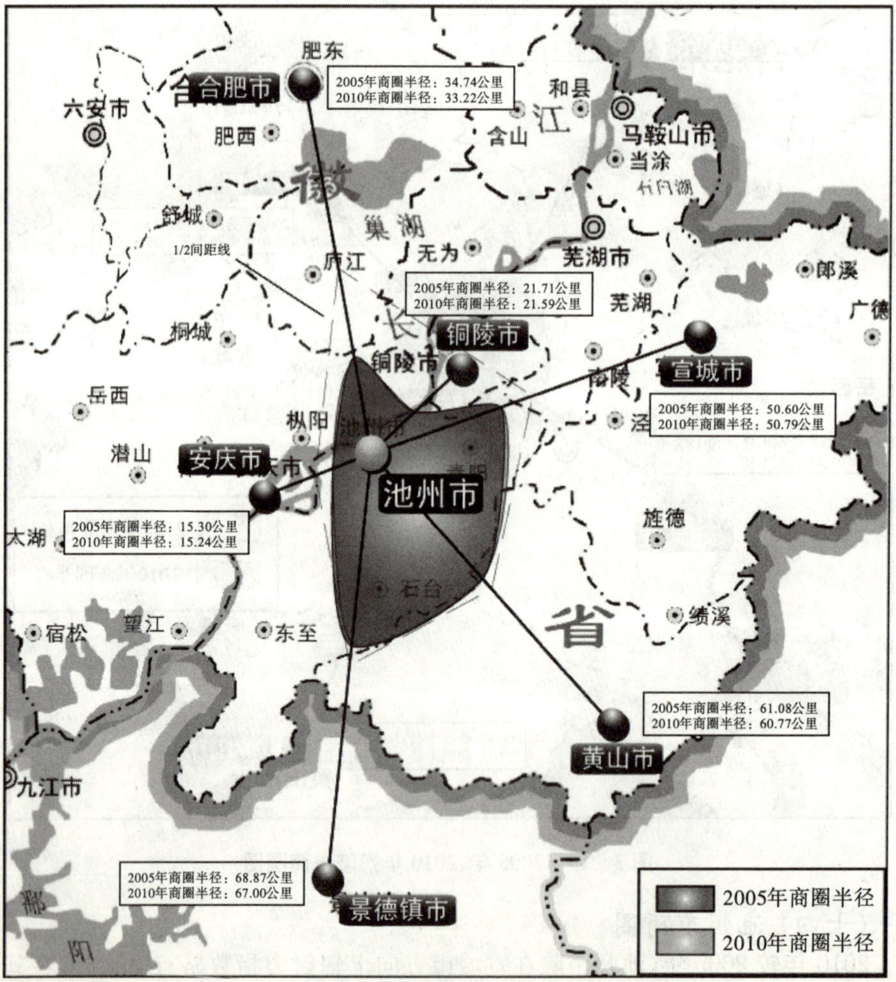

图 3 - 20 2005 年、2010 年池州市商圈图

（十五）安庆市商圈

2010年较2005年，安庆市在各个方向上的辐射力指数均有所下降，商圈半径全面萎缩。相对于周边各城市，安庆市在六安市、铜陵市、九江市和景德镇市方向上的商业吸引力较大，能够吸引部分外来消费，在合肥市和黄冈市方向上则存在部分消费的外流。详见表3－28、图3－21。

表3－28　2005年、2010年安庆市商圈辐射力指数

城　市	2005年	2010年	2010年较2005年 辐射力指数变化值
六安市	52.47%	52.38%	－0.09%
合肥市	40.11%	38.85%	－1.26%
铜陵市	64.99%	64.89%	－0.10%
九江市	52.30%	52.07%	－0.23%
黄冈市	48.74%	47.69%	－1.05%
景德镇市	61.24%	60.73%	－0.51%

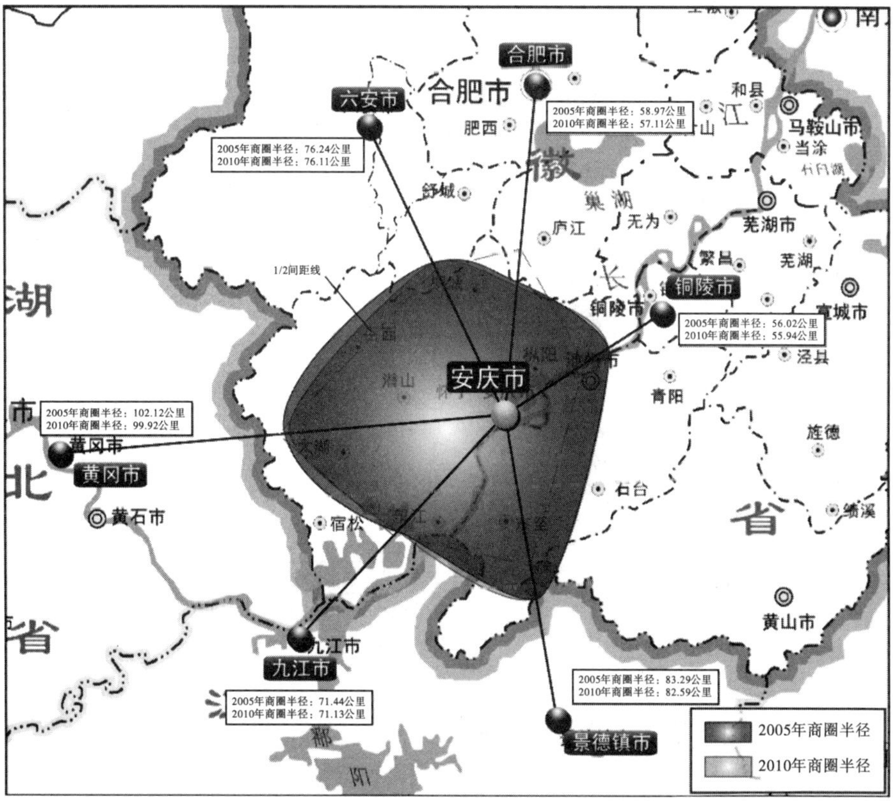

图3－21　2005年、2010年安庆市商圈图

（十六）黄山市商圈

2010 年较 2005 年，黄山市在景德镇市和上饶市方向上的辐射力指数有所下降，在其他城市方向上的辐射力指数均有所提升，城市整体对外商业吸引力开始呈现增强趋势。相对周边各城市，黄山市对池州市存在一定的商业吸引力，能够吸引部分消费；在其他城市方向上出现部分消费外流现象，其中向杭州市的消费外流最为显著。详见表 3－29、图 3－22。

表 3－29　2005 年、2010 年黄山市商圈辐射力指数

城　市	2005 年	2010 年	2010 年较 2005 年辐射力指数变化值
池州市	53.80%	54.03%	0.24%
宣城市	44.19%	44.58%	0.39%
景德镇市	49.01%	48.54%	－0.47%
上饶市	38.64%	38.19%	－0.46%
杭州市	19.03%	19.50%	0.48%
衢州市	38.73%	39.69%	0.96%

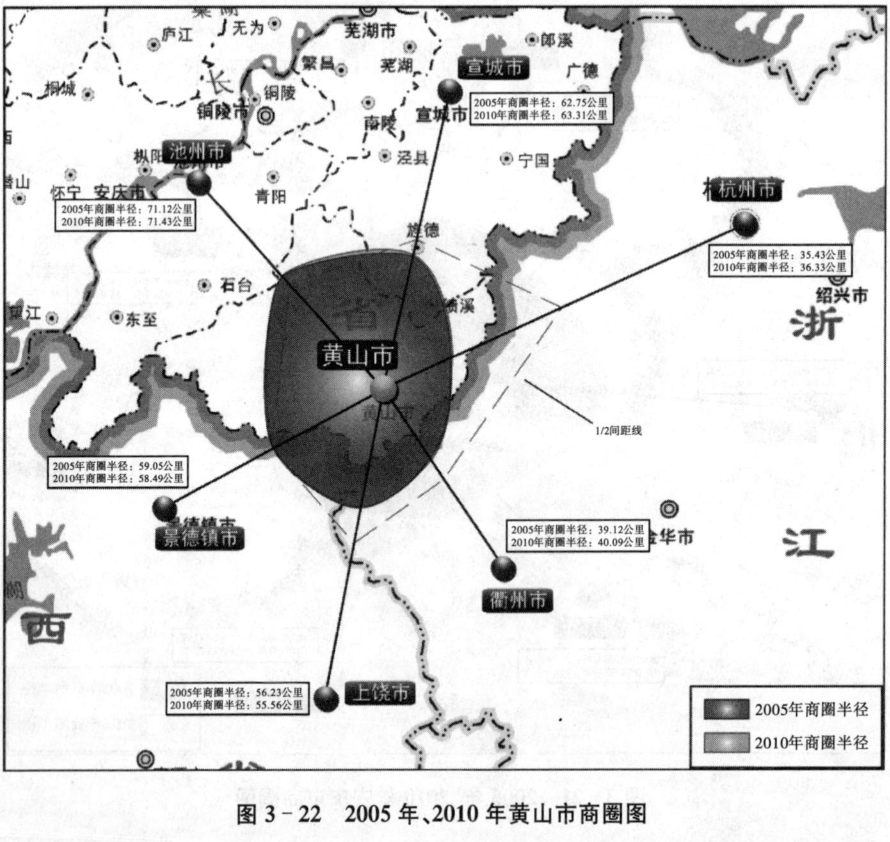

图 3－22　2005 年、2010 年黄山市商圈图

第四节　各市流通竞争力分析

城市流通竞争力分析对城市发展具有重要的战略意义，通过对城市流通竞争力的分析评价，可以发现影响城市流通业和城市综合发展方面的短板，有利于城市更好地认清自身发展的不足，找到发展的瓶颈。同时，通过对城市流通竞争力的分析，可以挖掘出城市在哪些方面具有绝对优势或比较优势，找出城市发展潜力，为城市在今后的流通战略规划和发展路径选择上给出建设性的参考意见。（安徽省城市流通竞争力评价指标体系参照中商流通生产力促进中心与中国人民大学流通研究中心联合编著的《中国城市流通竞争力报告 2010》设立。）

城市流通竞争力包括流通规模、流通结构、流通设施、流通密度、流通效率、流通消费满足力、流通贡献力、流通辐射力、流通成长力等 9 个方面的 38 个基础指标，通过因子分析方法可将 38 个基础指标所反映的经济含义和数据信息提取为 8 个综合指数，即流通规模及密度指数、生产促进指数、流通效益指数、规模经济指数、流通物流指数、流通物流增长指数、产业基础指数和流通投资增长指数。

根据 8 个综合指数发展方面全省 17 个地级市的得分情况（参见附录二的计算和分析结果），可得出如下结论：

(1) 从“流通规模及密度指数”看，位于全省平均水平之上的城市有合肥、芜湖、阜阳。排名后三位的城市分别是黄山、池州、铜陵。

(2) 从“生产促进指数”看，铜陵、马鞍山、芜湖、合肥四个城市位于平均水平之上，居于全省后三位的城市为蚌埠、亳州、阜阳。

(3) 从“流通效益指数”看，六安、巢湖、安庆、亳州、铜陵、淮南、宣城、淮北、宿州、合肥十个城市位于平均水平之上，位于全省后三位的城市为马鞍山、芜湖、黄山。

(4) 从“规模经济指数”看，安庆、滁州、蚌埠、淮北、阜阳、铜陵、马鞍山、合肥八个城市位于平均水平之上，位于全省后三位的城市为池州、宣城、六安。

(5) 从“流通物流指数”看，宣城、巢湖、池州、宿州、合肥、马鞍山、亳州、铜陵八个城市位于平均水平之上，位于全省后三位的城市为巢湖、淮北、淮南。

(6) 从“流通物流增长指数”看，铜陵、池州、淮南、滁州、合肥、蚌埠、亳州、阜阳、黄山九个城市位于平均水平之上，位于全省后三位的城市为六安、巢湖、马鞍山。

(7) 从“产业基础指数”看，池州、黄山、安庆、六安、淮南、芜湖、巢湖、合肥八个城市位于全省平均水平之上，位于全省后三位的城市为亳州、淮北、阜阳。

(8) 从“流通投资增长指数”看，淮南、阜阳、芜湖、巢湖、池州、马鞍山、安庆、亳州八个城市位于全省平均水平之上，位于后三位的城市为宣城、淮北、黄山。

(9) 综合各指数看,在全省 17 个地级市中,合肥、铜陵、芜湖、安庆、马鞍山、六安六个城市的流通竞争力高于全省平均水平,其他城市均没有达到全省平均水平。

根据各项综合指数得分和排名,可对全省 17 个地级市流通领域的发展情况进行优劣势定位,详见表 3-30。表中用"★"表示绝对优势,用"☆"表示比较优势,用"▲"表示绝对劣势,用"△"表示比较劣势。

表 3-30 各城市流通领域优劣势定位

城市	综合排名	流通规模及密度	生产促进	流通效益	规模经济	流通物流	流通物流增长	产业基础	流通投资增长
合肥	1	★	△	△	△	▲	△	△	▲
铜陵	2	▲	★	△	△	△	★	▲	▲
芜湖	3	★	★	▲	▲	△	▲	△	★
安庆	4	▲	▲	★	★	★	▲	★	△
马鞍山	5	▲	★	▲	△	▲	▲	▲	△
六安	6	☆	☆	★	▲	★	▲	★	▲
淮南	7	▲	▲	★	▲	▲	★	★	★
阜阳	8	★	▲	▲	★	★	★	▲	★
巢湖	9	☆	☆	★	☆	▲	▲	★	★
滁州	10	▲	▲	▲	★	▲	★	☆	▲
宣城	11	☆	☆	★	▲	▲	☆	☆	▲
亳州	12	☆	▲	★	▲	★	★	▲	★
蚌埠	13	☆	▲	▲	★	☆	★	☆	☆
宿州	14	☆	☆	★	☆	★	☆	☆	☆
池州	15	▲	☆	☆	▲	☆	★	★	★
淮北	16	☆	☆	★	★	▲	☆	▲	▲
黄山	17	▲	☆	▲	☆	★	★	★	▲

根据城市流通领域优劣势定位表,各城市可以发现制约城市流通业繁荣和城市经济持续发展的短板,挖掘城市流通领域凸显和潜在的特色和优势,本着"突破瓶颈、挖掘潜力、凸显特色、平衡发展"的战略理念,寻找适合各城市的流通发展战略。

为突出显示城市最应当重视的优劣势分布情况,根据城市流通竞争力的排名,对排名 1—4、5—12、13—17 三个区段的城市分别做出分析。

根据表 3-31,排名领先城市的流通业在流通规模及密度、生产促进等方面均表现较好,在流通效益、规模经济、流通物流、产业基础等方面的优势有待进一步发挥,在流通物流增长、流通投资增长方面明显地存在短板("—"表示发展水平低于 17 个城市的平均水平),这就是城市流通业发展需要加强和弥补的地方。

表 3-31　流通竞争力排名领先城市的绝对优势和比较劣势

城市	综合排名	流通规模及密度	生产促进	流通效益	规模经济	流通物流	流通物流增长	产业基础	流通投资增长
合肥	1	★	△	△	△	—	△	△	—
铜陵	2	—	★	△	△	△	★	—	—
芜湖	3	★	★	—	—	△	—	△	★
安庆	4	—	—	★	★	★	—	★	△

根据表 3-32，排名中游城市在流通领域的各个层面，绝对优势和绝对劣势同时大量存在，呈现出两极分化的趋势，各城市应弥补发展瓶颈，做到平衡发展和特色发展。

表 3-32　流通竞争力排名中游城市的绝对优势和绝对劣势

城市	综合排名	流通规模及密度	生产促进	流通效益	规模经济	流通物流	流通物流增长	产业基础	流通投资增长
马鞍山	5	▲	★	▲	—	▲	▲	▲	—
六安	6	—	—	★	▲	★	▲	★	▲
淮南	7	▲	▲	★	▲	▲	★	★	★
阜阳	8	★	▲	▲	★	★	★	▲	★
巢湖	9	—	—	★	—	▲	▲	★	★
滁州	10	▲	▲	▲	★	▲	★	—	▲
宣城	11	—	—	★	▲	▲	—	—	▲
亳州	12	—	▲	★	▲	★	★	▲	★

根据表 3-33，流通竞争力排名较落后的城市，具有较好发展基础的领域非常有限，在流通规模及密度、生产促进等方面，绝大多数城市处于 17 个城市的平均水平之下；但规模经济、流通物流、流通物流增长、产业基础、流通投资增长等指标排名高于自身的综合排名，形成了不同程度的比较优势。有的城市在流通领域内还存在绝对优势，如黄山在流通物流、流通物流增长、产业基础等方面存在绝对优势，但影响城市竞争力水平的关键因素发展较弱，对流通业的支撑作用有待进一步增强。

表 3-33　流通竞争力排名落后城市的绝对劣势和比较优势

城市	综合排名	流通规模及密度	生产促进	流通效益	规模经济	流通物流	流通物流增长	产业基础	流通投资增长
蚌埠	13	☆	▲	▲	—	☆	—	☆	☆
宿州	14	☆	☆	—	☆	—	☆	☆	☆
池州	15	▲	☆	☆	☆	☆	—	—	—
淮北	16	☆	☆	—	—	☆	☆	☆	☆
黄山	17	☆	☆	☆	☆	—	—	—	☆

第五节 商业行业竞争力分析——区位商分析

区位商(Location Quotient,简称LQ),又称区域规模优势指数或地方专业化指数,是衡量某一产业的某一方面在某一特定区域的相对集中度的指标,它是建立在区域比较优势理论基础上的。当区位商大于1时,表示该地区该产业具有比较优势,且区位商的值越大,表示比较优势越显著、竞争力越强;当区位商等于1时,表示该地区该产业处于劣势,该产业的优势还不明显;当区位商小于1时,表示该地区该产业处于比较劣势,竞争力弱,且区位商的值越小,表示比较弱势越明显。

通过安徽省商业行业区位商研究,可以反映安徽省各地区的商业专业化水平、规模聚集程度及其规模优势程度,找出一个区域的优势和劣势产业以及它们的变动趋势,从而可对产业结构、产业布局以及区域经济发展做出评价和政策建议。通过区位商研究,我们希望筛选出安徽省优势商业门类、成长性好的商业发展门类,为各地级市选择商业重点发展领域提供参考依据。

根据区位商理论,选择与全国平均水平相比较,通过附录三的计算,可得如表3-34和表3-35所示的结果。

表3-34 2005年、2010年安徽省限额以上零售业分行业销售额占比和区位商一览表

限额以上零售业行业	销售额占本省限额以上零售业总销售额比重			国内区位商		
	2005年	2010年	变化值	2005年	2010年	变化值
综合零售	55.85%	33.63%	−22.22%	1.41	1.20	−0.21
食品、饮料及烟草制品专门零售	0.80%	1.61%	0.81%	0.41	0.90	0.49
纺织、服装及日用品专门零售	1.71%	1.44%	−0.28%	0.70	0.42	−0.28
文化、体育用品及器材专门零售	4.33%	2.15%	−2.18%	1.36	0.94	−0.42
医药及医疗器材专门零售	3.39%	6.66%	3.26%	0.78	1.52	0.74
汽车、摩托车、燃料及零配件专门零售	23.62%	41.62%	18.00%	0.67	0.87	0.20
家用电器及电子产品专门零售	9.78%	10.74%	0.96%	0.95	1.33	0.38
五金、家具及室内装修材料专门零售	0.47%	1.22%	0.75%	0.31	0.56	0.25

注:(1) 销售额占比和区位商均上升说明行业同时具有成长力和国内竞争力。

(2) 销售额占比和区位商均下降说明行业成长力下降、国内竞争力下降。

表 3-35　2005 年、2010 年安徽省和全国限额以上批发业分行业销售额一览表

单位:亿元

指标 / 商品	安徽省		全国		国内区位商	
	2005 年	2010 年	2005 年	2010 年	2005 年	2010 年
批发业合计	1323.85	3773.43	75510.73	219121.10		
农畜产品批发	27.73	63.32	1798.02	3969.40	0.88	0.93
食品、饮料及烟草制品批发	248.67	567.01	9509.40	19083.84	1.49	1.73
纺织、服装及日用品批发	99.49	241.55	5417.01	12221.02	1.05	1.15
文化、体育用品及器材批发	21.22	33.20	1113.63	2723.81	1.09	0.71
医药及医疗器材批发	189.31	418.08	3147.56	8076.55	3.43	3.01
矿产品、建材及化工产品批发	507.87	1789.46	38924.58	128815.74	0.74	0.81
机械设备、五金交电及电子产品批发	204.99	462.81	11620.61	35139.50	1.01	0.76
贸易经纪与代理	3.04	1.15	697.86	3483.78	0.25	0.02
其他批发	21.53	196.85	3282.06	5607.44	0.37	2.04

注:(1) 表中数据来源于《安徽统计年鉴》(2006 年、2011 年)、《中国统计年鉴》(2006 年、2011 年)。

(2) 安徽省限额以上批发和零售业标准:批发业,年末从业人员 20 人及以上,年销售额 2000 万元及以上;零售业,年末从业人员 60 人及以上,年销售额 500 万元及以上。

(3) 全国限额以上批发和零售业标准:批发业,年主营业务收入 2000 万元及以上;零售业,年主营业务收入 500 万元及以上。

一、零售业

根据表 3-34,可得出如下结论:

(1) 2010 年,综合零售、医药及医疗器材专门零售、家用电器及电子产品专门零售的国内区位商分别为 1.20、1.52、1.33,说明这 3 个行业发展水平处于全国平均水平之上,在全国具有较强的竞争力,其他行业则竞争力较弱。

(2) 比较 2005 年和 2010 年的区位商,全省在全国均具规模、生长力和竞争力的零售业包括:食品、饮料及烟草制品专门零售,医药及医疗器材专门零售,汽车、摩托车、燃料及零配件专门零售,家用电器及电子产品专门零售,五金、家具及室内装修材料专门零售,且实力不断增强。在 2005 年和 2010 年之间,全省零售成长力增长最大的是汽车、摩托车、燃料及零配件专门零售,竞争力增长最大的也是汽车、摩托车、燃料及零配件专门零售,说明该产业的竞争劣势在日益减弱。

(3) 全省在全国内成长力、竞争力均下降的零售业包括:综合零售,纺织、服装及日用品专门零售,文化、体育用品及器材专门零售。

二、批发业

根据表 3－35,可得出如下结论:

(1) 2010 年,食品、饮料及烟草制品批发,纺织、服装及日用品批发,医药及医疗器材批发,其他批发的国内区位商分别为 1.73、1.15、3.01、2.04,说明这些行业发展水平处于全国平均水平之上,在全国具有较强的竞争力,其他行业竞争力较弱。

(2) 比较 2005 年和 2010 年的区位商,全省在全国均具规模、生长力和竞争力的批发业包括:矿产品、建材及化工产品批发,其他批发,且实力不断增强。在 2005 年和 2010 年之间,全省批发业成长力增长最大的是矿产品、建材及化工产品批发,竞争力增长最大的是其他批发。

(3) 全省在全国内成长力、竞争力均下降的批发业包括:文化、体育用品及器材批发,医药及医疗器材批发,机械设备、五金交电及电子产品批发,贸易经纪与代理。

第四章　安徽省商业网点建设SWOT分析

通过“十五”、“十一五”两个经济发展期商业网点的建设，全省城乡商业网点体系基本形成，零售市场体系、商品交易市场体系、生活服务体系及农村商品市场体系不断完善，商业网点经营能力得到持续增强，对繁荣市场、服务生产、满足消费、加快流通产业转型升级发挥了重要作用。2010年末，全省已建成规模以上（营业面积5000平方米及以上）商业网点773个，数量比2005年增长62%，“十一五”期间年均增长10.12%；2010年全省限额以上批发零售销售额达到1615.51亿元，比2005年增长118%，“十一五”期间年均增长16.87%。通过大力推进现代流通方式，商业网点竞争能力不断增强，连锁经营规模化和规范化持续提高，并由传统商贸业向多行业、多领域拓展，由城市向农村延伸。截至2010年底，全省建设改造了2.6万多个乡村日用消费品和农资连锁农家店，覆盖了全省所有乡镇和65%以上的行政村。商业网点的建设促进了名商名店的快速发展，徽商集团和合肥百大集团连续数年跻身于全国企业500强，合肥百大、安徽商之都、安徽华夏、阜阳华联名列全国连锁企业百强。商贸流通领域对内对外开放不断深化，市场主体多元化趋势愈发明显。国美、五星、华联、世纪联华、苏宁、苏果等国内大型连锁企业纷纷落户安徽省，沃尔玛、家乐福、麦德龙、特易购、大润发等国际知名商业企业也纷纷进驻安徽省，到2010年底，外商投资企业已在全省开办规模以上商业网点54个。商业网点建设重要性得到广泛认同，领导重视、科学规划、市场主导、政策推进的作用日益显著。

同时，商业网点发展现状中也存在不容忽视的问题。主要表现在：一是各市商业网点资源人均拥有水平差距较大，区域之间发展不平衡；二是商业网点建设速度滞后城市扩容速度，对城乡一体化进程的促进作用有待加强；三是商业网点扩大规模、提升市场竞争力的手段单一，基本依靠土地资源量的扩充实现，大部分商业网点的人均和地均产出效益在全国偏低；四是城乡商业网点质和量的差距有进一步扩大的趋势；五是中高端商业网点资源偏弱，服务消费类网点偏少，中高级批发市场建设不足；六是商业网点建设与区域经济、产业结构调整融合发展不够，流通业的主导作用有待进一步加强；七是商业网点建设中新型业态发展不平衡，现代流通方式发展相对不足，流通业的组织化程度和流通效率有待提升。

未来，安徽省商业网点建设优势和劣势、机遇和挑战并存。

第一节 发展优势

一、转方式调结构发展主旋律

目前,经济全球化深入发展,世界经济政治格局出现新变化。自 2008 年下半年以来,世界主要经济国家出现滞涨,全球经济增长放缓,对我国的外需造成了一定的影响,并影响了我国经济整体增长势头。对此我国政府及时果断地采取了多种政策措施以促使经济平稳运行,扩内需、转方式、调结构成为我国经济发展的主旋律。工业化、城市化的快速发展,经济结构战略性调整的实施,人们生活水平的不断提高和经济社会的全面发展,给商贸流通业发展提供了强大动力,特别是消费、投资、出口协调拉动经济增长的新格局将有力拓展商贸流通业和商业网点的发展空间。

二、经济区位后发优势明显

安徽省东连江苏省、浙江省,西接湖北省、河南省,南邻江西省,北靠山东省,是东西向发展走廊上由东向西从沿海向内陆发展的重要经济节点,是长江三角洲经济区、环渤海经济区、中原经济群、陇海经济带的重要枢纽带。与全国其他省市相比,安徽省商业网点建设尚有较大的发展空间,且流通业资本规模明显不足,未来商贸流通业发展优势十分突出。同时,东部地区商业网点投资成本不断上升,西部地区消费能力又对商业网点建设起到约束作用,使得安徽省商业网点的价值投资作用日益明显。

三、良好的基础设施建设

截至 2010 年末,全省公路运输线路达到 14.94 万公里,其中国道、省道 1.24 万公里,高速公路 0.29 万公里,年旅客周转量、货物周转量分别达到 1010.19 亿人公里、5004.91 亿吨公里,初步形成了以合肥为中心,城市为枢纽,内联乡村,外联省际的客货运输网络。安徽省目前拥有合肥骆岗国际机场、安庆天柱山机场、黄山国际机场、阜阳西关机场四个民航机场,合肥新桥国际机场、池州九华山机场两个在建机场,2010 年民航运输线路总长 7.63 万公里,年旅客周转量、货物周转量分别达到 24.24 亿人公里、0.27 亿吨公里。良好的空运、铁路、高速公路、水运条件为商贸物流奠定了良好的基础，有利于促进商业网点的做大做强。

四、地域经济发展势头强劲

安徽地跨江淮两大流域，全省形成皖南、皖中和皖北三大地域，根据地域经济发展的特点，通过调整优化经济结构，已形成皖江城市带承接产业转移示范区、合肥经济圈、皖北加快发展经济区和皖西南山地旅游经济区，在全省经济发展中“各领风骚、举足轻重”。2010 年末，皖江示范区、合肥经济圈、皖北加快发展经济区的地区生产总值占全省的比重分别为 68.5%、38.7%、21.5%；社会消费品零售总额占全省的比重分别为 60.3%、37.4%、24.1%。皖西南山地旅游经济区以其独特的自然环境、悠久的历史文化、丰富的文化遗产和优美的自然景观，成为安徽省乃至全国重要的旅游区，通过对旅游资源的有效开发，可以实现商旅互动、共同发展的良好局面。

五、徽商发源地

徽文化是中华文化的一块瑰宝，博大精深，滋润哺育着徽商成长，不仅具有深厚的文化底蕴，而且逐步发展从而具有了独特的经营理念、营销方略和商业道德，富有时代气息和创新精神。“徽商”有力地诠释了儒家文化与经商之道的结合真谛，开创了“儒商典范”。商业网点发展离不开秉承徽商文化精髓的商人，“徽商”的内涵不仅是安徽省商业发展的原动力所在，而且也是商业网点发展的精髓。同时，徽商在历史上就具有很好的商业创新精神，往往成为商业领域发展的先导。新时期，徽商及其徽商文化将为安徽省各地商业网点做大做强提供良好的商业资源，为安徽商业繁荣续写新的辉煌篇章。

第二节　面临机遇

一、全国区域经济联动发展带来的机遇

区域经济的联动发展是商业发展的新动力之一。随着经济全球化和区域经济一体化的深入发展，国家区域经济发展战略深入推进，安徽区域优势、资源优势和市场优势进一步凸显，在全国区域发展格局中的地位更加突出。随着对外开放的全面深化，安徽省将在充分发挥自身发展优势，主动优化自身环境的基础上，进一

步加强区域协调与城乡统筹，增强与东部地区的产业联系，全面参与长三角区域发展分工合作，承接发达地区的经济辐射和产业转移，推动各经济要素的合理流动。同时，加强与国内其他地区的经济联系，不断提高对外开放水平，走出区域联动的新路子。区域经济一体化发展机遇，将使安徽省的经济发展空间得到有效拓展，也为商业网点快速发展提供了良好时机。

二、省内城市共建一体化发展带来的机遇

“十二五”期间，安徽省将深入落实科学发展观，抓住“中部崛起”的战略机遇，通过落实国家出台的扩大内需、促进增长和区域经济协调发展的一系列政策措施，以皖江城市带承接产业转移示范区建设为先导，带动合肥经济圈、皖北加快发展经济区、皖西南山地旅游经济区等区域经济迅速崛起，区域城市的共建发展也必然会促进商业网点的区域协调发展。

三、“三化同进”，加快经济转变发展方式带来的机遇

“十二五”时期，安徽省将处于工业化快速发展、城镇化加速推进和传统农业向现代农业转型升级的关键时期。全省将按照省委省政府“三化同进”的战略部署，加快转变经济发展方式，走新型城镇化、新型工业化和农业现代化同步推进的道路，继续着力于在承接产业转移中快速扩张工业总量，着力于在推进产城一体化中全面推进城镇化进程，着力于在促进三化同进中大力发展现代农业。全省要把加快培育战略性新兴产业和现代服务业作为转变经济发展方式的战略重点，集中力量培育和发展支撑未来经济发展的新兴主导产业，促进电子信息、节能环保、新能源、生物、高端装备制造、新材料、新能源汽车、公共安全等战略性新兴产业快速发展。同时，以规模化、集群化、品牌化、信息化、低碳化为导向，壮大发展先进制造业，改造提升能源原材料等产业，积极发展劳动密集型产业，推动汽车、装备制造、家电、食品等优势产业做大做强，建设全国重要的先进制造业基地。充分利用国家现代农业示范区和农村改革试验区两个平台，要以工业化、城镇化推进农业现代化，做到三化协调，同步推进。“三化同进”，即工业化、城镇化和农业现代化的全面实施，推动了现代物流、商贸、金融、旅游、会展社区服务、科教研发、文化创意、服务外包等生产性服务业的快速发展，商贸流通业及商业网点建设特别是生产性商业网点以及城乡结合的区域性商业网点的建设也迎来了巨大的发展机遇。

四、新型城镇化加速发展带来的机遇

加快新型城镇化进程，形成以中心城市为核心，中小城市和小城镇为基础的现

代城镇体系，增强城镇化发展动力，拓展经济发展空间，这是安徽省“十二五”期间经济社会发展中的一项重要战略任务。“十一五”期间，安徽省城镇化率从37.10%发展到43.20%，提升了6.1个百分点，“十二五”规划中至2015年城镇化率要求达到50%以上，较2010年增长6.8个百分点以上。这意味着“十二五”期间，安徽省新型城镇化建设步伐加快，进入快速发展期，从而有效地促进了城市商业及商业网点发展空间的拓展，加大了商业及商业网点发展需求量。

五、商业创新发展带来的机遇

目前安徽省正处于工业化和城镇化加快推进的阶段，流通产业作为国民经济的先导产业，成为引导生产、消费和经济运行的先导性力量，流通产业的转型升级与组织变革，加快了流通现代化的进程，进一步促进了商业网点管理理念的更新以及先进营销技术、经营模式和现代业态的应用推广。同时，电子信息技术、互联网、低碳经济等领域不断拓展，在商业发展中的应用也愈加广泛，促进了商业网点竞争能力的进一步提高。

六、居民消费观念转变和消费结构升级带来的机遇

随着经济发展和生活水平的提高，未来一个时期将是消费增长的黄金期，且城乡居民消费结构会进一步向享受型和发展性消费转变，更加注重生活质量，各种保健消费、娱乐消费、服务消费、旅游消费、奢侈品消费成为人们的消费热点。同时，健康、科学、绿色的消费理念日益深入人心，节能环保消费、可持续消费被广泛认同。城乡居民多样化的消费需求和对新型消费模式、优越消费环境的追求，要求商贸流通业通过加快发展提供多样性、便利化、高效率、全方位的商品流通和消费服务。

第三节　发展劣势

一、商业网点结构有待优化

一是全省商业网点结构有待进一步优化。商品零售体系中传统商业业态多，现代商业业态少；商品交易市场体系结构不合理，全国性市场少，现代商品交易市场少。二是商品流通的载体即商业网点存在着空间布局、经营规模、业态设置、功能定位等诸多问题亟待解决。

二、商业资源产出能力偏低

全省商业网点建设粗放型管理问题比较突出，商业网点的人均销售额和地均营业额在全国处于中等偏下水平，商业资源产出能力偏低成为制约全省商业网点进一步发展的重要因素。仅仅通过资源性扩张来获得商业总量的扩大将会受到环境发展及土地资源要求的制约。

三、商业网点规划刚性不强

虽然全省商业网点规划工作的质量和水平在全国名列前茅，但是商业网点规划成果和城市总体规划在执行中尚存在脱节的现象，部分城市商业网点规划实施情况不佳，商业网点规划成果落实的后续工作跟进乏力。商业网点规划的刚性不强，原因在于商业网点规划的法律法规的依据不强，需要在“十二五”时期花大力气解决。

四、商业资本规模偏小

2010年，以年末常住人口和限额以上批发零售企业指标计算，安徽省流通业资本规模人均密度为979.57万元/万人，不足全国水平的1/2，是江苏省相应指标的近1/3，是浙江省相应指标的近1/4，位于全国所有省（市）的第21位（详见表4－1）。其中全省17个地级市中，流通业资本规模人均密度排在前三位的分别是合肥市4949.39万元/万人、芜湖市1631.51万元/万人和铜陵市1310.55万元/万人，排于末位的为亳州市197.52万元/万人（详见表4－2、图4－1）。同时，安徽省可用于流通业的政策性引导资金规模在全国各省（市）中位于中等偏下水平，“杠杆效应”相对较弱，带动大规模商业投资的能力亟待提高。

表4－1　全国各省（市）流通业资本规模人均密度及排名

地　区	流通业资本规模人均密度（万元/万人）	排名（位）
全国	2269.78	
北京	32799.33	1
天津	7044.62	3
河北	853.95	24
山西	1428.33	13
内蒙古	1189.64	17
辽宁	2044.62	8
吉林	767.86	26

续表 4-1

地　区	流通业资本规模人均密度(万元/万人)	排名(位)
黑龙江	695.47	28
上海	13064.45	2
江苏	3105.60	6
浙江	4159.18	4
安徽	**979.57**	**21**
福建	3590.31	5
江西	585.80	31
山东	1871.22	10
河南	625.59	29
湖北	1276.03	15
湖南	892.98	22
广东	2812.77	7
广西	619.31	30
海南	2025.21	9
重庆	1588.42	12
四川	870.36	23
贵州	745.63	27
云南	1639.00	11
西藏	774.80	25
陕西	1082.40	19
甘肃	1001.57	20
青海	1225.58	16
宁夏	1175.43	18
新疆	1413.20	14

注:(1) 表中流通业资本规模数据由《中国统计年鉴 2011》中限额以上批发零售业所有人权益(万元)/年末常住人口(万人)所得。安徽为 5835259/5957 = 979.57(万元/万人)。

(2) 未统计港、澳、台地区数据。

表 4-2　安徽省各地级市流通业资本规模人均密度及排名

地　区	流通业资本规模人均密度(万元/万人)	排名(位)
安徽省	979.61	—
合肥市	4291.70	1
淮北市	711.04	9
亳州市	244.11	17

续表 4-2

地 区	流通业资本规模人均密度(万元/万人)	排名(位)
宿州市	424.01	15
蚌埠市	685.33	10
阜阳市	405.28	16
淮南市	724.94	8
滁州市	671.22	11
六安市	530.27	14
马鞍山市	1195.56	4
巢湖市	539.33	13
芜湖市	1653.85	2
宣城市	1008.28	5
铜陵市	1339.70	3
池州市	829.26	6
安庆市	573.51	12
黄山市	814.96	7

注:表中流通业资本规模数据由《安徽省统计年鉴 2011》中各市限额以上批发零售业所有人权益(万元)/年末常住人口(万人)所得。

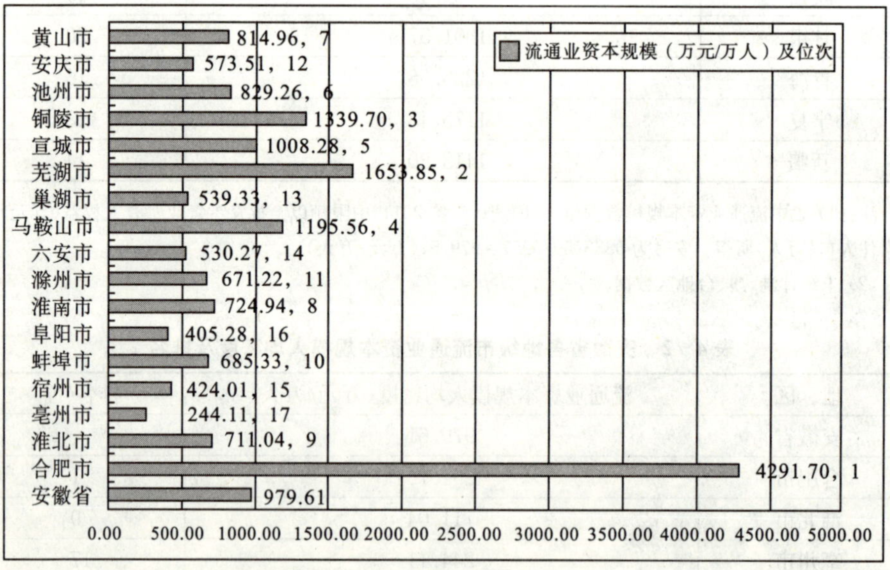

图 4-1 安徽省各地级市流通业资本规模人均密度及排名

第四节　面 临 挑 战

一、区域经济边缘化趋势

随着长三角区域经济的快速发展，安徽省经济发展在拥有有利优势的同时，也存在着巨大的压力。安徽省虽位于泛长三角经济区内，但处在泛长三角的西北边缘，非长三角经济区的“铁三角”城市，同时逐渐形成的高铁等高速交通体系，正逐渐使安徽省整体区位优势发生变化，有边缘化发展趋势，周边省市快速发展的现状，必然给安徽省带来巨大的挑战。因此，只有主动加强与长三角经济区的分工合作，充分发挥自身资源优势，优化发展环境，同时与省内已有的皖江示范区、合肥经济圈等区域经济发展进行无缝对接，实行错位发展、协同发展、创新发展，才能保证其稳固的发展空间，实现安徽省经济快速发展。

二、历史机遇稍纵即逝

新中国成立以来，商贸业发展有三个重大机遇期，其中改革开放是第二个机遇期，造就了一批如义乌、临沂等中国商贸名城。第三个机遇期从“十一五”初开始，连锁经营、现代物流、电子商务为代表的现代商业流通方式，在区域中心城市快速发展；同时，大型超市、购物中心、商业综合体等航母级商业中心及多级商圈不断涌现。进入“十二五”时期，服务业发展步伐明显加快，同时随着工业化后期的来临，“退二进三”各显身手，新理念、新技术、新方式层出不穷，商贸流通业作为服务业发展的首要环节，也越来越得到重视。相比较，安徽省无论是从发展区位、交通或是经济发展来看，优势都较为明显，并面临区域经济一体化、皖江城市群主题发展、省会城市合肥市国际化扩容、工业强省“双轮驱动”、城乡统筹城镇化加速和商业创新发展等诸多机遇，应充分抓住难得的发展机会，大力推进商业网点乃至整个商贸流通业的发展，要谨记：机不可失，时不再来。

三、商业资源有限

商业资源具有排他性，从区域发展来看，可利用优质商业资源有限。安徽省在商业资源竞争力上排在前位的是合肥市，但与此同时也面临着临近的江苏省省会城市南京市的强力竞争。

从省内各城市商业发展来看,全省 17 个地级市中合肥、芜湖等部分地级城市商业网点建设较好,同时其政策相对较为灵活。从安徽省整体建设用地发展来看,全省商业土地资源具有相对的有限性。如果只是按照以往的网点发展“摊大饼”的模式,即过度依赖扩大商业面积来提升商业效益,一方面是对资源的有效利用的降低;另一方面也很难与现代发展方式相接轨,维持商业的可持续发展。

四、资源整合艰巨

从安徽省商业网点的发展现状来看,特别是从全省各地级市已建成区的商业网点存量看,商业布局受到传统观念、历史成因、用地性质、产权归属、级差地租、管理权限等众多因素的影响,给建成区网点布局调整带来难度。各市建成区按照“城零郊批”的原则对现有商品交易市场的调整、各市商业中心的提档升级、商业街及特色商业街的建设、社区商业建设等,既需要大量的财力、物力和人力,同时也需要有力的推进政策,从而实现促进民生性商贸服务网点和生产性商贸服务网点协调发展。

五、对新一轮商业网点投资的把握

随着全国房地产市场调控成效开始显现,商业地产成为房地产开发商重要的发展内容。各地城市商业综合体建设如火如荼,总体体量不断攀高。在新一轮商业网点建设中,既要鼓励资本资源向流通业倾斜,又要防止单一商业地产投资过热。

第五章　安徽省商业网点建设重点任务和发展方向

安徽省商贸流通业“十二五”发展规划指出：积极顺应经济社会转型和经济结构调整新形势，强化扩大消费战略实施，加快城乡市场流通体系建设，积极创新流通手段和流通业态，突出拉动服务消费，大力培育消费热点，推动内需由主要以投资需求为主向消费和投资需求并重、消费需求由主要以商品消费为主向商品和服务消费并重、扩大消费由主要以数量为主向数量和质量提升并重转变，切实服务和改善民生，促进消费持续、快速、健康增长。

到2015年，安徽省社会消费品零售总额将达到9500亿元，年均增长18%，连锁经营、物流配送、电子商务等现代流通方式应用进一步发展，流通现代化水平显著提升，城乡现代流通体系建设将取得明显进展，对全省经济的贡献度和拉动力也将进一步提升。

根据上述基本思路和发展目标，“十二五”时期，安徽省商业网点建设的重点任务是：

一、加强商业网点规划指导，促进商业网点合理布局

作为商品流通和为居民生活提供服务的最基本载体，商业网点布局是否合理直接关系到国计民生。实施商业网点规划是对商业网点进行科学布局、促进公平竞争、保障服务需求的重要措施。

一是要提高商业网点规划编制和修编的质量。开展商业发展和商业网点规划理论方面的研究，支持商业网点规划编制软件和成果使用软件的开发，进一步完善商业网点规划技术标准的支撑体系。应尽快提出城市商业网点分类总量测算模型、城市商业网点技术进步指南和大型专业市场用地效率控制标准等，进一步提高商业网点规划的科学性。

二是加强商业网点规划的法制建设。我国现行的《城市规划编制办法》已经明

确商业网点规划属于城市总体规划体系中的一个专项规划。今年安徽省颁布实施的《安徽省城乡规划条例》也明确指出:城市规划中控制性详细规划应当符合专业规划。商业网点规划要符合城乡总体规划,城乡控制性详细规划要保障商业网点规划的落实。希望国家尽快出台“商业网点管理条例”或相关的规范性文件,使商业网点规划在城市总体规划体系中同其他专项规划一样具备法规基础,从法规的层面促进商业网点建设的全面、协调和可持续发展。

三是切实做好商业网点规划的实施引导工作。各级商务主管部门要按照部门的职责和分工,切实抓好规划的实施工作,要制定商业网点建设的指导性意见或指导目录,引导社会资金投向,并建立大型商业网点听证会制度,规范大型商业网点的建设。

四是顺畅企业与政府间的沟通渠道。在商业网点建设与管理过程中,应充分发挥各行业协会的作用。通过行业协调和行业自律,参与商业网点规划的制定和实施,协助立法机关或政府主管部门提出有关立法与政策建议,做好商业网点规划的实施工作。

二、立足城乡统筹,构建完善城乡商品流通体系

构建现代化、竞争性、高效能、低成本的城乡商品市场体系,是商业网点规划的轴心。城市商业网点建设应引导商业网点向总量适度、布局合理、结构优化、便民利民方向发展。适度发展大型商业网点,加强社区配套商业网点建设,引导特色商业街和专业商品交易市场及商贸物流配送中心集聚发展,形成以市级商业中心为核心,以城市区域商业中心为骨干,以社区商业中心为基础的多层次商业格局。

农村商业网点建设应大力发展农村连锁经营网点和综合性涉农服务网点,以“万村千乡”农家店为示范工程,充分发挥“万村千乡”农家店在农村市场的主导和示范作用,使其成为城乡商品双向流通的互动平台、工业品下乡的集散平台、农产品进城的集聚平台以及农村零售网络的示范平台。

结合新农村建设,在重点乡镇所在地、或以农村较大型的商品交易市场为基础、或在交通要道的邻里中心,规划和建设农村社区商业中心,以中小型百货店或综合超市等网点为主导,面向“三农”服务,积极拓展农村商贸服务领域,构筑便民利民的农村商品流通体系。

三、多途径、多模式创新发展商业网点新思路

多途径创新商业网点建设,可以大致概括为以下六种发展模式:呼应区域经济,联动发展;适应产业调整,互动发展;满足民生需求,和谐发展;做强合肥经济圈,示范发展;推进现代流通体系建设,转型发展;凸显特色商业,错位发展。

目前，安徽省商业网点建设的主要途径，可以按照“九大并重发展”着力推进：

(1) 民生商业网点和服务消费网点并重发展。既要重点提高新型城市商业综合体、精品百货、购物中心、综合超市等大中型零售网点的质和量，完善商业服务功能，增强商业集聚能力和辐射能力，又要适应消费升级的需要，大力发展服务类消费网点，构建多层次、便利实惠的商贸服务业网点体系，促进商品消费和服务消费共同增长。

(2) 城市商业网点和城郊商业网点并重发展。既要认真解决城市商业区域间缺乏有效衔接、商业定位不清晰、商业发展不突出的问题，大力提高城市商业中心能级，促进全省 17 个地市打造各具特色的城市商业名片，增强其对周边城市的辐射能力，又要大力发展城郊商业，形成城乡之间商业隆起带，起到缓解城市扩容压力和带动农村商业发展的双重职能。

(3) 产前生产性商业网点和产后生产性商业网点并重发展。既要大力提升现有集散型、增值型工业消费品市场能级，又要加强产业融合发展，健全分销网络体系，大力布局促进主导产业发展的生产资料市场，延展产业省内供应链。

(4) 省内市场和省外市场并重发展。既要保持省内市场繁荣发展，更要瞄准国家“十二五”时期是一个更大区域和更大范围的商业功能区建设，积极融入长三角商业功能区建设，加强与周边省市合作，跨区域构建市场体系，推动区域性大型农产品批发市场、生产资料批发市场和工业消费品批发市场等的合理布局。通过推动区域性市场的发展，努力形成几个国际性商业采购中心。

(5) 提升传统商业业态和加快商业创新并重发展。既要稳妥发展购物中心和城市商业综合体，促进各类业态协调发展，注重百货品牌化、超市便利化、专业店个性化等传统商业业态的提升，满足不同层次消费需求，更要充分运用现代流通技术和管理手段改造传统商业，推进经营方式创新、业态转型和功能提升，进一步降低流通成本，优化流通组织化程度，提高流通效率，增强现代流通竞争力。

(6) 行业内深化和行业外融合并重发展。既要扎实推进商业网点建设的深度和广度，切实提高商业网点的资源产出效益，促进商业网点高质量向城郊和农村发展，又要积极推进商业网点建设与物流业、旅游业、金融业、住宿餐饮业等服务业的融合发展，大力发展各类城市综合体，促进商业网点增值服务能力的提高。

(7) 培育本土商业企业和扩大开放并重发展。既要大力培育一批进入全国百强的本省零售企业和批发企业，引导大企业深度参与现代流通体系建设，推动现代流通方式创新，不断增强商业的区域聚集辐射能力，又要突破区域发展的瓶颈，采取多种方式整合商业资源，加快省内外、国内外“招名商、引名企、促名品”的步伐，实现有效资本扩大，提高企业组织化程度，推动安徽省商业网点建设大发展。

(8) 完善基础消费和推进品牌消费并重发展。既要大力发展便民利民的商业网点，进一步完善关系百姓基础消费的商品渠道和网点建设，更要适应消费需求的快速增长，消费结构的不断提升，大力培植品牌商品，增加高端商品的供给能力，部分有条件的城市可以先行培育发展奢侈品等品牌化、个性化消费，促进安徽省特色和高端消费市场的形成。

(9) 推动实体商业网点和虚拟商业网点并重发展。既要提速和完善实体商业网点建设，又要积极推进无店铺销售，促进网购消费、电视导购、电话手机购物、目录采购等新型业态快速发展，特别是推动有条件的商业企业大力发展网上“虚拟”商店、“虚拟”采购平台，鼓励和规范小微商企和个人网上创业，推动建设行业电子商务平台，促进线上交易线下交易融合互动、虚拟市场与实体市场协调发展。

四、业态创新、科技引领，促进商业网点建设可持续发展

(一) 商业中心多元化发展

通过商业网点规划，引导大型商业网点适度集聚、合理布局、有序发展，完善城市商业综合服务功能，推动商业与服务业融合发展，促进商业中心向综合性的消费中心转变。城市商业中心的功能由单纯的购物向集购物、休闲、娱乐、餐饮、旅游、文化、金融、商务、会议会展等综合功能于一体的多方面延伸。

合肥、芜湖等大城市的商业布局应与城市规划相结合，重点规划建设新城、卫星城等商业拓展区，按照不同区域商业功能合理布局，形成“多核心”的城市商业中心。同时结合城市定位，发展具有不同特色的城市商业，打造城市的商业名片，形成业种业态多样、商品丰富、综合服务功能齐全的消费中心，以彰显城市品质、突出城市特色和满足差异需求。

安徽省中小城市的商业布局应与旧城改造相结合，以扩大消费、引导生产、改善民生为宗旨，着力打造各具特色的商业街区，引导品牌商业集聚发展，加强商业基础设施建设，改善消费环境，提升服务功能，形成“单核心”的高品质商业中心。同时应与新城建设相衔接，发展不同层次的区域商业中心。

大力发展社区商业，加强社区商业建设，完善业态配套，改善消费环境，提高消费便利性。社区商业功能由单纯的购物、餐饮功能向休闲、娱乐、家政服务、维修服务、金融服务等功能拓展，形成便民生活服务圈。

(二) 区域市场特色化发展

以“集群、集约、集聚、集成”为发展目标，注重发挥区位优势，重点提升商品集散、消费集聚、产业服务和辐射带动等功能，做到专业市场集群发展，用地规模集约使用，批发资源集聚增值，市场功能集成提高，推动安徽省商品交易市场存量资源整合优化，产业特色做精做细，区域市场做大做强，产业功能提升创新，形成一批生产资料和工业消费品交易中心。

有优势产业支撑的城市适当发展产地型商品交易市场，交通优势显著的城市适当发展集散型商品交易市场，有较大消费需求的城市适当发展销地型商品交易市场。结合合肥、芜湖被列为国家级商贸物流试点城市的有利条件，根据区域特点

和商品特点，重点培育一批主业突出、经营规模大、网络覆盖面广、核心竞争力强、现代化水平高的大型商贸流通企业，大力发展区域物流、城市商品配送和农村商品配载体系，建立健全覆盖城乡的商贸物流配送网络。

（三）新型商业业态和组织方式创新发展

在巩固"十五"、"十一五"时期发展成果的基础上，大力发展连锁经营，提高行业组织化和规模化水平，推动连锁经营水平和比重持续提高，加快现代流通业发展，由传统商贸业向整个服务业多领域延伸，由城市向农村拓展，由商贸业向相关产业融合发展，为安徽省经济全面转型提供有力支撑。

充分挖掘城市历史文化、生态环境、商业文化资源，结合城市区域和商业发展程度，加快建设一批综合性商业街和专业性商业街，着力打造经营特色和服务品牌，不断提高商业街的知名度和吸引力，推动特色商业街建设向争创全国商业街和中国特色商业街发展。

积极创新发展新型商业业态和组织方式，推动城市商业综合体、城郊购物中心、厂家直销中心、邻里购物中心、楼宇市场和展贸市场的发展。

（四）新技术新网点迅速发展

在现代信息技术支持下，加快安徽省零售业、批发业、商贸物流业电子商务化建设步伐，促进商品流通中心向以电子商务交易平台为依托的商品组织中心发展，促进批发业场地交易形式向楼宇市场、展贸市场交易发展，促进"草根"市场迅速做大做强。

瞄准"三网融合"工程发展，积极发展与物联网和互联网融合的商业。重点推进商贸物流、商品追溯跟踪领域的创新应用。建立商贸行业"分散存储、统一交换"的共享信息体系。促进物联网信息商品和服务的流通，鼓励有竞争力服务企业发展物联网信息网络，提倡物联网信息消费，扩大有效消费需求。加强物联网在商贸流通中的技术创新、管理创新、模式创新，探索和建立新型商业运作模式。

树立新型合理的消费文化和消费观念，营造全社会节能减排的良好氛围，推动低碳经济与现代商业融合发展，重点加强商品采购供应与配送体系、经营场所与经营消费方式、商品回收与再生资源的低碳生态化网点建设，推广应用先进适用的节能环保技术，加大设施节能改造投入，优化用能技术设备配置，推广绿色物流和绿色消费，促进低碳经济发展。

第六章 基础资料

第一节 安徽省经济和社会发展情况

安徽省经济和社会发展情况详见表6-1、表6-2、表6-3、表6-4。

表6-1 安徽省国民经济发展情况

年 份	地区生产总值（亿元）	其 中			人均地区生产总值（元）
		一产增加值（亿元）	二产增加值（亿元）	三产增加值（亿元）	
2001年	3246.71	760.77	1254.88	1231.06	5313.30
2002年	3519.72	783.66	1337.04	1399.02	5736.20
2003年	3923.11	749.40	1535.29	1638.42	6375.40
2004年	4759.30	950.50	1844.90	1963.90	7681.20
2005年	5350.17	966.50	2245.90	2137.77	8630.70
2006年	6112.50	1011.03	2711.18	2390.29	9995.90
2007年	7360.92	1200.18	3370.96	2789.78	12039.50
2008年	8851.66	1418.09	4198.93	3234.64	14448.20
2009年	10062.82	1495.45	4905.22	3662.15	16407.70
2010年	12359.33	1729.02	6436.62	4193.68	20887.80

注：表中数据来源于《安徽统计年鉴2011》。

表6-2 安徽省三次产业结构变化情况

年 份	地区生产总值	第一产业	第二产业	第三产业
2001年	100.00%	23.43%	38.65%	37.92%
2002年	100.00%	22.26%	37.99%	39.75%
2003年	100.00%	19.11%	39.13%	41.76%
2004年	100.00%	19.98%	38.76%	41.26%

续表 6-2

年 份	地区生产总值	第一产业	第二产业	第三产业
2005 年	100.00%	18.06%	41.98%	39.96%
2006 年	100.00%	16.55%	44.35%	39.10%
2007 年	100.00%	16.30%	45.80%	37.90%
2008 年	100.00%	16.02%	47.44%	36.54%
2009 年	100.00%	14.86%	48.75%	36.39%
2010 年	100.00%	13.99%	52.08%	33.93%

注:表中数据来源于《安徽统计年鉴 2011》。

表 6-3 安徽省第三产业实现增加值构成情况

单位:亿元

行业名称	2006 年	2007 年	2008 年	2009 年	2010 年
第三产业	2471.94	2874.88	3234.64	3662.15	4193.68
交通运输、仓储及邮政业	409.64	483.04	443.8	467.92	527.02
信息传输、计算机服务和软件业	125.67	139.97	160.4	159.33	180.30
批发和零售业	449.63	525.71	611.1	733.19	887.66
住宿和餐饮业	112.17	132.62	144.4	157.14	193.78
金融业	130.25	154.73	313.8	359.60	396.17
房地产业	247.76	294.99	431.3	497.94	532.17
租赁和商务服务业	86.18	103.22	157.1	200.29	245.33
科学研究、技术服务和地质勘查业	74.00	83.55	86.0	87.66	94.91
水利、环境和公共设施管理业	37.92	44.42	29.8	58.08	71.49
居民服务和其他服务业	166.07	183.33	87.7	103.71	109.44
教育	255.62	295.85	274.6	311.14	337.23
卫生、社会保障和社会福利业	114.99	136.31	130.4	136.88	154.51
文化、体育和娱乐业	53.85	61.24	39.5	51.94	64.32
公共管理和社会组织	208.20	235.90	324.9	337.33	399.37

注:表中数据来源于《安徽统计年鉴》(2007 — 2011)。

表 6-4 安徽省第三产业分行业结构变化情况

行业名称	2006 年	2007 年	2008 年	2009 年	2010 年
第三产业	100.00%	100.00%	100.00%	100.00%	100.00%
交通运输、仓储及邮政业	16.57%	16.80%	13.72%	12.78%	12.57%
信息传输、计算机服务和软件业	5.08%	4.87%	4.96%	4.35%	4.30%

续表 6-4

行业名称	2006 年	2007 年	2008 年	2009 年	2010 年
批发和零售业	18.19%	18.29%	18.89%	20.02%	21.17%
住宿和餐饮业	4.54%	4.61%	4.46%	4.29%	4.62%
金融业	5.27%	5.38%	9.70%	9.82%	9.45%
房地产业	10.02%	10.26%	13.33%	13.60%	12.69%
租赁和商务服务业	3.49%	3.59%	4.86%	5.47%	5.85%
科学研究、技术服务和地质勘查业	2.99%	2.91%	2.66%	2.39%	2.26%
水利、环境和公共设施管理业	1.53%	1.55%	0.92%	1.59%	1.70%
居民服务和其他服务业	6.72%	6.38%	2.71%	2.83%	2.61%
教育	10.34%	10.29%	8.49%	8.50%	8.04%
卫生、社会保障和社会福利业	4.65%	4.74%	4.03%	3.74%	3.68%
文化、体育和娱乐业	2.18%	2.13%	1.22%	1.42%	1.53%
公共管理和社会组织	8.42%	8.21%	10.04%	9.21%	9.52%

注：表中数据根据表 6-3 数据计算得到。

第二节 安徽省商贸流通业发展情况

安徽省商贸流通业发展情况详见表 6-5、表 6-6、表 6-7、表 6-8、表 6-9、表 6-10、表 6-11、表 6-12、表 6-13 所示。

表 6-5 安徽省商贸业增加值与地区生产总值

年　份	地区生产总值（亿元）	第三产业增加值（亿元）	商贸业增加值		
			绝对值（亿元）	占地区生产总值比重	占第三产业增加值比重
2005 年	5350.17	2137.77	490.02	9.16%	22.92%
2006 年	6112.50	2390.29	561.80	9.19%	23.50%
2007 年	7360.92	2789.78	658.33	8.94%	23.60%
2008 年	8851.66	3234.64	755.50	8.54%	23.36%
2009 年	10062.82	3662.15	890.33	8.85%	24.31%
2010 年	12359.33	4193.68	1081.44	8.75%	25.79%

注：(1) 表中数据来源于《安徽统计年鉴》(2007—2011)。

(2) 商贸业增加值＝批发零售业增加值＋住宿餐饮业增加值。

表 6-6 安徽省商贸流通业增加值构成情况

单位:亿元

年 份	商贸流通业	批发零售业	住宿餐饮业
2005 年	490.02	393.75	96.27
2006 年	561.80	449.63	112.17
2007 年	658.33	525.71	132.62
2008 年	755.50	611.10	144.40
2009 年	890.33	733.19	157.14
2010 年	1081.44	887.66	193.78

注:表中数据根据表 6-3、表 6-5 数据计算得到。

表 6-7 安徽省社会消费品零售总额及其构成情况

单位:亿元

年 份	社会消费品零售总额	其 中		
		批发零售业	住宿餐饮业	其他
2005 年	1776.7	1509.6	242.3	24.8
2006 年	2029.4	1719.5	283.8	26.1
2007 年	2403.7	2032.2	342.8	28.7
2008 年	3045.2	2656.3	354.3	34.6
2009 年	3481.6	3055.1	426.5	
2010 年	4151.5	3635.6	515.9	

注:(1) 表中数据来源于《安徽统计年鉴》(2007 — 2011)。

(2) 2009 年和 2010 年社会消费品零售总额为扣除“其他”的新口径数据,行业分组中取消“其他”。

表 6-8 2010 年安徽省限额以上批发业主要指标分行业对比

行业名称	资产总计(亿元)	主营业务收入(亿元)	销售总额(亿元)	其 中		年平均从业人数(人)
				批发(亿元)	零售(亿元)	
批发业合计	1458.79	3222.09	3773.43	3436.72	336.71	101474
农畜产品批发	57.46	60.25	63.32	59.68	3.64	5517
食品、饮料及烟草制品批发	253.97	510.92	567.01	548.59	18.42	29932
米、面制品及食用油批发	67.37	107.34	118.12	103.17	14.95	2213
烟草制品批发	135.25	296.70	333.49	333.24	0.26	10816
纺织、服装及日用品批发	97.17	234.01	241.55	240.91	0.64	7828
服装批发	42.09	45.59	48.02	47.54	0.47	2941
文化、体育用品及器材批发	57.78	24.79	33.20	31.91	1.29	1351

续表 6-8

行业名称	资产总计（亿元）	主营业务收入（亿元）	销售总额（亿元）	其中		年平均从业人数（人）
				批发（亿元）	零售（亿元）	
医药及医疗器材批发	133.36	384.24	418.08	364.73	53.35	12099
矿产品、建材及化工产品批发	640.63	1395.26	1789.46	1541.05	248.41	30487
煤炭及制品批发	45.99	91.38	102.83	102.67	0.16	957
石油及制品批发	310.98	782.57	830.33	585.53	244.80	23362
金属及金属矿批发	204.59	345.80	656.99	656.78	0.21	2072
建材批发	16.52	48.59	51.02	48.23	2.79	1291
化肥批发	46.69	82.71	101.12	100.89	0.23	1848
机械设备、五金交电及电子产品批发	176.21	438.12	462.81	453.14	9.67	11713
汽车、摩托车及零配件批发	51.64	156.96	166.36	163.75	2.61	4379
家用电器批发	47.34	96.24	109.26	106.72	2.54	2726
计算机、软件及辅助设备批发	9.48	17.68	19.99	16.11	3.88	465
贸易经纪与代理	0.27	1.16	1.15	1.15	0.00	72
其他批发	41.94	173.33	196.85	195.56	1.29	2475

注：表中数据来源于《安徽统计年鉴 2011》。

表 6-9 2010 年安徽省限额以上批发业主要指标分行业位次

行业名称	资产总计（亿元）	主营业务收入（亿元）	销售总额（亿元）	其中		年平均从业人数（人）
				批发（亿元）	零售（亿元）	
农畜产品批发	7	7	7	7	5	6
食品、饮料及烟草制品批发	2	2	2	2	3	2
纺织、服装及日用品批发	5	5	5	5	8	5
文化、体育用品及器材批发	6	8	8	8	7	8
医药及医疗器材批发	4	4	4	4	2	3
矿产品、建材及化工产品批发	1	1	1	1	1	1
机械设备、五金交电及电子产品批发	3	3	3	3	4	4
贸易经纪与代理	9	9	9	9	9	9
其他批发	8	6	6	6	6	7

注：表中位次根据表 6-8 数据排序得出。

表 6-10 2010 年安徽省限额以上零售业主要指标分行业对比

行业名称	资产总计（亿元）	主营业务收入（亿元）	销售总额（亿元）	其中		年平均从业人数（人）
				批发（亿元）	零售（亿元）	
零售业合计	639.67	1216.66	1370.72	162.07	1208.64	158241
综合零售	237.58	407.06	460.92	33.37	427.56	92679
百货零售	134.29	217.21	249.59	30.67	218.92	40214
超级市场零售	99.27	184.58	205.64	2.31	203.34	51365
食品、饮料及烟草制品专门零售	10.79	20.50	22.13	0.64	21.49	7085
纺织、服装及日用品专门零售	11.43	18.07	19.68	1.61	18.07	4726
服装零售	7.79	10.31	11.71	0.69	11.02	3639
文化、体育用品及器材专门零售	22.14	26.22	29.46	1.95	27.51	4360
体育用品零售	0.54	0.37	0.38	0.30	0.08	65
图书零售	20.13	24.25	27.23	1.18	26.05	3776
医药及医疗器材专门零售	40.41	79.21	91.26	26.23	65.04	8855
药品零售	39.39	77.97	89.97	26.10	63.88	8729
汽车、摩托车、燃料及零配件专门零售	248.02	514.43	570.52	60.95	509.57	24566
汽车零售	165.02	358.06	391.81	15.79	376.02	18104
机动车燃料零售	78.26	148.00	169.51	44.85	124.66	5308
家用电器及电子产品专门零售	52.28	123.36	147.17	35.00	112.16	12655
家用电器零售	41.71	97.88	116.87	28.55	88.32	9812
计算机、软件及辅助设备零售	6.39	16.06	19.56	5.96	13.59	1573
通讯设备零售	3.81	8.41	9.60	0.24	9.36	1178
五金、家具及室内装修材料专门零售	12.91	15.91	16.77	0.21	16.56	2653
无店铺及其他零售	4.12	11.89	12.80	2.11	10.69	662

注：表中数据来源于《安徽统计年鉴 2011》。

表 6-11 2010 年安徽省限额以上零售业主要指标分行业位次

行业名称	资产总计(亿元)	主营业务收入(亿元)	销售总额(亿元)	其中		年平均从业人数(人)
				批发(亿元)	零售(亿元)	
综合零售	2	2	2	3	2	1
食品、饮料及烟草制品专门零售	8	6	6	8	6	5
纺织、服装及日用品专门零售	7	7	7	7	7	6
文化、体育用品及器材专门零售	5	5	5	6	5	7
医药及医疗器材专门零售	4	4	4	4	4	4
汽车、摩托车、燃料及零配件专门零售	1	1	1	1	1	2
家用电器及电子产品专门零售	3	3	3	2	3	3
五金、家具及室内装修材料专门零售	6	8	8	9	8	8
无店铺及其他零售	9	9	9	5	9	9

注:表中位次根据表 6-10 数据排序得出。

表 6-12 安徽省第三产业、批发零售业和住宿餐饮业对地区生产总值增长的贡献度

年 份	第三产业增加值		批发零售业增加值		住宿餐饮业增加值	
	贡献	贡献率	贡献	贡献率	贡献	贡献率
2006 年	4.72%	33.12%	1.04%	7.33%	0.30%	2.09%
2007 年	6.54%	32.00%	1.24%	6.09%	0.33%	1.64%
2008 年	6.04%	29.84%	1.16%	5.73%	0.16%	0.79%
2009 年	4.83%	35.30%	1.38%	10.08%	0.14%	1.05%
2010 年	5.28%	23.15%	1.54%	6.73%	0.36%	1.60%

注:(1) 表中数据根据表 6-5 和表 6-6 数据计算得出。

(2) 某产业对地区生产总值的贡献=该产业增量/上年地区生产总值×100%。

(3) 某产业对地区生产总值的贡献率=该产业增量/地区生产总值增量×100%。

表 6-13 安徽省批发零售业和住宿餐饮业对第三产业增加值的贡献度

年 份	批发零售业		住宿餐饮业	
	贡献	贡献率	贡献	贡献率
2006 年	2.61%	22.13%	0.74%	6.30%
2007 年	3.18%	19.04%	0.86%	5.12%

续表 6-13

年 份	批发零售业		住宿餐饮业	
	贡献	贡献率	贡献	贡献率
2008 年	3.06%	19.19%	0.42%	2.65%
2009 年	3.77%	28.56%	0.39%	2.98%
2010 年	4.22%	29.06%	1.00%	6.89%

注:(1) 表中数据根据表 6-5 和表 6-6 数据计算得出。
(2) 某产业对第三产业增加值的贡献=该产业增量/第三产业增加值×100%。
(3) 某产业对第三产业增加值的贡献率=该产业增量/第三产业增加值增量×100%。

第三节 安徽省商贸流通企业情况

安徽省商贸通企业情况如表 6-14 至表 6-31 所示。

表 6-14 安徽省商业企业分行业基本情况

指 标	批发业	零售业	住宿业	餐饮业	合 计
法人单位(个)	18578	12550	1497	2528	35153
从业人员(人)	305972	220963	67329	78806	673070
销售额/营业额(亿元)	4660.48	987.66	52.26	65.12	5765.52

注:表中数据来源于安徽省第二次经济普查资料。

表 6-15 安徽省个体经营户分行业基本情况

指 标	批发业	零售业	住宿业	餐饮业	合 计
经营户数(万户)	12.49	86.24	1.49	14.85	115.07
从业人数(万人)	31.32	170.41	4.25	44.65	250.63

注:表中数据来源于安徽省第二次经济普查资料。

表 6-16 安徽省批发企业按经营商品分类基本情况

行 业	法人单位(个)	从业人员(人)	销售额(亿元)	资产总计(亿元)	主营业务收入(亿元)
批发业合计	18578	305972	4660.48	1624.56	4009.63
农畜产品批发	1970	39309	145.00	126.82	141.23
食品、饮料及烟草制品批发	1970	68485	574.86	254.45	521.17
纺织、服装及日用品批发	1074	19044	261.38	98.16	232.63
文化、体育用品及器材批发	382	4250	52.99	35.29	44.56

续表 6-16

行 业	法人单位（个）	从业人员（人）	销售额（亿元）	资产总计（亿元）	主营业务收入（亿元）
医药及医疗器材批发	999	26328	368.64	107.73	325.97
矿产品、建材及化工产品批发	6389	83041	2315.67	704.00	1887.83
机械设备、五金交电及电子产品批发	4135	44114	677.00	246.17	599.98
贸易经纪与代理	286	3713	12.31	5.80	11.77
其他批发	1373	17688	252.63	46.13	244.49

注：表中数据来源于安徽省第二次经济普查资料。

表 6-17 安徽省零售企业按经营商品分类基本情况

行 业	法人单位（个）	从业人员（人）	销售额（亿元）	资产总计（亿元）	主营业务收入（亿元）
零售业合计	12550	220963	987.66	539.42	877.09
综合零售	2099	103201	344.58	189.64	296.20
食品、饮料及烟草制品专门零售	811	10240	24.50	15.71	23.07
纺织、服装及日用品专门零售	1233	14279	29.46	20.55	26.64
文化、体育用品及器材专门零售	625	8304	32.32	34.17	29.54
医药及医疗器材专门零售	923	13114	58.26	30.25	51.39
汽车、摩托车、燃料及零配件专门零售	2469	28609	333.43	156.30	301.16
家用电器及电子产品专门零售	2146	22378	110.86	51.50	98.56
五金、家具及室内装修材料专门零售	1316	11173	28.61	20.65	26.65
无店铺及其他零售	928	9665	25.64	20.64	23.88

注：表中数据来源于安徽省第二次经济普查资料。

表 6-18 安徽省住宿业企业基本情况

行 业	法人单位（个）	从业人员（人）	销售额（亿元）	资产总计（亿元）	主营业务收入（亿元）
住宿业合计	1497	67329	52.26	155.44	52.07
旅游饭店	561	47384	40.52	124.00	40.40
一般旅馆	852	17981	10.81	28.35	10.77
其他住宿服务	84	1964	0.93	3.09	0.90

注：表中数据来源于安徽省第二次经济普查资料。

表 6-19　安徽省餐饮业企业基本情况

行　业	法人单位（个）	从业人员（人）	销售额（亿元）	资产总计（亿元）	主营业务收入（亿元）
餐饮业合计	2528	78806	65.12	149.85	65.75
正餐服务	2159	68815	57.85	141.18	57.61
快餐服务	142	6077	5.15	5.56	6.03
饮料及冷饮服务	120	2008	1.03	1.54	1.03
其他餐饮服务	107	1906	1.09	1.56	1.08

注：表中数据来源于安徽省第二次经济普查资料。

表 6-20　安徽省商贸流通业分行业机构单位数(含产业活动单位)

单位：个

年　份	单位数	批发零售业	批发业	零售业	住宿餐饮业	住宿业	餐饮业
2006 年	单位数合计	35863	19959	15904	4117	1719	2398
	其中：法人单位数	26111	15091	11020	3251	1394	1857
2007 年	单位数合计	38705	21402	17303	4319	1772	2547
	其中：法人单位数	29085	16771	12314	3478	1460	2018
2008 年	单位数合计						
	其中：法人单位数						
2009 年	单位数合计	47203	26631	20572	5173	1761	3412
	其中：法人单位数	37273	22471	14802	4348	1589	2759
2010 年	单位数合计	57249	32464	24785	5321	1799	3522
	其中：法人单位数	46949	28241	18708	4452	1634	2818

注：(1) 表中数据来源于《安徽统计年鉴》(2007 — 2011)，其中 2009 年统计年鉴上记录的亦为 2007 年数据。

(2) 表中单位数合计为单产业法人数和多产业法人所属的产业活动单位数之和。

表 6-21　安徽省限额以上商贸企业基本情况

年　份	法人机构(个)		从业人员(万人)		批发零售贸易业商品销售总额(亿元)
	批发零售业	住宿餐饮业	批发零售业	住宿餐饮业	
2005 年	815	460	12.8	5.3	3835.3
2006 年	871	496	13.3	6.4	4793.5
2007 年	998	546	15.5	6.4	5666.9
2008 年	1725	870	21.0	8.6	6566.1
2009 年	1859	872	21.7	8.9	7758.3
2010 年	2449	1021	26.2	10.2	10044.5

注：表中数据来源于《安徽统计年鉴》(2007 — 2011)。

表 6－22　2010 年安徽省限额以上批发和零售业连锁经营情况

指　标	合　计	直销店	加盟店
门店总数(个)	8120	3269	4851
从业人数(人)	82123	63861	18262
营业面积(平方米)	3828601	3497644	330957
连锁门店商品购进额(万元)	10201103	9196055	1005048
统一配送商品购进额	4779279	4024344	754935
自有配送中心配送商品购进额	3293710	2857665	436045
非自有配送中心配送商品购进额	335738	92891	242847
连锁门店商品销售额(万元)	10385593	9396253	989340
零售额	7154004	6583682	570322

注:表中数据来源于《安徽统计年鉴 2011》。

表 6－23　2010 年安徽省超亿元商品交易市场情况

指　标	市场个数(个)	年末摊位数(个)	总成交额(亿元)
合计	137	85862	1737.70
综合市场	42	40860	645.14
工业品综合市场	6	9292	81.39
农产品综合市场	24	15877	233.29
专业市场	95	45002	1092.56
纺织品服装鞋帽市场	8	6049	41.71
食品饮料烟酒市场	2	710	17.05
药材药品及医疗器材市场	2	5452	83.59
家具市场	6	755	11.51
小商品市场	1	1696	2.68
文化音像书报杂志市场			
机动车市场	8	2268	108.10
金属材料市场	6	1529	474.69
木材市场	1	160	1.20
建材装饰材料市场	5	3693	18.48
粮油市场	4	1686	30.84
干鲜果品市场	3	267	7.40
蔬菜市场	9	4039	36.24
肉食禽蛋市场	9	2157	43.52

续表 6-23

指　标	市场个数(个)	年末摊位数(个)	总成交额(亿元)
土畜产品市场	1	315	3.96
农业生产资料市场	2	172	2.00
通讯器材市场			
花卉市场	2	1074	1.98
五金电器市场	2	443	12.83

注:表中数据来源于《安徽统计年鉴 2011》。

表 6-24　2010 年安徽省各市超亿元商品交易市场情况

地　区	市场个数(个)	年末摊位数(个)	营业面积(平方米)	总成交额(亿元)
合计	137	85862	7800045	1737.70
合肥市	38	23164	2258146	890.63
淮北市	7	5975	359390	38.61
亳州市	2	4700	42000	95.21
宿州市				
蚌埠市	7	3726	502228	19.41
阜阳市	21	11032	920062	107.82
淮南市	7	3610	505884	53.04
滁州市	8	5633	703173	37.43
六安市	3	3093	22860	6.50
马鞍山市	6	1616	69600	40.81
巢湖市	14	4907	284390	42.70
芜湖市	6	5538	171785	25.24
宣城市	6	3101	57806	87.43
铜陵市	7	1129	259100	45.89
池州市	1	316	4921	1.73
安庆市	4	8322	1638700	245.25
黄山市				

注:表中数据来源于《安徽统计年鉴 2011》。

表6-25　2010年安徽省各市限额以上商业企业基本情况

地　区	批发业		零售业		餐饮业	
	销售总额（亿元）	从业人数（人）	销售总额（亿元）	从业人数（人）	主营业务收入（亿元）	从业人数（人）
合计	3598.79	102984	1545.36	158767	105.45	51319
合肥市	1985.56	52116	640.19	35471	39.75	20641
淮北市	40.35	1813	31.28	5469	1.37	657
亳州市	62.97	3006	35.58	7030	1.47	1386
宿州市	76.99	2180	47.60	6460	1.75	1805
蚌埠市	82.19	2750	55.26	6897	3.35	1785
阜阳市	298.33	7501	102.73	12030	3.10	2044
淮南市	51.25	2820	45.83	6177	3.33	1178
滁州市	100.54	5688	44.72	8117	3.78	1535
六安市	71.45	5122	82.45	11783	4.24	2915
马鞍山市	261.54	2041	45.82	7303	4.12	2249
巢湖市	68.74	2968	42.85	8859	3.24	2117
芜湖市	210.01	4219	127.60	12596	8.97	2514
宣城市	83.66	2608	85.49	8480	5.04	2794
铜陵市	67.75	864	30.54	3246	2.89	1431
池州市	36.15	2034	19.23	2424	3.43	1174
安庆市	62.98	4085	79.90	13616	7.18	3447
黄山市	38.33	1169	28.31	2809	8.43	1647

注：表中数据来源于《安徽统计年鉴2011》。

表6-26　2010年安徽省各市限额以上批发零售业连锁经营情况

地　区	门店总数（个）	从业人员（人）	营业面积（平方米）	商品销售额（亿元）	其中：零售额（亿元）
合计	8120	82123	3828601	1038.56	715.40
合肥市	6940	60830	3039783	909.42	600.96
淮北市					
亳州市	65	1014	14460	1.12	1.12
宿州市					
蚌埠市	85	1250	34857	4.98	4.98
阜阳市	534	6117	187660	49.96	49.73

续表 6 - 26

地　区	门店总数（个）	从业人员（人）	营业面积（平方米）	商品销售额（亿元）	其中：零售额（亿元）
淮南市	46	2189	120321	10.27	10.27
滁州市	31	456	7929	1.08	1.08
六安市					
马鞍山市	131	1637	106074	17.21	7.52
巢湖市	14	178	8300	0.47	0.47
芜湖市	5	88	2000	0.34	0.25
宣城市	19	1453	40000	3.72	3.72
铜陵市	15	106	3544	0.42	0.38
池州市					
安庆市	228	6764	262973	39.50	34.84
黄山市	7	41	700	0.08	0.08

注：表中数据来源于《安徽统计年鉴 2010》。

表 6 - 27　2010 年安徽省批发企业按经营商品分类人均销售额情况

经营内容	销售额（亿元）	从业人员（人）	人均销售额（万元/人）
批发业	4660.48	305972	152.32
农畜产品批发	145.00	39309	36.89
食品、饮料及烟草制品批发	574.86	68485	83.94
纺织、服装及日用品批发	261.38	19044	137.25
文化、体育用品及器材批发	52.99	4250	124.68
医药及医疗器材批发	368.64	26328	140.02
矿产品、建材及化工产品批发	2315.67	83041	278.86
机械设备、五金交电及电子产品批发	677.00	44114	153.47
贸易经纪与代理	12.31	3713	33.15
其他批发	252.63	17688	142.83

注：表中数据根据表 6 - 16 数据计算得出：人均销售额 = 销售额/从业人员。

表 6-28 安徽省零售企业按经营商品分类人均销售额情况

经营内容	销售额（亿元）	从业人员（人）	人均销售额（万元/人）
零售业	987.66	220963	44.70
综合零售	344.58	103201	33.39
食品、饮料及烟草制品专门零售	24.50	10240	23.93
纺织、服装及日用品专门零售	29.46	14279	20.63
文化、体育用品及器材专门零售	32.32	8304	38.92
医药及医疗器材专门零售	58.26	13114	44.43
汽车、摩托车、燃料及零配件专门零售	333.43	28609	116.55
家用电器及电子产品专门零售	110.86	22378	49.54
五金、家具及室内装修材料专门零售	28.61	11173	25.61
无店铺及其他零售	25.64	9665	26.53

注：表中数据根据表 6-17 数据计算得出：人均销售额＝销售额/从业人员。

表 6-29 2010 年安徽省超亿元商品交易市场铺均成交额情况

指　标	年末摊位数（个）	总成交额（亿元）	铺均成交额（万元/个）
合计	85862	1737.70	202.38
综合市场	40860	645.14	157.89
工业品综合市场	9292	81.39	87.59
农业品综合市场	15877	233.29	146.94
专业市场	45002	1092.56	242.78
纺织品服装鞋帽市场	6049	41.71	68.95
食品饮料烟酒市场	710	17.05	240.14
药材药品及医疗器材市场	5452	83.59	153.32
家具市场	755	11.51	152.45
小商品市场	1696	2.68	15.80
文化音像书报杂志市场			
机动车市场	2268	108.10	476.63
金属材料市场	1529	474.69	3104.58
木材市场	160	1.20	75.00
建材装饰材料市场	3693	18.48	50.04
粮油市场	1686	30.84	182.92
干鲜果品市场	267	7.40	277.15

续表 6-29

指　标	年末摊位数(个)	总成交额(亿元)	铺均成交额(万元/个)
蔬菜市场	4039	36.24	89.73
肉食禽蛋市场	2157	43.52	201.76
土畜产品市场	315	3.96	125.71
农业生产资料市场	172	2.00	116.28
通讯器材市场			
花卉市场	1074	1.98	18.44
五金电料市场	443	12.83	289.62

注:表中数据根据表 6-23 数据计算得出:铺均成交额=成交额/年末摊位数。

表 6-30　2010 年安徽省各市超亿元商品交易市场地均、铺均营业额情况

地　区	地均营业额(万元/平方米)	铺均成交额(万元/个)
合计	2.23	202.38
合肥市	3.94	384.49
淮北市	1.07	64.62
亳州市	22.67	202.57
宿州市		
蚌埠市	0.39	52.09
阜阳市	1.17	97.73
淮南市	1.05	146.93
滁州市	0.53	66.45
六安市	2.84	21.02
马鞍山市	5.86	252.54
巢湖市	1.50	87.02
芜湖市	1.47	46.58
宣城市	15.12	281.94
铜陵市	1.77	406.47
池州市	3.52	54.75
安庆市	1.50	294.70
黄山市		

注:表中数据根据表 6-24 数据计算得出:地均营业额=成交额/营业面积;铺均成交额=成交额/年末摊位数。

表6-31 2010年安徽省各市限额以上批发和零售企业人均销售额情况

地 区	批发业人均销售额(万元/人)	零售业人均销售额(万元/人)
合计	349.45	97.34
合肥市	380.99	180.48
淮北市	222.56	57.20
亳州市	209.48	50.61
宿州市	353.17	73.68
蚌埠市	298.87	80.12
阜阳市	397.72	85.39
淮南市	181.74	74.19
滁州市	176.76	55.09
六安市	139.50	69.97
马鞍山市	1281.43	62.74
巢湖市	231.60	48.37
芜湖市	497.77	101.30
宣城市	320.78	100.81
铜陵市	784.14	94.09
池州市	177.73	79.33
安庆市	154.17	58.68
黄山市	327.89	100.78

注:表中数据根据表6-25数据计算得出:人均销售额=销售额/从业人员。

第四节 安徽省商业网点情况

安徽省商业网点情况如表6-32至表6-44所示。

表6-32 安徽省规模以上零售网点分业态汇总表

业 态	数量(个)	营业面积(万平方米)	2010年营业额(亿元)
购物中心	79	274.79	77.93
百货店	96	203.29	155.90
超市	33	17.36	19.75
大型超市	133	164.55	136.89
专业店/专卖店	43	54.58	72.36
家居建材商店	48	193.08	30.69
合计	432	907.65	493.51

注:(1) 表中数据来源于全省各地级市大中型商业网点调查,其中部分网点营业额数据不全,因此所填值较实际值偏小。

(2) 规模以上网点指营业面积在5000平方米以上的网点。

表 6-33 安徽省规模以上零售网点按营业面积分级汇总表

规模等级	数量(个)	营业面积(万平方米)	2010 年营业额(亿元)
10 万平方米以上	11	202.30	31.72
5 万—10 万平方米	24	162.13	31.16
1 万—5 万平方米	204	417.83	276.57
5000—1 万平方米	193	125.40	154.05

注:表中数据来源于全省各地级市大中型商业网点调查,其中部分网点营业额数据不全,因此表中值较实际值偏小。

表 6-34 安徽省规模以上零售网点业态分布及经营情况汇总表

序号	业态	数量占比	营业面积占比	营业额占比	地均营业额(万元/平方米)
1	食杂店				
2	便利店				
3	折扣店				
4	超市	7.64%	1.91%	4.00%	1.14
5	大型超市	30.79%	18.13%	27.74%	0.83
6	仓储式会员店				
7	百货店	22.22%	22.40%	31.59%	0.77
8	专业店/专卖店	9.95%	6.01%	14.66%	1.33
9	家居建材商店	11.11%	21.27%	6.22%	0.16
10	购物中心	18.29%	30.27%	15.79%	0.28
11	工厂直销中心				
合计		100.00%	100.00%	100.00%	0.54

注:表中数据根据表 6-32 数据计算得出:地均营业额=营业额/营业面积。

表 6-35 安徽省有形零售店铺业态发展情况

业态	业态描述	发展状况	代表企业	数量占比最多城市
食杂店	位于居民区内,辐射半径小,目标顾客以相对固定的居民为主。一般在 100 平方米以内。以销售香烟、饮料、酒、休闲食品为主	成熟		
便利店	商业中心区、居住区、交通要道以及车站、医院、学校、娱乐场所、办公楼、加油站等公共活动区。商圈范围小,顾客步行到达,目标顾客主要为快速消费者。100 平方米左右,使用率高。以销售即时食品、日用小百货为主,售价高于市场平均水平	起步		

续表 6-35

业 态	业态描述	发展状况	代表企业	数量占比最多城市
折扣店	辐射半径 2 公里左右，目标顾客主要为商圈内的居民，商品价格一般低于市场平均水平，自有品牌占有较大的比例	起步	合肥凯斯茂、滁州奥特莱斯	合肥、滁州
超市	市、区商业中心，居住区，辐射半径 2 公里左右，目标顾客以居民为主，营业面积在 6000 平方米以下，经营包装食品和日用品。食品超市与综合超市商品结构不同	成熟	合家福、红府、好又多、华联等	合肥、宣城、
大型超市	市、区商业中心，城郊结合部，交通要道及大型居住区附近，辐射半径 2 公里以上，目标顾客以居民、流动顾客为主，营业面积 6000 平方米以上，大众化衣、食、用品齐全，一次性购齐，注重自有品牌开发	较为成熟	沃尔玛、家乐福、大润发、苏果等	合肥、淮南、芜湖
仓储式会员店	城乡结合部的交通要道，辐射半径 5 公里以上，目标顾客以中小零售店、餐饮店、集团购买和流动顾客为主，营业面积 6000 平方米以上，以大众化衣、食、用品为主，自有品牌占相当部分，商品品种在 4000 种左右，实行低价、批量销售	起步	麦德龙	合肥
百货店	市、区商业中心，历史形成的商业集聚地，目标顾客以追求时尚和品味的流动顾客为主，营业面积 6000—20000 平方米，综合性，门类齐全，以服饰、鞋类、箱包、化妆品、礼品、家庭用品、家用电器为主	成熟	百大、商之都、百盛、金鹰等	合肥、芜湖、阜阳
专业店	市、区商业中心以及百货店与购物中心内，目标顾客以有目的地选购某类商品的流动顾客为主。以销售某类商品为主，体现专业性、深度性，品种丰富，选择余地大	较为成熟	国美、五星电器等	
专卖店	市、区商业中心，专业街以及百货店与购物中心内，目标顾客以中高档消费者和追求时尚的年轻人为主，根据商品特点而定，以销售某一品牌系列商品为主，销售量少、质优、高毛利	较为成熟	奇瑞汽车、东风日产等	合肥、芜湖
家居建材商店	城乡结合部、交通要道或消费者自有房产量较高的地区，目标顾客以拥有自有房产的顾客为主，营业面积在 6000 平方米以上，商品以与改善、建设家庭居住环境有关的装饰、装修用品，日用杂品，技术及服务为主	比较成熟	东方家园、红星美凯龙等	合肥、阜阳

续表 6-35

业 态	业态描述	发展状况	代表企业	数量占比最多城市
社区型购物中心	市、区商业中心，商圈半径为 5 — 10 公里，20 — 40 个租赁店，包括大型超市、专业店、专卖店、饮食服务及其他	比较成熟		
市区购物中心	市级商业中心，商圈半径为 10 — 20 公里，40 — 100 个租赁店，包括百货店、大型超市、各种专业店/专卖店、饮食店、杂品店以及娱乐服务设施等	初具规模	芜湖华亿、合肥元一时代、安徽国购	合肥、芜湖
城郊购物中心	城乡结合部的交通要道，商圈半径 30 公里以上，200 个租赁店以上，包括百货店、大型超市、各种专业店/专卖店、饮食店、杂品店以及娱乐服务设施等			
工厂直销中心	一般远离市区，目标顾客多为重视品牌的有目的的购买者。为品牌商品生产商直接设立，商品均为本企业的品牌			

注：表中明细来源于全省各地级市大中型商业网点调查。

表 6-36 安徽省人均零售商业网点面积情况

指 标	总面积(万平方米)	人均零售商业面积(平方米)
零售业	1972.48	1.00
规模以下网点	907.65	0.46
商品交易市场(零售)	157.18	0.08
规模以上	907.65	0.46
购物中心	274.79	0.14
百货店	203.29	0.10
超市	17.36	0.01
大型超市	164.55	0.08
专业店/专卖店	54.58	0.03
家居建材商店	193.08	0.10

注：(1) 表中规模以上数据根据表 6-32 数据计算得出，所取人口为 2010 年末安徽省市区总人口 1973.18 万人。

(2) 规模以上零售网点面积与规模以下零售网点面积按照 50：50 估算(参考巢湖市、滁州市等城区网点调研情况，其中巢湖市比例约为 52：48，滁州市比例约为 60：40)，计算出限额以下网点面积。

(3) 商品交易市场零售面积根据经验值估算得出。

表6-37 安徽省零售商业网点抽样地均营业额情况

序号	名 称	所属城市	业 态	营业面积（万平方米）	营业额（亿元）	地均营业额（万元/平方米）
1	宿州市华夏集团	宿州市	购物中心	1.80	6.80	3.78
2	池州商之都购物中心	池州市	购物中心	0.50	1.20	2.40
3	蒙城县好又多购物中心	亳州市	购物中心	0.60	1.20	2.00
4	望江龙湖商贸城	安庆市	购物中心	6.00	9.50	1.58
5	滁州市白云商场	滁州市	购物中心	1.00	1.47	1.47
6	宿州市萧县新联华购物中心	宿州市	购物中心	0.50	0.70	1.40
7	苏果超市(滁州)有限公司金光大道购物广场	滁州市	购物中心	1.90	2.30	1.21
8	万宝购物中心	六安市	购物中心	0.52	0.62	1.19
9	百大集团蚌埠百大购物中心	蚌埠市	购物中心	1.70	1.80	1.06
10	安徽天洋新世纪购物中心(蚌埠)	蚌埠市	购物中心	2.00	2.00	1.00
11	金润万家庐江塔山路购物中心	巢湖市	购物中心	0.50	0.48	0.96
12	太湖新昌购物中心	安庆市	购物中心	0.60	0.55	0.92
13	宿州市泗县佳美嘉购物中心	宿州市	购物中心	0.56	0.50	0.89
14	芜湖华亿国际购物中心	芜湖市	购物中心	12.30	10.71	0.87
15	巢湖安德利购物中心	巢湖市	购物中心	4.30	3.60	0.84
16	家乐福时代广场	淮南市	购物中心	6.00	5.00	0.83
17	滁州乐天玛特购物中心	滁州市	购物中心	0.60	0.50	0.83
18	利辛粮油商厦	亳州市	购物中心	1.50	1.20	0.80
19	巢湖恒生阳光城购物广场	巢湖市	购物中心	2.70	2.15	0.80
20	滁州市白云商厦(来安店)	滁州市	购物中心	1.15	0.91	0.79
21	百惠购物中心(蚌埠店)	蚌埠市	购物中心	0.80	0.60	0.75
22	蚌埠白马商业经营管理有限公司	蚌埠市	购物中心	1.70	1.20	0.71
23	淮北市新中原商业发展有限责任公司东方百货商场	淮北市	购物中心	1.00	0.70	0.70
24	淮北市濉溪县刘桥好易购超市	淮北市	购物中心	0.60	0.40	0.67
25	马鞍山深国投新一城购物中心	马鞍山市	购物中心	3.50	2.00	0.57
26	马鞍山大华购物中心	马鞍山市	购物中心	3.50	2.00	0.57
27	江苏时代购物中心池州店	池州市	购物中心	2.65	1.30	0.49
28	阜阳汇鑫国际购物广场	阜阳市	购物中心	6.00	2.70	0.45
29	舒城县新世界购物有限责任公司	六安市	购物中心	0.50	0.22	0.45

续表 6－37

序号	名　称	所属城市	业　态	营业面积（万平方米）	营业额（亿元）	地均营业额（万元/平方米）
30	宿州市国贸购物中心	宿州市	购物中心	0.70	0.30	0.43
31	亳州市百大合家福连锁超市公司	亳州市	购物中心	1.20	0.46	0.38
32	桐城太阳城购物中心	安庆市	购物中心	1.20	0.45	0.38
33	怀宁黄墩商贸城	安庆市	购物中心	2.10	0.70	0.33
34	淮北市鼎盛国际购物中心	淮北市	购物中心	2.10	0.70	0.33
35	淮北华松商务国际购物中心	淮北市	购物中心	3.60	1.13	0.31
36	南陵雄风百货广场	芜湖市	购物中心	3.80	0.97	0.26
37	池州东方购物中心	池州市	购物中心	1.00	0.25	0.25
38	商之都叶集购物中心	六安市	购物中心	1.40	0.29	0.21
39	芜湖和平名品街	芜湖市	购物中心	4.80	1.00	0.21
40	铜陵有色铜冠房地产集团公司铜冠商业广场	铜陵市	购物中心	5.70	1.10	0.19
41	潜山天柱第一城	安庆市	购物中心	8.00	1.50	0.19
42	蚌埠市五河县商务购物中心	蚌埠市	购物中心	0.60	0.11	0.18
43	怀宁孔雀商贸城	安庆市	购物中心	7.00	1.20	0.17
44	凯德广场	芜湖市	购物中心	3.82	0.65	0.17
45	舒城县泰鑫购物广场	六安市	购物中心	1.40	0.19	0.14
46	铜陵市井湖购物广场	铜陵市	购物中心	3.10	0.40	0.13
47	金城时代购物广场	六安市	购物中心	2.40	0.25	0.10
48	淮北市下岗再就业市场	淮北市	购物中心	0.68	0.07	0.10
49	芜湖融汇中江广场	芜湖市	购物中心	10.00	1.00	0.10
50	巢湖百大购物中心有限责任公司	巢湖市	购物中心	2.75	0.26	0.09
51	枞阳金麒麟商贸城	安庆市	购物中心	1.50	0.08	0.05
52	马鞍山圣茂国际购物中心	马鞍山市	购物中心	4.20	0.14	0.03
53	亳州市新东方商厦	亳州市	购物中心	4.00	0.12	0.03
54	安徽天成百货有限公司蚌埠来雅百货	蚌埠市	购物中心	2.10	0.05	0.02
55	阜阳市阜南县百货大楼	阜阳市	百货店	0.50	3.00	6.00
56	合肥鼓楼商厦有限责任公司	合肥市	百货店	2.80	11.23	4.01
57	合肥金鹰国际购物中心大东门店	合肥市	百货店	0.86	3.34	3.87
58	阜阳商厦	阜阳市	百货店	3.60	13.00	3.61

续表 6-37

序号	名 称	所属城市	业 态	营业面积（万平方米）	营业额（亿元）	地均营业额（万元/平方米）
59	阜阳市颍上县三八购物广场	阜阳市	百货店	0.50	1.80	3.60
60	庐江安德利贸易中心综合商场	巢湖市	百货店	0.70	2.50	3.57
61	安徽商之都合肥旗舰店	合肥市	百货店	3.20	11.31	3.53
62	合肥百货大楼	合肥市	百货店	2.06	7.13	3.46
63	安徽华联商厦	淮南市	百货店	1.50	4.45	2.96
64	合百大集团蚌埠市百货大楼	蚌埠市	百货店	1.80	5.00	2.78
65	合肥百大集团铜陵合百商厦	铜陵市	百货店	1.77	4.45	2.51
66	合肥百盛逍遥广场有限公司	合肥市	百货店	2.90	6.70	2.31
67	安徽金鹰商贸有限公司百花井店	合肥市	百货店	0.97	2.15	2.21
68	黄山百大商厦	黄山市	百货店	1.10	2.30	2.09
69	合肥百大集团商业大厦	合肥市	百货店	1.80	3.70	2.06
70	阜阳华联大厦	阜阳市	百货店	1.20	2.30	1.92
71	庐江县百货大楼	巢湖市	百货店	0.80	1.40	1.75
72	芜湖南京新百大厦有限公司	芜湖市	百货店	4.20	7.26	1.73
73	亳州（安徽商之都）商场	亳州市	百货店	0.50	0.81	1.62
74	安徽商之都滁州商厦	滁州市	百货店	0.90	1.40	1.56
75	安徽百大中央购物中心有限公司	合肥市	百货店	2.46	3.77	1.53
76	阜阳商厦儿童购物广场	阜阳市	百货店	0.72	1.00	1.39
77	阜阳和华千百意购物商城	阜阳市	百货店	2.40	3.10	1.29
78	安徽百大乐普生商厦有限责任公司	合肥市	百货店	2.00	2.40	1.20
79	巢湖商之都巢湖商厦	巢湖市	百货店	1.10	1.28	1.17
80	安徽商之都六安商厦有限公司	六安市	百货店	2.60	2.73	1.05
81	安庆新百百货	安庆市	百货店	2.10	2.20	1.05
82	无为县新百商厦	巢湖市	百货店	0.60	0.62	1.03
83	马鞍山华联商厦有限责任公司	马鞍山市	百货店	0.74	0.69	0.93
84	阜阳国贸商城	阜阳市	百货店	2.40	2.20	0.92
85	阜阳市百太商贸大厦	阜阳市	百货店	1.10	1.00	0.91
86	安徽金商都商贸有限公司	六安市	百货店	2.10	1.90	0.90
87	淮北新世界百货大楼有限责任公司	淮北市	百货店	0.50	0.45	0.90

续表 6-37

序号	名 称	所属城市	业 态	营业面积（万平方米）	营业额（亿元）	地均营业额（万元/平方米）
88	安徽商之都宣城商厦	宣城市	百货店	1.90	1.68	0.89
89	阜阳界首市华信购物广场	阜阳市	百货店	1.00	0.87	0.87
90	马鞍山安徽鸿泰交家电（集团）有限公司	马鞍山市	百货店	1.50	1.30	0.87
91	六安市二星百货有限公司	六安市	百货店	0.70	0.59	0.84
92	芜湖侨鸿国际购物中心	芜湖市	百货店	3.40	2.80	0.82
93	无为商之都	巢湖市	百货店	0.50	0.40	0.80
94	淮南市百货大楼	淮南市	百货店	0.50	0.40	0.80
95	马鞍山新亚实业有限责任公司	马鞍山市	百货店	1.00	0.78	0.78
96	宿州市砀山好又多商贸有限公司	宿州市	百货店	1.30	1.00	0.77
97	安庆金华联百货	安庆市	百货店	2.00	1.50	0.75
98	马鞍山八佰伴商贸有限公司	马鞍山市	百货店	3.60	2.50	0.69
99	阜阳市太和县朴人商厦	阜阳市	百货店	1.30	0.80	0.62
100	袁庄商场	淮南市	百货店	0.99	0.60	0.61
101	宣城新百百货	宣城市	百货店	1.50	0.90	0.60
102	六安市白云商厦有限责任公司	六安市	百货店	2.40	1.43	0.59
103	百大淮南商厦	淮南市	百货店	2.60	1.52	0.58
104	华联商厦西城购物中心	淮南市	百货店	1.10	0.63	0.57
105	商之都淮南商厦	淮南市	百货店	2.20	1.20	0.55
106	新元商贸有限责任公司	六安市	百货店	1.50	0.80	0.53
107	百大金商都购物中心广场	六安市	百货店	3.20	1.69	0.53
108	安徽商之都东城商厦有限公司	合肥市	百货店	1.34	0.68	0.51
109	阜阳市临泉县金谷百盛购物广场	阜阳市	百货店	1.00	0.50	0.50
110	阜阳商厦新天源商城（涡阳县）	亳州市	百货店	0.52	0.26	0.50
111	安徽天华商贸有限公司	六安市	百货店	0.60	0.28	0.47
112	阜阳百货大楼	阜阳市	百货店	2.40	1.10	0.46
113	世纪阳光商厦	淮南市	百货店	1.15	0.50	0.43
114	六安西都百货经营管理有限公司	六安市	百货店	4.20	1.78	0.42
115	世瑞商厦	淮南市	百货店	1.00	0.40	0.40
116	定远县百大超市有限公司一百货大厦	滁州市	百货店	1.00	0.40	0.40

续表 6-37

序号	名　称	所属城市	业　态	营业面积(万平方米)	营业额(亿元)	地均营业额(万元/平方米)
117	合肥百大集团鼓楼商厦高新店	合肥市	百货店	2.28	0.79	0.35
118	太湖百货大楼	安庆市	百货店	0.50	0.17	0.34
119	安徽商之都霍邱商厦有限公司	六安市	百货店	1.80	0.53	0.30
120	阜阳华联燕莎百货	阜阳市	百货店	3.80	1.10	0.29
121	华联商厦上东精品购物中心	淮南市	百货店	2.30	0.60	0.26
122	安徽省寿县华联百货	六安市	百货店	0.50	0.13	0.25
123	六安金桥商贸城	六安市	百货店	2.00	0.49	0.24
124	淮南新百百货有限责任公司	淮南市	百货店	2.40	0.53	0.22
125	歙县百姓缘购物广场(含苏宁电器)	黄山市	百货店	0.60	0.13	0.22
126	淮南市新天地商贸大厦	淮南市	百货店	2.10	0.40	0.19
127	宿州市西厦百货大楼	宿州市	百货店	0.80	0.15	0.19
128	安徽凯斯茂商业管理有限责任公司新站店	合肥市	百货店	1.23	0.20	0.16
129	六安市金安商城	六安市	百货店	1.30	0.21	0.16
130	霍邱家之都	六安市	百货店	0.60	0.10	0.16
131	马鞍山锦华香港城商贸有限公司	马鞍山市	百货店	5.20	0.80	0.15
132	濉溪县新天地百货商场	淮北市	百货店	0.86	0.08	0.10
133	定远百大超市有限公司—百大商厦	滁州市	百货店	0.50	0.03	0.05
134	合家福百大超市本(蚌埠)中心店	蚌埠市	超市	0.50	4.00	8.00
135	蚌埠市华运超市	蚌埠市	大型超市	0.80	4.00	5.00
136	安徽百大合家福连锁超市股份有限公司沿河路店	合肥市	大型超市	0.66	2.63	3.98
137	宿州市灵璧新百商贸有限公司	宿州市	超市	0.50	1.70	3.40
138	阜阳市阜南县新百购物广场	阜阳市	大型超市	0.90	3.00	3.33
139	锦江麦德龙现购自运有限公司合肥包河商场	合肥市	大型超市	0.65	2.00	3.08
140	滁州天长市天正商务有限公司	滁州市	超市	0.50	1.50	3.00
141	淮南市大润发商业有限公司	淮南市	大型超市	1.15	3.38	2.94
142	合肥悦家商贸有限公司蚌埠家乐福	蚌埠市	大型超市	0.70	1.76	2.52
143	合肥悦家马鞍山湖东店	马鞍山市	大型超市	0.80	2.00	2.50

续表 6-37

序号	名 称	所属城市	业 态	营业面积（万平方米）	营业额（亿元）	地均营业额（万元/平方米）
144	滁州天长市天丰广场	滁州市	大型超市	0.60	1.50	2.50
145	合肥百大合家福连锁超市有限责任公司高新店	合肥市	大型超市	1.47	3.52	2.39
146	苏果超市科技大厦店	淮南市	大型超市	0.70	1.65	2.36
147	安徽百大合家福连锁超市股份有限公司临泉东路店	合肥市	大型超市	1.10	2.56	2.33
148	合肥爱莲超市有限公司（易初莲花）	合肥市	大型超市	0.78	1.81	2.32
149	六安市世纪联华商贸有限公司	六安市	大型超市	0.60	1.33	2.22
150	安庆金华联时代购物广场	安庆市	大型超市	1.00	2.20	2.20
151	合肥悦家商业有限公司家乐福长江店	合肥市	大型超市	2.20	4.77	2.17
152	青岛润泰（马鞍山）股份有限公司	马鞍山市	大型超市	2.00	4.20	2.10
153	合肥悦家有限责任公司（家乐福）恒丰店	合肥市	超市	0.52	1.09	2.09
154	北京华联综合超市股份有限公司安徽第5分公司（胜利路店）	合肥市	大型超市	0.60	1.25	2.08
155	合肥悦家商业有限公司家乐福环球广场店	合肥市	大型超市	1.60	3.30	2.06
156	亳州市盖盛祥超市有限责任公司	亳州市	大型超市	0.90	1.80	2.00
157	亳州市金色华联超市有限责任公司	亳州市	大型超市	0.80	1.60	2.00
158	阜阳华联超市阜南中心店	阜阳市	大型超市	0.65	1.30	1.99
159	家乐福淮南大卖场	淮南市	大型超市	0.80	1.59	1.99
160	合肥大润发超市清溪路店	合肥市	大型超市	1.50	2.94	1.96
161	六安市满天星贸易有限责任公司	六安市	大型超市	0.80	1.52	1.90
162	安庆世纪华联超市	安庆市	大型超市	0.70	1.30	1.86
163	淮北新惠康商贸有限公司	淮北市	大型超市	3.60	6.29	1.75
164	沃尔玛芜湖中山北路分店	芜湖市	大型超市	1.80	3.00	1.67
165	阜阳市颍上县家家乐商贸超市	阜阳市	大型超市	0.60	1.00	1.67
166	苏果超市宿州市社区店	宿州市	大型超市	0.62	1.00	1.61
167	北京华联超市股份有限公司金寨路店	合肥市	大型超市	1.00	1.53	1.53
168	安徽欧尚超市有限公司	芜湖市	大型超市	1.38	2.10	1.52
169	苏果超市宁国有限公司	宣城市	超市	0.55	0.83	1.51

续表 6-37

序号	名 称	所属城市	业 态	营业面积(万平方米)	营业额(亿元)	地均营业额(万元/平方米)
170	合肥百大合家福连锁超市购物广场	合肥市	大型超市	2.80	4.02	1.44
171	特易购商业(安徽)有限公司(乐购超市)	合肥市	大型超市	0.85	1.19	1.41
172	苏果超市(铜陵)有限公司淮河大道购物广场	铜陵市	大型超市	1.20	1.59	1.32
173	北京华联综合超市股份有限公司安徽第4分公司(和平路店)	合肥市	大型超市	1.91	2.33	1.22
174	濉溪真棒超市	淮北市	超市	0.56	0.68	1.21
175	特易购商业有限公司潜山路店	合肥市	大型超市	1.10	1.30	1.18
176	永辉超市股份有限公司合肥站西路店	合肥市	大型超市	1.20	1.40	1.17
177	祁门县华媛超市有限公司	黄山市	超市	0.56	0.63	1.12
178	阜阳商厦中新超市颍东大卖场	阜阳市	超市	0.51	0.57	1.11
179	芜湖世纪联华发展有限公司中山路店	芜湖市	大型超市	2.97	3.25	1.09
180	望江金华联大厦	安庆市	超市	0.55	0.60	1.09
181	巢湖世纪联华超市	巢湖市	大型超市	1.20	1.26	1.05
182	上海家得利超市有限公司黄山分公司	黄山市	大型超市	0.77	0.80	1.04
183	无为县苏果超市	巢湖市	大型超市	0.80	0.81	1.02
184	苏果超市龙湖路店	淮南市	大型超市	1.30	1.30	1.00
185	阜阳华联莲池路分店	阜阳市	超市	0.55	0.55	1.00
186	芜湖南陵世纪乐购超市	芜湖市	超市	0.50	0.50	1.00
187	合肥百大合家福连锁超市有限责任公司颍上路购物中心	合肥市	大型超市	0.75	0.75	1.00
188	阜阳市易购商贸大卖场	阜阳市	超市	0.54	0.50	0.93
189	合肥联家商贸发展有限公司肥东店	合肥市	大型超市	0.65	0.60	0.92
190	合肥好又多超市有限公司长江路店	合肥市	大型超市	0.66	0.61	0.92
191	沃尔玛深国投百货有限公司合肥胜利路分店	合肥市	大型超市	1.73	1.54	0.89
192	苏果平价超市(和县)	巢湖市	大型超市	0.75	0.65	0.87
193	繁昌快乐购超市	芜湖市	超市	0.50	0.42	0.84
194	当涂县大愚人超市	马鞍山市	超市	0.50	0.42	0.84

续表 6-37

序号	名　称	所属城市	业　态	营业面积（万平方米）	营业额（亿元）	地均营业额（万元/平方米）
195	繁昌如海超市	芜湖市	大型超市	0.60	0.50	0.83
196	当涂县快乐购超市	马鞍山市	超市	0.55	0.45	0.82
197	沃尔玛超市六安梅山路店	六安市	大型超市	1.40	1.14	0.82
198	苏果超市(淮北)有限公司	淮北市	大型超市	2.00	1.60	0.80
199	华润苏果超市(合肥)购物中心	合肥市	大型超市	1.50	1.20	0.80
200	合肥联家商贸发展有限公司超市	合肥市	大型超市	0.60	0.47	0.79
201	滁州市凤阳县好又多超市有限公司	滁州市	超市	0.58	0.45	0.78
202	繁昌小燕子超市	芜湖市	大型超市	0.80	0.60	0.75
203	阜阳市颍东区御龙湾苏果超市	阜阳市	大型超市	1.50	1.10	0.73
204	农工商超市(集团)有限公司马鞍山店	马鞍山市	大型超市	1.10	0.80	0.73
205	好又多超市肥东店	合肥市	超市	0.55	0.40	0.73
206	阜阳苏果超市太和店	阜阳市	大型超市	1.27	0.92	0.72
207	中瑞超市	淮北市	超市	0.50	0.36	0.72
208	合肥百大合家福连锁超市安医店	合肥市	大型超市	0.70	0.50	0.71
209	巢湖安德利超市城北店	巢湖市	超市	0.57	0.40	0.70
210	台客隆连锁超市旌德店	宣城市	超市	0.50	0.35	0.70
211	霍山好又多超市	六安市	大型超市	0.98	0.68	0.69
212	双堆集新天地超市	淮北市	超市	0.51	0.35	0.68
213	铜陵世纪联华超市有限公司	铜陵市	大型超市	1.65	1.12	0.68
214	苏果超市泾县有限公司	宣城市	大型超市	0.82	0.55	0.67
215	阜阳市临泉县金谷物美购物超市	阜阳市	大型超市	0.60	0.40	0.67
216	滁州市全椒县忠良超市	滁州市	大型超市	0.60	0.40	0.67
217	苏果超市芜湖城南泰鑫店	芜湖市	大型超市	1.80	1.20	0.67
218	无为县新百商厦	巢湖市	超市	0.50	0.32	0.65
219	台客隆连锁超市府山广场店	宣城市	大型超市	2.00	1.26	0.63
220	铜陵百大合家福连锁超市	铜陵市	大型超市	1.25	0.78	0.62
221	淮北市宏源特卖场	淮北市	大型超市	0.68	0.40	0.59
222	永辉超市股份有限公司滨湖店	合肥市	大型超市	1.29	0.72	0.56
223	世纪联华杏花店	合肥市	大型超市	1.21	0.67	0.55

续表 6－37

序号	名　称	所属城市	业　态	营业面积（万平方米）	营业额（亿元）	地均营业额（万元/平方米）
224	台客隆连锁超市绩溪店	宣城市	超市	0.51	0.28	0.55
225	苏果超市凤台店	淮南市	大型超市	1.20	0.65	0.54
226	宿州市砀山县东方购物广场	宿州市	大型超市	0.65	0.35	0.54
227	苏果超市(五河)有限公司	蚌埠市	大型超市	1.00	0.54	0.54
228	台客隆连锁超市广德店	宣城市	超市	0.55	0.27	0.49
229	阜阳万家福超市	阜阳市	大型超市	1.20	0.58	0.48
230	安徽省台客隆超市繁昌店	芜湖市	大型超市	0.60	0.29	0.48
231	台客隆连锁超市宁国店	宣城市	超市	0.53	0.25	0.48
232	阜阳苏果超市	阜阳市	大型超市	1.50	0.70	0.47
233	安徽欧尚超市有限公司芜湖花津店	芜湖市	大型超市	3.30	1.50	0.45
234	苏果超市长江商贸城店	淮南市	大型超市	1.80	0.80	0.44
235	苏果超市宿州市汴河西路社区店	宿州市	大型超市	0.90	0.40	0.44
236	蚌埠市世纪联华超市	蚌埠市	大型超市	0.70	0.30	0.43
237	滁州苏果超市定远有限公司	滁州市	大型超市	1.66	0.71	0.43
238	滁州市苏果超市(全椒)分公司	滁州市	大型超市	2.00	0.85	0.43
239	芜湖世纪联华发展有限公司兴芜路店	芜湖市	大型超市	1.20	0.51	0.43
240	苏果超市宿州市购物广场	宿州市	大型超市	1.80	0.73	0.41
241	南陵世纪华联超市	芜湖市	大型超市	0.75	0.30	0.40
242	宿松都六福超市	安庆市	超市	0.50	0.20	0.40
243	亳州市盖盛祥万福店	亳州市	超市	0.51	0.20	0.39
244	宿松县毛家时代超市	安庆市	大型超市	0.65	0.25	0.38
245	合肥好又多超市有限公司望江路店	合肥市	大型超市	1.80	0.69	0.38
246	宿州市萧县万德福超市	宿州市	大型超市	0.80	0.30	0.38
247	特易购商业安徽有限公司蚌埠涂三分店(乐购超市)	蚌埠市	大型超市	1.70	0.63	0.37
248	大润发超市阜阳店	阜阳市	大型超市	6.00	2.10	0.35
249	台客隆黄山一店	黄山市	大型超市	1.20	0.40	0.33
250	永辉超市股份有限公司乐活店	合肥市	大型超市	0.65	0.21	0.32
251	沃尔玛(安徽)巢湖健康东路分店	巢湖市	大型超市	1.20	0.35	0.30

续表 6－37

序号	名　称	所属城市	业　态	营业面积（万平方米）	营业额（亿元）	地均营业额（万元/平方米）
252	宿州市泗县万德福超市	宿州市	大型超市	0.70	0.20	0.28
253	上海家得利有限公司铜陵分公司	铜陵市	大型超市	0.90	0.25	0.28
254	金寨好又多超市	六安市	大型超市	0.80	0.22	0.28
255	芜湖县苏果超市	芜湖市	大型超市	1.50	0.40	0.27
256	定远县台客隆连锁超市有限责任公司	滁州市	大型超市	0.75	0.20	0.27
257	绩溪阳光实业有限公司	宣城市	超市	0.52	0.13	0.25
258	蚌埠市固镇县金润万家超市	蚌埠市	大型超市	1.00	0.24	0.24
259	郎溪县东泉商场	宣城市	超市	0.53	0.11	0.22
260	当涂县华润苏果超市	马鞍山市	大型超市	4.00	0.80	0.20
261	繁昌县易得利商贸有限责任公司	芜湖市	大型超市	0.70	0.14	0.20
262	霍邱好又多超市	六安市	大型超市	0.85	0.16	0.19
263	滁州定远华联连锁超市张桥世好经营	滁州市	超市	0.50	0.09	0.18
264	乐天玛特六安店	六安市	大型超市	2.20	0.32	0.15
265	蚌埠市固镇县天天乐超市	蚌埠市	大型超市	0.60	0.03	0.06
266	江苏时代超市有限公司乐天玛特巢湖店	巢湖市	大型超市	1.61	0.08	0.05
267	联华超市马鞍山店	马鞍山市	大型超市	2.20	0.05	0.02
268	蚌埠市伍佰超市有限公司	蚌埠市	大型超市	0.60	0.00	0.01
269	滁州百老汇数码电脑广场	滁州市	专业店/专卖店	0.70	12.50	17.86
270	阜阳星光珠宝城	阜阳市	专业店/专卖店	0.80	5.00	6.25
271	五星电器宿州路店	合肥市	专业店/专卖店	0.50	2.26	4.51
272	阜阳商厦电动车大卖场	阜阳市	专业店/专卖店	0.50	1.80	3.60
273	滁州苏宁电器有限公司	滁州市	专业店/专卖店	0.53	1.80	3.40
274	芜湖苏宁电器有限公司	芜湖市	专业店/专卖店	0.69	2.26	3.28
275	安徽五星电器有限公司芜湖大卖场	芜湖市	专业店/专卖店	0.50	1.60	3.20
276	芜湖光大家具城	芜湖市	专业店/专卖店	0.50	1.60	3.20

续表 6-37

序号	名　称	所属城市	业　态	营业面积（万平方米）	营业额（亿元）	地均营业额（万元/平方米）
277	宏源电器（惠黎、阳光和久兴店）	淮北市	专业店/专卖店	0.50	1.50	3.00
278	五星电器（步行街店和华松店）	淮北市	专业店/专卖店	0.60	1.70	2.83
279	滁州市五星电器有限公司	滁州市	专业店/专卖店	0.56	1.50	2.68
280	苏宁电器阜阳店	阜阳市	专业店/专卖店	1.20	3.00	2.50
281	马鞍山苏宁电器解放路店	马鞍山市	专业店/专卖店	0.53	1.30	2.45
282	芜湖市国美电器有限公司	芜湖市	专业店/专卖店	0.50	1.10	2.20
283	苏宁电器（蚌埠店）	蚌埠市	专业店/专卖店	0.50	1.10	2.20
284	芜湖恒林家具城	芜湖市	专业店/专卖店	0.50	1.00	2.00
285	红达电器旗舰店	六安市	专业店/专卖店	0.50	0.96	1.91
286	阜阳商厦港利家电广场	阜阳市	专业店/专卖店	1.20	2.00	1.67
287	阜阳数码电脑广场	阜阳市	专业店/专卖店	0.80	1.20	1.50
288	安庆供销大厦	安庆市	专业店/专卖店	1.10	1.50	1.36
289	奇瑞汽车芜湖特许销售店	芜湖市	专业店/专卖店	0.80	1.00	1.25
290	一汽解放芜湖特许销售店	芜湖市	专业店/专卖店	0.80	1.00	1.25
291	滁州市北大荒商都有限公司	滁州市	专业店/专卖店	0.50	0.60	1.20
292	芜湖亚夏汽车城一期	芜湖市	专业店/专卖店	13.00	15.00	1.15
293	翔通别克汽车4S店	铜陵市	专业店/专卖店	1.00	1.07	1.07
294	淮南市四海汇银家电有限公司	淮南市	专业店/专卖店	1.20	1.00	0.83
295	国美电器（蚌埠店）	蚌埠市	专业店/专卖店	0.50	0.40	0.80
296	安徽五星电器有限公司六安大卖场	六安市	专业店/专卖店	0.92	0.48	0.52

续表 6-37

序号	名　称	所属城市	业　态	营业面积（万平方米）	营业额（亿元）	地均营业额（万元/平方米）
297	安庆赛格数码城一期	安庆市	专业店/专卖店	0.70	0.30	0.43
298	信地置业（合肥）有限公司红星美凯龙	合肥市	专业店/专卖店	9.53	4.00	0.42
299	滁州市定远县天地数码城	滁州市	专业店/专卖店	0.50	0.20	0.40
300	国森电器（一店和二店）	淮北市	专业店/专卖店	0.70	0.15	0.21
301	东方家园家居建材商业有限公司合肥明珠分公司	合肥市	专业店/专卖店	0.92	0.19	0.21
302	蚌埠市汽车城	蚌埠市	专业店/专卖店	1.50	0.09	0.06
303	滁州市百脑汇数码广场	滁州市	专业店/专卖店	0.50	0.02	0.05
304	阜阳市界首南方家具城	阜阳市	家居建材商店	0.60	2.00	3.33
305	滁州天长市天润城	滁州市	家居建材商店	0.80	2.50	3.13
306	淮北盛世商贸城	淮北市	家居建材商店	1.60	3.50	2.19
307	濉溪县前进家具	淮北市	家居建材商店	0.65	0.90	1.38
308	宁国市家居建材商行	宣城市	家居建材商店	0.50	0.43	0.86
309	砀山县盛世嘉园家居有限公司	宿州市	家居建材商店	0.60	0.50	0.83
310	马鞍山好百年家具中央花园店	马鞍山市	家居建材商店	1.20	0.90	0.75
311	铜陵市红星家具小商品有限责任公司	铜陵市	家居建材商店	1.80	1.20	0.67
312	金太阳家具城	合肥市	家居建材商店	3.00	1.80	0.60
313	定远县恒远蓝天家居装饰有限公司	滁州市	家居建材商店	0.58	0.30	0.52
314	安徽中州家具世界	合肥市	家居建材商店	3.00	1.50	0.50
315	淮南泽丰家具城	淮南市	家居建材商店	2.00	1.00	0.50
316	庐江县物宝家具市场	巢湖市	家居建材商店	0.70	0.30	0.43

续表 6－37

序号	名　称	所属城市	业　态	营业面积（万平方米）	营业额（亿元）	地均营业额（万元/平方米）
317	黄山市金太阳置业投资有限公司	黄山市	家居建材商店	3.74	1.50	0.40
318	芜湖百年居家具灯具世界	芜湖市	家居建材商店	2.00	0.80	0.40
319	亳州市三联家私	亳州市	家居建材商店	1.50	0.60	0.40
320	安庆大观家具城	安庆市	家居建材商店	1.20	0.45	0.38
321	滁州市华美家居城	滁州市	家居建材商店	0.55	0.20	0.36
322	桐城兴尔旺建材超市	安庆市	家居建材商店	0.70	0.25	0.36
323	阜阳市临泉美丽园家居广场	阜阳市	家居建材商店	1.00	0.30	0.30
324	尚都家具城	宿州市	家居建材商店	0.70	0.20	0.29
325	淮北兆基实业有限公司	淮北市	家居建材商店	5.70	1.35	0.24
326	北京居然之家建材市场有限公司合肥滨湖店	合肥市	家居建材商店	5.00	1.10	0.22
327	阜阳市太和瑶海美居家具城	阜阳市	家居建材商店	0.50	0.10	0.20
328	皖南家居城	芜湖市	家居建材商店	3.00	0.51	0.17
329	淮北市皖北大厦	淮北市	家居建材商店	0.51	0.07	0.13
330	铜陵市铜陵商城——华东家具城	铜陵市	家居建材商店	0.55	0.07	0.13
331	红星美凯龙(蚌埠市淮上区)	蚌埠市	家居建材商店	7.00	0.80	0.11
332	滁州来安县金太阳装饰城	滁州市	家居建材商店	55.00	5.01	0.09
333	家福特装饰有限责任公司	合肥市	家居建材商店	1.20	0.10	0.08
334	马鞍山市雨山区华东家私商城	马鞍山市	家居建材商店	1.00	0.08	0.08
335	马鞍山好百年家具江东大道店	马鞍山市	家居建材商店	3.00	0.20	0.07
336	福海国际家具博览中心	芜湖市	家居建材商店	4.53	0.15	0.03
337	泾县东方家居	宣城市	家居建材商店	0.50	0.01	0.02

注:表中数据来源于全省大中型商业网点调查,抽样网点均为已营业网点。

表 6－38 安徽省规模以上商品交易市场分类汇总表

业 态	数量(个)	营业面积(万平方米)	2010 年营业额(亿元)
小商品市场	82	491.85	412.71
农产品交易市场	162	521.78	640.10
建材批发市场	60	528.15	503.94
汽摩汽配及其他市场	37	558.15	316.65
合计	341	2099.93	1873.40

注:表中数据来源于全省各地级市大中型商业网点调查,其中部分网点营业额数据不全,因此所填值较实际值偏小。

表 6－39 安徽省规模以上商品交易市场分规模数量汇总表

业 态	数量(个)	营业面积(万平方米)	2010 年营业额(亿元)
10 万平方米以上	47	1301.62	654.92
5 万—10 万平方米	51	360.61	401.56
1 万—5 万平方米	161	380.87	696.42
5000—1 万平方米	82	56.83	120.50

注:表中数据来源于全省各地级市大中型商业网点调查,其中部分网点营业额数据不全,因此所填值较实际值偏小。

表 6－40 安徽省规模以上商品交易市场分类占比汇总表

序 号	业 态	数量占比	营业面积占比	营业额占比	地均营业额(万元/平方米)
1	小商品市场	24.05%	23.42%	22.03%	0.84
2	农产品交易市场	47.51%	24.85%	34.17%	1.23
3	建材批发市场	17.60%	25.15%	26.90%	0.95
4	汽摩汽配及其他市场	10.85%	26.58%	16.90%	0.57
合计		100.00%	100.00%	100.00%	0.89

注:表中数据根据表 6－38 数据计算得出:地均营业额＝营业额/营业面积。

表 6－41 安徽省商品交易市场抽样地均营业额情况

序号	名 称	所属城市	业 态	营业面积(万平方米)	营业额(亿元)	地均营业额(万元/平方米)
1	阜阳阜南县富陂商城小商品批发中心	阜阳市	小商品市场	0.80	6.00	7.50
2	蚌埠市二马路小商品批发市场	蚌埠市	小商品市场	6.70	30.00	4.48
3	宣州农贸市场	宣城市	小商品市场	0.80	3.00	3.75
4	吉和大市场	芜湖市	小商品市场	4.60	17.00	3.70

续表 6-41

序号	名 称	所属城市	业 态	营业面积（万平方米）	营业额（亿元）	地均营业额（万元/平方米）
5	安徽大市场	合肥市	小商品市场	25.00	89.00	3.56
6	淮北市三堤口工业品批发市场	淮北市	小商品市场	0.66	2.16	3.27
7	合肥城隍庙市场	合肥市	小商品市场	10.00	30.00	3.00
8	滁州天长市天发广场小商品市场	滁州市	小商品市场	0.70	2.00	2.86
9	青阳县蓉东市场	池州市	小商品市场	0.70	1.85	2.64
10	蚌埠市太平街综合批发市场	蚌埠市	小商品市场	4.00	10.00	2.50
11	芜湖纺织城	芜湖市	小商品市场	1.30	3.00	2.31
12	宣城义乌小商品市场	宣城市	小商品市场	0.50	1.10	2.20
13	阜阳市阜南县现代商贸城	阜阳市	小商品市场	1.00	2.00	2.00
14	阜阳温州服饰一条街	阜阳市	小商品市场	1.25	2.30	1.84
15	黄山工商城小商品市场	黄山市	小商品市场	1.60	2.90	1.81
16	东城市场(服装)	淮南市	小商品市场	2.00	3.00	1.50
17	安徽白马服装城(三期合计)	合肥市	小商品市场	18.20	25.00	1.37
18	六安义乌小商品批发市场	六安市	小商品市场	4.80	6.45	1.34
19	蚌埠市南山古玩玉器城	蚌埠市	小商品市场	1.50	2.00	1.33
20	固镇县刘集镇朝阳农贸批发市场	蚌埠市	小商品市场	2.30	3.00	1.30
21	怀宁大王庙市场	安庆市	小商品市场	5.50	6.70	1.22
22	宿州市华美家具城	宿州市	小商品市场	0.80	0.90	1.13
23	谯城区工业品批发市场	亳州市	小商品市场	2.00	2.20	1.10
24	阜阳界首市贵源商贸城太平街市场	阜阳市	小商品市场	1.00	1.10	1.10
25	滁州市南谯小商品市场	滁州市	小商品市场	0.93	1.02	1.10
26	宿州市光彩城农资批发大市场	宿州市	小商品市场	6.50	6.80	1.05
27	芜湖长街小商品批发市场	芜湖市	小商品市场	10.00	10.00	1.00
28	蚌埠光彩大市场(一、二期)	蚌埠市	小商品市场	105.5	100.00	0.95
29	淮北市久兴批发购物中心限公司	淮北市	小商品市场	8.20	7.00	0.85
30	巢湖市天湖商城	巢湖市	小商品市场	1.50	1.15	0.77
31	巨龙大市场	芜湖市	小商品市场	4.00	3.00	0.75
32	金湾名街	淮南市	小商品市场	3.00	2.00	0.67

续表 6 - 41

序号	名　称	所属城市	业　态	营业面积（万平方米）	营业额（亿元）	地均营业额（万元/平方米）
33	阜阳中南商贸城	阜阳市	小商品市场	0.62	0.40	0.65
34	宿州市温州小商品批发市场	宿州市	小商品市场	0.86	0.50	0.58
35	安徽中绿广场(二期合计)	合肥市	小商品市场	8.60	4.50	0.52
36	商贸文化广场	淮南市	小商品市场	8.20	4.00	0.49
37	太极商城小商品市场	宣城市	小商品市场	3.40	1.50	0.44
38	安庆枞阳门市场	安庆市	小商品市场	3.00	1.30	0.43
39	怀宁石牌京源商贸城	安庆市	小商品市场	0.70	0.30	0.43
40	滁州市金光大道小商品市场	滁州市	小商品市场	2.70	1.10	0.41
41	怀宁皖西南小商品批发市场	安庆市	小商品市场	4.00	1.30	0.33
42	六安大市场二期	六安市	小商品市场	2.40	0.78	0.32
43	阜阳市家纺一条街	阜阳市	小商品市场	3.00	0.90	0.30
44	温州商贸城	芜湖市	小商品市场	2.00	0.58	0.29
45	铜陵市铜陵商城——乐都	铜陵市	小商品市场	0.95	0.20	0.21
46	阜阳市太和县宜和商城	阜阳市	小商品市场	3.00	0.63	0.21
47	红旗商贸文化广场	淮南市	小商品市场	7.30	1.50	0.21
48	滁州市定远县金鑫小商品批发市场	滁州市	小商品市场	0.80	0.15	0.19
49	金凤凰财富广场	六安市	小商品市场	5.80	0.82	0.14
50	六安大市场一期	六安市	小商品市场	2.10	0.29	0.14
51	路桥日用品市场(蚌埠店)	蚌埠市	小商品市场	9.00	1.20	0.13
52	阜阳市临泉县统一广场	阜阳市	小商品市场	2.80	0.36	0.13
53	宇航国际商贸城一期	芜湖市	小商品市场	14.00	1.50	0.11
54	六安市华好综合大市场	六安市	小商品市场	2.00	0.21	0.11
55	合肥长江批发市场	合肥市	小商品市场	20.00	2.00	0.10
56	枞阳横埠雄姿市场	安庆市	小商品市场	1.20	0.07	0.06
57	芜湖县延安路小商品街	芜湖市	小商品市场	1.30	0.06	0.05
58	芜湖县四海商城	芜湖市	小商品市场	1.10	0.04	0.04
59	周谷堆农产品批发市场	合肥市	农产品交易市场	18.00	132.00	7.33
60	马鞍山安民农产品交易市场	马鞍山市	农产品交易市场	11.90	24.00	2.02

续表 6－41

序号	名 称	所属城市	业 态	营业面积（万平方米）	营业额（亿元）	地均营业额（万元/平方米）
61	蚌埠华运蔬菜批发市场	蚌埠市	农产品交易市场	9.30	22.00	2.37
62	阜阳农产品中心批发市场	阜阳市	农产品交易市场	6.00	18.00	3.00
63	阜阳市临泉县皖浙农贸综合大市场	阜阳市	农产品交易市场	10.00	18.00	1.80
64	峨桥茶市	芜湖市	农产品交易市场	15.10	16.50	1.09
65	巢湖市亚父农副产品批发市场	巢湖市	农产品交易市场	8.68	15.93	1.84
66	谯城蔬菜批发市场	亳州市	农产品交易市场	8.00	15.20	1.90
67	合肥洪福家禽批发市场	合肥市	农产品交易市场	5.00	14.00	2.80
68	鑫海农产品批发市场(农产品)	淮南市	农产品交易市场	2.00	13.00	6.50
69	中瑞农产品批发市场	淮北市	农产品交易市场	2.50	12.40	4.96
70	宿州市皖北蔬菜批发市场	宿州市	农产品交易市场	2.00	12.00	6.00
71	皖江蔬菜批发市场(和县)	巢湖市	农产品交易市场	13.30	12.00	0.90
72	安庆龙狮桥蔬菜批发市场	安庆市	农产品交易市场	0.85	10.00	11.76
73	夏集大米批发市场(农产品)	淮南市	农产品交易市场	2.20	10.00	4.55
74	蚌埠市五河县沫河口镇农贸市场	蚌埠市	农产品交易市场	2.50	10.00	4.00
75	蚌埠城南农副产品批发交易市场	蚌埠市	农产品交易市场	3.50	10.00	2.86
76	合肥徽商城农产品批发市场	合肥市	农产品交易市场	12.40	10.00	0.81
77	长江市场园蔬菜批发市场	芜湖市	农产品交易市场	18.52	10.00	0.54
78	人民路蔬菜批发市场(农产品)	淮南市	农产品交易市场	1.50	8.00	5.33
79	宣州市场服务中心	宣城市	农产品交易市场	0.70	7.50	10.71
80	宿州市埇桥区大店粮油批发市场	宿州市	农产品交易市场	2.50	7.00	2.80

续表 6－41

序号	名　称	所属城市	业　态	营业面积（万平方米）	营业额（亿元）	地均营业额（万元/平方米）
81	安徽中国中部花木城	合肥市	农产品交易市场	5.80	6.80	1.17
82	六安南门农贸市场	六安市	农产品交易市场	2.20	6.53	2.97
83	大别山绿色商城	六安市	农产品交易市场	18.00	6.18	0.34
84	铜陵绿源农产品大市场	铜陵市	农产品交易市场	12.50	6.00	0.48
85	庐江县金鹏农副产品批发市场	巢湖市	农产品交易市场	0.80	5.50	6.88
86	阜阳市颍上县西三十铺仁和三粉专业市场	阜阳市	农产品交易市场	0.50	5.40	10.80
87	滁州市天乐农贸市场	滁州市	农产品交易市场	0.70	5.30	7.57
88	怀宁石牌农贸批发市场	安庆市	农产品交易市场	2.00	5.30	2.65
89	蚌埠市五河县东刘集镇农贸市场	蚌埠市	农产品交易市场	1.00	5.00	5.00
90	蚌埠市五河县双庙镇皖北杂粮市场	蚌埠市	农产品交易市场	2.00	5.00	2.50
91	蚌埠市大明沟水果批发市场	蚌埠市	农产品交易市场	1.30	4.50	3.46
92	宿州市砀山农产品中心惠丰批发市场	宿州市	农产品交易市场	5.50	4.50	0.82
93	滁州市琅琊区惠民农产品批发市场	滁州市	农产品交易市场	0.52	4.01	7.71
94	滁州市定远县市场服务中心曲阳市场	滁州市	农产品交易市场	0.89	3.95	4.44
95	宿州市泗县大路口农贸市场	宿州市	农产品交易市场	0.75	3.50	4.67
96	涡阳西城农贸市场	亳州市	农产品交易市场	1.30	3.50	2.69
97	蚌埠市固镇县津浍市场	蚌埠市	农产品交易市场	1.20	3.30	2.75
98	三山农产品批发市场	芜湖市	农产品交易市场	3.60	3.20	0.89
99	滁州市琅琊区丰乐农副产品综合市场	滁州市	农产品交易市场	0.91	3.00	3.30
100	蚌埠市固镇县津浍农贸城	蚌埠市	农产品交易市场	1.50	3.00	2.00

续表 6-41

序号	名称	所属城市	业态	营业面积（万平方米）	营业额（亿元）	地均营业额（万元/平方米）
101	蚌埠市固镇县果蔬批发市场	蚌埠市	农产品交易市场	1.90	3.00	1.58
102	蚌埠市固镇县石湖西瓜大市场	蚌埠市	农产品交易市场	2.00	3.00	1.50
103	当涂县塘南水产品交易大市场	马鞍山市	农产品交易市场	3.00	3.00	1.00
104	黄山大华国际农贸城	黄山市	农产品交易市场	6.50	3.00	0.46
105	繁昌县鑫盛市场	芜湖市	农产品交易市场	1.10	2.80	2.55
106	庐江县小乔水果、木材批发市场	巢湖市	农产品交易市场	2.50	2.70	1.08
107	安徽舒城蔬菜批发市场	六安市	农产品交易市场	3.50	2.68	0.77
108	黄山太平茶叶大市场	黄山市	农产品交易市场	0.60	2.60	4.33
109	城南畜禽交易屠宰市场	芜湖市	农产品交易市场	1.07	2.50	2.34
110	黄山工商城农产品市场	黄山市	农产品交易市场	0.85	2.46	2.89
111	滁州市明光综合市场	滁州市	农产品交易市场	0.76	2.40	3.16
112	含山县农产品综合市场	巢湖市	农产品交易市场	0.75	2.20	2.93
113	东方农副产品批发市场	巢湖市	农产品交易市场	0.70	2.05	2.92
114	刘渡木材市场	巢湖市	农产品交易市场	12.50	2.01	0.16
115	铜陵市蔬菜批发交易市场	铜陵市	农产品交易市场	2.20	2.00	0.91
116	蚌埠市五河县新集镇农贸市场	蚌埠市	农产品交易市场	0.50	2.00	4.00
117	安庆工农街消费品综合市场	安庆市	农产品交易市场	0.60	2.00	3.33
118	宣州水阳水产品交易市场	宣城市	农产品交易市场	0.80	2.00	2.50
119	宣州溪口茶叶及香菇市场	宣城市	农产品交易市场	0.90	2.00	2.22
120	蚌埠市五河县界沟淮江农贸市场	蚌埠市	农产品交易市场	1.00	2.00	2.00

续表 6-41

序号	名 称	所属城市	业 态	营业面积（万平方米）	营业额（亿元）	地均营业额（万元/平方米）
121	铜陵市人民菜市场	铜陵市	农产品交易市场	1.00	2.00	2.00
122	蚌埠市五河县头铺镇农贸市场	蚌埠市	农产品交易市场	1.50	2.00	1.33
123	旌德万和市场	宣城市	农产品交易市场	1.50	2.00	1.33
124	安徽省舒城县三旭塘农副产品综合市场	六安市	农产品交易市场	5.20	1.72	0.33
125	寿县板桥草席市场	六安市	农产品交易市场	3.50	1.52	0.43
126	石台县农产品批发交易市场	池州市	农产品交易市场	0.63	1.50	2.38
127	巢湖市凤凰山农副产品综合市场	巢湖市	农产品交易市场	0.64	1.50	2.36
128	易太白肉批发市场	芜湖市	农产品交易市场	0.80	1.50	1.88
129	蚌埠市五河县金海农贸有限公司	蚌埠市	农产品交易市场	1.40	1.50	1.07
130	蚌埠市五河县金贸土产有限公司	蚌埠市	农产品交易市场	1.50	1.50	1.00
131	宿州市埇桥区沱河农贸市场	宿州市	农产品交易市场	1.50	1.50	1.00
132	潜山皖西南农贸大市场	安庆市	农产品交易市场	8.00	1.50	0.19
133	金寨朱堂茶叶市场	六安市	农产品交易市场	2.30	1.40	0.61
134	舒城县房地产管理局春秋农贸市场管理中心	六安市	农产品交易市场	5.47	1.40	0.26
135	宁国市中心蔬菜综合市场	宣城市	农产品交易市场	3.10	1.37	0.44
136	金寨船冲板栗市场	六安市	农产品交易市场	30.00	1.37	0.05
137	广德县中心农贸市场	宣城市	农产品交易市场	0.67	1.30	1.94
138	安庆康熙河农副产品市场	安庆市	农产品交易市场	1.00	1.30	1.30
139	张店镇洪山综合大市场	六安市	农产品交易市场	3.00	1.28	0.43
140	襄安长绒蟹交易市场	巢湖市	农产品交易市场	7.00	1.26	0.18

续表 6-41

序号	名　称	所属城市	业　态	营业面积（万平方米）	营业额（亿元）	地均营业额（万元/平方米）
141	滁州市永阳市场	滁州市	农产品交易市场	0.70	1.22	1.74
142	滁州市清流市场	滁州市	农产品交易市场	0.50	1.21	2.41
143	宿州市萧县新龙城农贸市场	宿州市	农产品交易市场	0.80	1.20	1.50
144	黄山区龙井市场	黄山市	农产品交易市场	0.80	1.20	1.50
145	石台秋浦大市场	池州市	农产品交易市场	0.85	1.20	1.41
146	阜阳市太和县三角元农贸大市场	阜阳市	农产品交易市场	3.00	1.20	0.40
147	皖西蔬菜批发市场	六安市	农产品交易市场	3.80	1.13	0.30
148	安庆新贵茶叶大市场	安庆市	农产品交易市场	0.80	1.10	1.38
149	铜陵市五松（瓜果）综合批发市场	铜陵市	农产品交易市场	1.40	1.03	0.73
150	泾县腾达农贸市场	宣城市	农产品交易市场	0.70	1.00	1.43
151	绩溪县华阳徽菜原料贸易有限公司	宣城市	农产品交易市场	1.00	1.00	1.00
152	宁国市中心农贸市场	宣城市	农产品交易市场	0.60	0.93	1.55
153	黄山茶城	黄山市	农产品交易市场	2.12	0.91	0.43
154	滁州市琅琊区交通路菜场	滁州市	农产品交易市场	0.57	0.90	1.58
155	蒙城漆园农贸市场	亳州市	农产品交易市场	1.50	0.85	0.57
156	黄山区芙蓉市场	黄山市	农产品交易市场	0.50	0.80	1.60
157	池州市翠柏路农贸市场	池州市	农产品交易市场	1.30	0.80	0.62
158	滁州市定远县红太阳商贸有限公司	滁州市	农产品交易市场	2.20	0.76	0.35
159	孔集竹业大市场	六安市	农产品交易市场	6.00	0.76	0.13
160	广德万桂山农贸市场	宣城市	农产品交易市场	0.60	0.70	1.17

续表 6－41

序号	名　称	所属城市	业　态	营业面积（万平方米）	营业额（亿元）	地均营业额（万元/平方米）
161	滁州市凤阳县鼓楼农贸市场	滁州市	农产品交易市场	0.70	0.70	1.00
162	青阳县富贵陵阳大市场	池州市	农产品交易市场	2.40	0.70	0.29
163	叶集皖西农贸批发市场	六安市	农产品交易市场	10.00	0.64	0.06
164	池州市毓秀门农贸市场	池州市	农产品交易市场	1.10	0.60	0.55
165	舒城县晓天镇茶叶大市场	六安市	农产品交易市场	2.50	0.58	0.23
166	屯溪农产品批发市场	黄山市	农产品交易市场	3.90	0.50	0.13
167	宣州狸桥镇农产品交易市场	宣城市	农产品交易市场	0.60	0.50	0.83
168	蚌埠市钓鱼台农贸市场	蚌埠市	农产品交易市场	0.70	0.50	0.71
169	宿州市埇桥区支河农贸市场	宿州市	农产品交易市场	2.70	0.50	0.19
170	广德县农林产品交易市场	宣城市	农产品交易市场	1.30	0.45	0.35
171	烈山工人村望阳综合农贸市场	淮北市	农产品交易市场	1.00	0.42	0.42
172	蚌埠市南北米亚农贸市场	蚌埠市	农产品交易市场	0.50	0.40	0.80
173	烈山工人村杨庄综合农贸市场	淮北市	农产品交易市场	0.80	0.36	0.45
174	古饶镇蔡桥集综合农贸市场	淮北市	农产品交易市场	0.80	0.36	0.45
175	滁州市定远县张桥农贸市场	滁州市	农产品交易市场	0.90	0.36	0.40
176	蚌埠市新天地商贸城	蚌埠市	农产品交易市场	0.50	0.30	0.60
177	滁州市食品大厦	滁州市	农产品交易市场	0.51	0.30	0.59
178	滁州市定远县西卅店综合大市场	滁州市	农产品交易市场	2.20	0.30	0.14
179	巢湖市鼎元农副产品综合批发交易管理有限公司	巢湖市	农产品交易市场	4.00	0.30	0.08
180	宋疃镇马场综合农贸市场	淮北市	农产品交易市场	0.50	0.24	0.48

续表 6－41

序号	名　称	所属城市	业　态	营业面积（万平方米）	营业额（亿元）	地均营业额（万元/平方米）
181	青龙山综合农贸市场	淮北市	农产品交易市场	0.50	0.22	0.44
182	宿州市符离综合农贸市场	宿州市	农产品交易市场	0.65	0.22	0.34
183	滁州天长市芡实大市场	滁州市	农产品交易市场	0.50	0.20	0.40
184	岳西山货大市场	安庆市	农产品交易市场	1.70	0.20	0.12
185	五显竹业大市场	六安市	农产品交易市场	5.30	0.20	0.04
186	烈山镇蔡里综合农贸市场	淮北市	农产品交易市场	0.50	0.18	0.36
187	铜陵市隆门白肉批发大市场	铜陵市	农产品交易市场	0.66	0.16	0.24
188	蚌埠市张公山金厦农产品批发市场	蚌埠市	农产品交易市场	0.60	0.05	0.09
189	铜陵市郊区大通菜市场	铜陵市	农产品交易市场	0.51	0.03	0.05
190	蚌埠市经济开发区龙湖农贸市场	蚌埠市	农产品交易市场	0.60	0.01	0.01
191	蚌埠经济开发区金奥华府净菜市场	蚌埠市	农产品交易市场	0.50	0.00	0.01
192	徽商钢材市场	合肥市	建材批发市场	4.00	276.00	69.00
193	滁州市长江商贸城建材批发市场	滁州市	建材批发市场	3.00	23.53	7.84
194	安徽国强钢材交易中心	合肥市	建材批发市场	6.00	35.00	5.83
195	宣城市建材批发市场	宣城市	建材批发市场	1.50	8.00	5.33
196	阜阳市阜南县建材大市场	阜阳市	建材批发市场	0.60	3.00	5.00
197	滁州市建材市场	滁州市	建材批发市场	0.52	2.00	3.85
198	红旗美家家居有限公司	合肥市	建材批发市场	3.40	12.00	3.53
199	东方商城	合肥市	建材批发市场	3.50	10.00	2.86
200	广德县建材批发市场	宣城市	建材批发市场	1.50	4.00	2.67

续表 6－41

序号	名 称	所属城市	业 态	营业面积(万平方米)	营业额(亿元)	地均营业额(万元/平方米)
201	安徽金三角建材商城	合肥市	建材批发市场	3.20	6.00	1.88
202	五里庙装饰世界	合肥市	建材批发市场	10.00	18.00	1.80
203	六安市温州装饰建材大市场	六安市	建材批发市场	2.20	3.27	1.49
204	中南建材城	芜湖市	建材批发市场	1.84	2.60	1.41
205	铜陵市中南建材大市场	铜陵市	建材批发市场	3.40	4.50	1.32
206	永安建材大市场(建材)	淮南市	建材批发市场	20.00	25.00	1.25
207	安徽红旗石材市场	合肥市	建材批发市场	1.50	1.40	0.93
208	铜陵大市场	铜陵市	建材批发市场	11.00	10.00	0.91
209	阜阳市瑶海家具装饰建材市场	阜阳市	建材批发市场	3.00	2.70	0.90
210	合肥瑶海蚌埠家具世界	蚌埠市	建材批发市场	1.10	0.80	0.73
211	铜陵县井湖大市场	铜陵市	建材批发市场	2.10	1.50	0.71
212	望湖美家居	合肥市	建材批发市场	6.80	4.00	0.59
213	巢湖大市场	巢湖市	建材批发市场	4.50	2.63	0.58
214	铜陵市茂源大市场	铜陵市	建材批发市场	3.15	1.80	0.57
215	芜湖金鸿新装饰城	芜湖市	建材批发市场	2.00	1.00	0.50
216	六安市顺达大市场有限公司	六安市	建材批发市场	9.00	3.81	0.42
217	池州站前区国际家具城	池州市	建材批发市场	12.00	5.00	0.42
218	芜湖源丰装饰城	芜湖市	建材批发市场	5.00	2.00	0.40
219	安徽红旗建材批发市场	合肥市	建材批发市场	10.00	3.80	0.38
220	池州站前区百汇广场	池州市	建材批发市场	8.00	3.00	0.38

续表 6-41

序号	名　称	所属城市	业　态	营业面积（万平方米）	营业额（亿元）	地均营业额（万元/平方米）
221	光彩城装饰建材批发市场	宿州市	建材批发市场	14.00	5.20	0.37
222	宝文国际装饰广场	合肥市	建材批发市场	5.00	1.70	0.34
223	长江商贸城(建材)	淮南市	建材批发市场	16.00	5.00	0.31
224	阜阳市颍上县蓝星装饰建材大市场	阜阳市	建材批发市场	10.37	2.70	0.26
225	蚌埠通成家具建材大市场	蚌埠市	建材批发市场	14.00	2.80	0.20
226	马鞍山康华吉百盛建材广场	马鞍山市	建材批发市场	3.20	0.60	0.19
227	泗县南尤建材市场	宿州市	建材批发市场	5.00	0.70	0.14
228	六安市建材大市场	六安市	建材批发市场	2.00	0.23	0.12
229	淮潘建材大市场(建材)	淮南市	建材批发市场	9.00	1.00	0.11
230	六安大市场金典家具灯具城	六安市	建材批发市场	2.10	0.18	0.08
231	枞阳横埠建材市场	安庆市	建材批发市场	1.30	0.10	0.08
232	蚌埠市固镇县光彩大市场	蚌埠市	建材批发市场	1.60	0.10	0.06
233	六安振兴集团国际光彩大市场	六安市	建材批发市场	50.00	2.84	0.06
234	枞阳会宫建材大市场	安庆市	建材批发市场	3.70	0.15	0.04
235	安徽亿丰装饰广场	合肥市	建材批发市场	3.00	0.11	0.04
236	马鞍山雨山区三台国际建材商城	马鞍山市	建材批发市场	4.87	0.16	0.03
237	枞阳周潭澄英建材市场	安庆市	建材批发市场	8.00	0.20	0.03
238	繁昌县石材石雕市场	芜湖市	建材批发市场	20.00	0.30	0.02
239	宿州市飞跃旧机动车交易市场	宿州市	汽摩汽配及其他市场	1.50	15.00	10.00
240	安徽国际汽车城	合肥市	汽摩汽配及其他市场	6.00	56.00	9.33

续表 6-41

序号	名　称	所属城市	业　态	营业面积（万平方米）	营业额（亿元）	地均营业额（万元/平方米）
241	宿州市大众旧机动车交易市场	宿州市	汽摩汽配及其他市场	1.20	10.00	8.33
242	淮矿物流大市场（生产资料）	淮南市	汽摩汽配及其他市场	15.00	100.00	6.67
243	中国矿业设备博览城	淮北市	汽摩汽配及其他市场	9.00	50.00	5.56
244	蒙城汽贸市场	亳州市	汽摩汽配及其他市场	6.00	20.00	3.33
245	合肥汽配城	合肥市	汽摩汽配及其他市场	0.91	3.00	3.30
246	淮北汽车城	淮北市	汽摩汽配及其他市场	6.40	15.00	2.34
247	安徽迅捷物流摩配市场	合肥市	汽摩汽配及其他市场	1.50	2.90	1.93
248	芜湖汽配城	芜湖市	汽摩汽配及其他市场	1.80	3.00	1.67
249	安徽省铜陵市铜商品大市场	铜陵市	汽摩汽配及其他市场	2.60	3.50	1.35
250	怀宁吉宽再生资源月山回收中心	安庆市	汽摩汽配及其他市场	6.50	7.80	1.20
251	合肥大地汽摩配有限责任公司汽摩配市场	合肥市	汽摩汽配及其他市场	13.00	14.00	1.08
252	桐城兴尔旺汽摩城	安庆市	汽摩汽配及其他市场	0.50	0.50	1.00
253	安庆英德利国际汽车城	安庆市	汽摩汽配及其他市场	7.50	4.50	0.60
254	安庆青园农机机电大市场	安庆市	汽摩汽配及其他市场	3.00	1.50	0.50
255	宿州市机动车配件市场	宿州市	汽摩汽配及其他市场	1.20	0.60	0.50
256	安庆钢材大市场	安庆市	汽摩汽配及其他市场	8.00	3.00	0.38
257	芜湖县中法机械商贸城	芜湖市	汽摩汽配及其他市场	0.80	0.20	0.25
258	中之建铜陵国内钢材物流交易市场	铜陵市	汽摩汽配及其他市场	1.80	0.30	0.17
259	铜陵市汽贸城汽车交易市场	铜陵市	汽摩汽配及其他市场	2.00	0.33	0.17
260	六安国际汽车城一期	六安市	汽摩汽配及其他市场	9.16	1.38	0.15

续表 6-41

序号	名称	所属城市	业态	营业面积(万平方米)	营业额(亿元)	地均营业额(万元/平方米)
261	迎湖二手车市场(二手车)	淮南市	汽摩汽配及其他市场	2.00	0.20	0.10
262	马鞍山汽车城	马鞍山市	汽摩汽配及其他市场	25.00	1.12	0.04
263	庐江县城西汽车城	巢湖市	汽摩汽配及其他市场	0.50	0.02	0.04
264	芜湖县苏皖大市场	芜湖市	汽摩汽配及其他市场	52.00	0.50	0.01

注:表中数据来源于全省各地级市大中型商业网点调查,抽样市场均为已营业市场。

表 6-42 安徽省各地级市农贸市场汇总表

序号	城市名称	数量(个)	占地面积(亩)	经营面积(平方米)	摊位数量(个)		2010 年交易额(亿元)	2010 年交易量(万吨)
					固定	临时		
1	合肥市	71	863.18	296034.00	9983	3959	27.36	6687.34
2	淮北市	11	42.93	23190.27	2620		4.75	1.45
3	亳州市	13	277.49	139934.00	3936	296	7.19	4222.86
4	宿州市	20	20083.10	267152.00	10336	3230	26.78	3674.88
5	蚌埠市	109	1649.95	664120.00	11501	17163	74.82	156.05
6	阜阳市	78	1021.70	411965.00	14565	3165	41.88	38.02
7	淮南市	29	144.60	95830.60	9703	1890	9.14	5.47
8	滁州市	78	1036.88	434975.00	19919	5573	45.17	205.62
9	六安市	41	452.69	190261.08	7025	1485	37.87	102752.90
10	马鞍山市	39	401.85	105383.12	7838	1759	15.84	150.43
11	芜湖市	56	372.79	193668.00	9626	1630	20.73	39.51
12	宣城市	27	489.10	183823.00	6518	2744	33.77	56.99
13	铜陵市	30	199.10	97141.00	6103	1392	16.29	132.24
14	池州市	12	146.00	42496.30	1094	465	7504.12	697.17
15	安庆市	41	742.10	193710.00	4999	1712	24.23	90000.00
16	黄山市	43	329.61	156898.00	9717	2768	32.35	3404.19
	合计	698	28253.07	3496581.37	135483	49231	7922.28	212225.12

注:表中数据来源于全省各地级市大中型商业网点调查,表中农贸市场包括城区菜市场和乡镇农贸市场。

表 6-43 安徽省城市社区菜市场汇总表

经营性质	数量(个)	数量占比
国有和集体	223	44.78%
民营和自发形成	275	55.22%
合计	498	100.00%

注:表中数据来源于安徽省商务厅。

表 6-44 安徽省规模以上商业街情况汇总表

序号	城市名称	商业街数量(条)
1	合肥市	3
2	芜湖市	14
3	蚌埠市	2
4	淮南市	6
5	马鞍山市	6
6	安庆市	16
7	宿州市	0
8	阜阳市	2
9	亳州市	0
10	黄山市	0
11	滁州市	1
12	淮北市	4
13	铜陵市	3
14	宣城市	3
15	六安市	1
16	巢湖市	5
17	池州市	2
	合　计	68

注:表中数据来源于全省各地级市大中型商业网点调查。

第五节 安徽省城乡居民消费分析

安徽省城乡居民消费分析具体见表 6－45 至表 6－50。

表 6－45 安徽省城乡居民收支变化情况

单位：元

年 份	城镇居民		农村居民	
	人均可支配收入	人均消费性支出	人均纯收入	人均消费性支出
2005 年	8471	6368	2641	2196
2006 年	9771	7295	2969	2421
2007 年	11474	8532	3556	2754
2008 年	12990	9524	4202	3284
2009 年	14086	10234	4504	3655
2010 年	15788	11513	5285	4013

注：表中数据来源于《安徽统计年鉴》(2008—2011)。

表 6－46 安徽省城镇居民消费结构变化情况

单位：元

指 标	2006 年	2007 年	2008 年	2009 年	2010 年
人均消费性支出	7294.73	8531.90	9524.04	10233.98	11512.55
食品支出	3091.28	3384.38	3905.05	4051.40	4369.60
衣着支出	869.55	906.47	1010.61	1080.10	1225.60
居住支出	336.99	465.68	988.12	1219.80	1229.60
家庭设备用品及服务支出	441.42	554.44	579.59	589.73	678.75
医疗保健支出	788.25	891.38	633.93	716.87	737.05
交通和通信支出	869.23	1169.99	920.77	1013.40	1356.60
教育文化娱乐服务支出	694.17	850.24	1160.14	1225.40	1479.80
杂项商品及服务支出	203.83	309.30	325.82	337.36	435.62

注：表中数据来源于《安徽统计年鉴》(2008—2011)。

表 6－47　安徽省农村居民消费结构变化情况

单位:元

指　标	2006 年	2007 年	2008 年	2009 年	2010 年
人均生活消费支出	2420.94	2754.04	3284.11	3655.02	4013.31
食品支出	1045.19	1192.57	1454.18	1494.19	1632.96
衣着支出	138.37	166.31	180.04	203.37	232.20
居住支出	378.65	479.46	650.51	813.12	867.51
家庭设备用品及服务支出	116.80	144.23	165.53	229.66	231.23
医疗保健支出	165.02	177.04	199.44	227.10	264.39
交通和通信支出	237.15	258.29	280.63	302.23	338.99
教育文化娱乐服务支出	290.74	283.17	294.84	312.05	363.92
杂项商品及服务支出	49.02	52.98	58.94	73.30	82.11

注:表中数据来源于《安徽统计年鉴》(2008 — 2011)。

表 6－48　安徽省城镇居民家庭人均生活消费支出情况

单位:元

指　标	2006 年	2007 年	2008 年	2009 年	2010 年
消费性支出	7294.73	8531.90	9524.04	10233.98	11512.55
食品	3091.28	3384.38	3905.05	4051.40	4369.63
粮油类	393.98	449.97	540.51	528.43	542.67
肉禽蛋水产品类	788.30	880.28	1091.49	1030.97	1078.82
蔬菜类	295.57	325.87	402.41	442.50	472.44
调味品	38.40	20.02	28.25	39.45	42.23
糖烟酒饮料类	517.86	574.43	603.15	678.09	724.51
干鲜瓜果类	204.67	207.24	237.01	265.72	286.14
糕点、奶及奶制品	232.26	271.96	325.85	320.89	333.36
其他食品	62.26	61.46	57.45	73.03	104.18
饮食服务	557.98	593.16	618.93	672.33	785.28
衣着	869.55	906.47	1010.61	1080.06	1225.56
服装	626.22	619.75	679.29	734.09	858.36
衣着材料	11.13	17.40	19.36	22.32	10.71
鞋类	201.64	232.68	266.78	278.91	303.44
其他衣着用品	27.04	28.25	35.55	36.03	42.39
衣着加工服务费	3.52	8.40	9.63	8.72	10.65

续表 6-1

指 标	2006年	2007年	2008年	2009年	2010年
居住	694.17	850.24	988.12	1219.83	1229.64
住房	214.60	287.44	350.85	576.39	472.48
水电燃料及其他	457.21	507.20	571.11	574.74	636.02
居住服务费	22.35	55.61	66.17	68.70	121.14
家庭设备用品及服务	336.99	465.68	579.59	589.73	678.75
耐用消费品	167.08	204.51	249.32	241.25	301.86
室内装饰品	6.81	16.89	24.08	30.02	25.55
床上用品	27.65	50.73	61.71	67.09	73.91
家庭日用杂品	115.22	160.06	185.41	203.38	220.35
家具材料	1.38	16.06	27.50	12.37	22.31
家庭服务	18.86	17.45	31.57	35.63	34.77
医疗保健	441.42	554.44	633.93	716.87	737.05
医疗器具	0.88	4.49	5.60	10.46	6.22
保健器具	6.37	9.71	12.25	10.58	14.98
药品费	246.13	269.16	268.05	300.84	325.28
滋补保健品	14.47	58.81	103.31	110.95	100.05
医疗费	172.45	202.78	222.18	257.21	274.31
其他	1.12	9.49	22.53	26.84	16.21
交通和通信	788.25	891.38	920.77	1013.38	1356.57
交通	289.64	396.59	437.85	492.08	732.47
通信	498.61	494.79	482.92	521.30	624.10
教育文化娱乐服务	869.23	1169.99	1160.14	1225.36	1479.75
文化娱乐用品	200.70	259.91	250.33	283.53	320.77
文化娱乐服务	125.42	242.15	276.37	303.95	462.10
教育	543.11	667.93	633.45	637.88	696.88
杂项商品及服务	203.83	309.30	325.82	337.36	435.62
杂项商品	113.43	177.92	181.69	203.30	247.23
服务	90.40	131.38	144.12	134.06	188.39

注:表中数据来源于《安徽统计年鉴》(2007—2011)。

表 6-49 安徽省城镇居民家庭人均购买商品数量

商品名称	2006 年	2007 年	2008 年	2009 年	2010 年
粮食(千克)	86.03	71.14	72.03	67.51	83.00
淀粉及薯类(千克)	7.77	14.37	18.27	19.19	22.52
干豆类及豆制品(元)	40.80	50.69	60.93	61.95	68.55
食用植物油(千克)	10.41	10.58	10.22	10.07	8.33
食用动物油(千克)	0.56	12.41	10.31	6.26	5.75
猪肉(千克)	21.22	17.45	18.63	18.98	19.86
牛肉(千克)	2.88	2.68	2.02	2.28	2.50
羊肉(千克)	1.19	0.79	0.70	0.88	0.82
禽类(千克)	10.81	8.08	9.62	8.76	9.86
鲜蛋(千克)	15.40	12.92	14.60	13.92	12.97
鱼(千克)	10.61	9.87	10.15	9.29	9.95
虾(千克)	1.28	1.44	1.35	1.42	1.77
鲜菜(千克)	125.40	112.49	124.39	130.51	112.74
糖类(元)	29.61	19.68	30.25	32.20	19.91
烟草类(元)	235.21	303.29	293.20	327.86	345.48
白酒(千克)	4.09	3.85	3.51	4.15	3.88
啤酒(千克)	10.15	9.27	7.82	7.49	6.44
鲜瓜果(千克)	74.82	64.47	57.85	62.22	57.19
糕点(千克)	4.15	5.23	5.31	5.14	5.02
鲜乳品(千克)	12.37	11.41	10.70	11.33	10.16
奶粉(千克)	1.07	1.19	1.33	1.05	1.20
酸奶(千克)	8.58	8.74	8.74	8.35	9.29
男士服装(件)	2.50				
女士服装(件)	4.10				
儿童服装(件)	1.51				
洗衣机(台/百户)	3.24	4.21	9.13	4.19	97.35
电冰箱(台/百户)	2.40	1.65	2.05	2.63	96.61
空调器(台/百户)	5.16	3.98	2.95	6.87	120.04
移动电话(部/百户)	16.80	25.13	18.22	25.87	168.46
彩色电视机(台/百户)	4.08	4.88	4.53	6.01	141.50
家用电脑(台/百户)	4.08	3.83	2.36	3.75	63.79

注:表中数据来源于《安徽统计年鉴》(2007—2011)。

表 6-50 安徽省农村居民家庭主要食品消费数量

品 名	2005 年	2006 年	2007 年	2008 年	2009 年	2010 年
粮食(原粮)(公斤)	214.68	210.57	195.49	191.24	181.59	174.75
细粮	203.18	198.53	187.14	182.71	172.18	165.18
蔬菜(公斤)	78.70	76.28	76.40	109.63	76.94	77.27
食油(公斤)	6.31	6.24	6.38	6.87	6.29	6.46
猪牛羊肉(公斤)	10.70	10.71	9.16	8.74	9.55	10.15
家禽(公斤)	4.64	4.03	4.59	5.37	4.74	4.76
蛋及制品(公斤)	4.69	5.01	4.94	5.96	5.84	5.85
鱼虾(公斤)	5.00	5.04	5.58	5.48	5.18	5.33
食糖(公斤)	1.16	1.09	1.05	1.02	0.98	0.89
酒(公斤)	12.72	13.36	12.69	12.46	12.92	12.02

注:表中数据来源于《安徽统计年鉴》(2007—2011)。

第六节 安徽省各市商圈分析

安徽省各市商圈分析具体见表 6-51 至表 6-84。

表 6-51 2000 年合肥市一级商圈半径

城市名称	与合肥市的直线距离(公里)	社会消费品零售总额(亿元)	商圈半径位置
南京市	149	148.27	合肥市东北方向 55.54 公里处
上海市	408	419.81	合肥市东部方向 89.73 公里处
杭州市	336	1865.28	合肥市东南方向 117.35 公里处
南昌市	377	514.68	合肥市南部方向 184.43 公里处
武汉市	312	161.65	合肥市西南方向 102.00 公里处
郑州市	467	628.57	合肥市西北方向 179.29 公里处
济南市	537	381.80	合肥市北部方向 210.86 公里处

注:(1) 表中社会消费品零售总额数据来源于各省 2001 年统计年鉴的地级市数据。

(2) 商圈半径根据断裂点理论计算得出。

表 6-52 2005 年合肥市一级商圈半径

城市名称	与合肥市的直线距离（公里）	社会消费品零售总额（亿元）	商圈半径位置
南京市	149	324.39	合肥市东北方向 53.98 公里处
上海市	408	1004.99	合肥市东部方向 101.22 公里处
杭州市	336	2979.50	合肥市东南方向 122.77 公里处
南昌市	377	978.43	合肥市南部方向 190.67 公里处
武汉市	312	309.81	合肥市西南方向 108.89 公里处
郑州市	467	1128.64	合肥市西北方向 188.61 公里处
济南市	537	706.70	合肥市北部方向 208.29 公里处

注：(1) 表中社会消费品零售总额数据来源于各省 2006 年统计年鉴地级市数据。

(2) 商圈半径根据断裂点理论计算得出。

表 6-53 2010 年合肥市一级商圈半径

城市名称	与合肥市的直线距离（公里）	社会消费品零售总额（亿元）	商圈半径位置
南京市	149	839.02	合肥市东北方向 56.19 公里处
上海市	408	2288.74	合肥市东部方向 110.57 公里处
杭州市	336	6070.50	合肥市东南方向 129.26 公里处
南昌市	377	2146.08	合肥市南部方向 192.86 公里处
武汉市	312	764.94	合肥市西南方向 114.11 公里处
郑州市	467	2523.20	合肥市西北方向 193.44 公里处
济南市	537	1678.00	合肥市北部方向 217.79 公里处

注：(1) 表中社会消费品零售总额数据来源于各市 2010 年国民经济和社会发展统计公报。

(2) 商圈半径根据断裂点理论计算得出。

表 6-54 2005 年合肥市二级商圈半径

城市名称	与合肥市的直线距离（公里）	社会消费品零售总额（亿元）	商圈半径位置
淮南市	258	81.21	合肥市北部方向 171.96 公里处
六安市	70	119.45	合肥市西部方向 43.56 公里处
芜湖市	123	120.74	合肥市东南方向 76.39 公里处
安庆市	147	145.56	合肥市南部方向 88.03 公里处
滁州市	114	94.53	合肥市东北方向 74.03 公里处

注：(1) 表中社会消费品零售总额数据来源于《安徽统计年鉴 2006》。

(2) 商圈半径根据断裂点理论计算得出。

表 6－55 2010 年合肥市二级商圈半径

城市名称	与合肥市的直线距离（公里）	社会消费品零售总额（亿元）	商圈半径位置
淮南市	258	187.20	合肥市北部方向 175.23 公里处
六安市	70	279.90	合肥市西部方向 44.37 公里处
芜湖市	123	287.45	合肥市东南方向 77.59 公里处
安庆市	147	338.70	合肥市南部方向 89.89 公里处
滁州市	114	215.00	合肥市东北方向 75.69 公里处

注：(1) 表中社会消费品零售总额数据来源于《安徽统计年鉴 2011》。

(2) 商圈半径根据断裂点理论计算得出。

表 6－56 2005 年淮北市商圈半径

城市名称	与淮北市的直线距离（公里）	社会消费品零售总额（亿元）	商圈半径位置
亳州市	95	99.73	淮北市西南方向 40.35 公里处
蚌埠市	128	116.90	淮北市南部方向 51.90 公里处
徐州市	50	396.04	淮北市东北方向 13.52 公里处
商丘市	119	172.54	淮北市西北方向 42.79 公里处

注：(1) 表中社会消费品零售总额数据来源于《安徽统计年鉴 2006》及各市 2005 年国民经济和社会发展统计公报。

(2) 商圈半径根据断裂点理论计算得出。

表 6－57 2010 年淮北市商圈半径

城市名称	与淮北市的直线距离（公里）	社会消费品零售总额（亿元）	商圈半径位置
亳州市	95	222.76	淮北市西南方向 40.73 公里处
蚌埠市	128	269.87	淮北市南部方向 51.90 公里处
徐州市	50	956.99	淮北市东北方向 13.29 公里处
商丘市	119	400.00	淮北市西北方向 42.72 公里处

注：(1) 表中社会消费品零售总额数据来源于各市 2010 年国民经济和社会发展统计公报。

(2) 商圈半径根据断裂点理论计算得出。

表 6－58　2010 年亳州市商圈半径

城市名称	与亳州市的直线距离（公里）	社会消费品零售总额（亿元）	商圈半径位置
阜阳市	108	326.70	亳州市南部方向 48.65 公里处
蚌埠市	182	269.87	亳州市东南方向 86.64 公里处
淮北市	95	125.50	亳州市东北方向 54.27 公里处
周口市	107	483.80	亳州市西南方向 43.25 公里处
商丘市	67	400.00	亳州市北部方向 28.63 公里处

注：(1) 表中社会消费品零售总额数据来源于各市 2010 年国民经济和社会发展统计公报。
(2) 商圈半径根据断裂点理论计算得出。

表 6－59　2005 年宿州市商圈半径

城市名称	与宿州市的直线距离（公里）	社会消费品零售总额（亿元）	商圈半径位置
淮北市	38	54.38	宿州市西北方向 21.13 公里处
蚌埠市	91	116.90	宿州市南部方向 41.93 公里处
亳州市	111	99.73	宿州市西部方向 53.35 公里处
阜阳市	136	146.08	宿州市西南方向 58.93 公里处
徐州市	72	396.04	宿州市北部方向 22.83 公里处
宿迁市	126	109.50	宿州市东北方向 59.09 公里处

注：(1) 表中社会消费品零售总额数据来源于《安徽统计年鉴 2006》及各市 2005 年国民经济和社会发展统计公报。
(2) 商圈半径根据断裂点理论计算得出。

表 6－60　2010 年宿州市商圈半径

城市名称	与宿州市的直线距离（公里）	社会消费品零售总额（亿元）	商圈半径位置
淮北市	38	125.50	宿州市西北方向 21.06 公里处
蚌埠市	91	269.87	宿州市南部方向 41.75 公里处
亳州市	111	222.76	宿州市西部方向 53.58 公里处
阜阳市	136	326.70	宿州市西南方向 59.19 公里处
徐州市	72	956.99	宿州市北部方向 22.35 公里处
宿迁市	126	289.38	宿州市东北方向 56.72 公里处

注：(1) 表中社会消费品零售总额数据来源于各市 2010 年国民经济和社会发展统计公报。
(2) 商圈半径根据断裂点理论计算得出。

表 6-61 2005 年蚌埠市商圈半径

城市名称	与蚌埠市的直线距离（公里）	社会消费品零售总额（亿元）	商圈半径位置
宿州市	91	85.39	蚌埠市北部方向 49.07 公里处
亳州市	182	99.73	蚌埠市西北方向 94.61 公里处
合肥市	120	324.39	蚌埠市南部方向 45.01 公里处
滁州市	110	94.53	蚌埠市东南方向 57.92 公里处
宿迁市	143	109.50	蚌埠市东北方向 72.67 公里处

注：(1) 表中社会消费品零售总额数据来源于《安徽统计年鉴 2006》及各市 2005 年国民经济和社会发展统计公报。

(2) 商圈半径根据断裂点理论计算得出。

表 6-62 2010 年蚌埠市商圈半径

城市名称	与蚌埠市的直线距离（公里）	社会消费品零售总额（亿元）	商圈半径位置
宿州市	91	193.99	蚌埠市北部方向 49.25 公里处
亳州市	182	222.76	蚌埠市西北方向 95.36 公里处
合肥市	120	839.02	蚌埠市南部方向 43.43 公里处
滁州市	110	215.00	蚌埠市东南方向 58.12 公里处
宿迁市	143	289.38	蚌埠市东北方向 70.25 公里处

注：(1) 表中社会消费品零售总额数据来源于各市 2010 年国民经济和社会发展统计公报。

(2) 商圈半径根据断裂点理论计算得出。

表 6-63 2005 年阜阳市商圈半径

城市名称	与阜阳市的直线距离（公里）	社会消费品零售总额（亿元）	商圈半径位置
亳州市	108	99.73	阜阳市北部方向 59.14 公里处
淮南市	115	81.21	阜阳市东部方向 65.88 公里处
六安市	143	119.45	阜阳市东南方向 75.10 公里处
周口市	136	206.52	阜阳市西北方向 62.13 公里处
驻马店市	166	163.03	阜阳市西部方向 80.72 公里处
信阳市	184	187.64	阜阳市西南方向 86.25 公里处

注：(1) 表中社会消费品零售总额数据来源于《安徽统计年鉴 2006》及各市 2005 年国民经济和社会发展统计公报。

(2) 商圈半径根据断裂点理论计算得出。

表 6-64 2010 年阜阳市商圈半径

城市名称	与阜阳市的直线距离（公里）	社会消费品零售总额（亿元）	商圈半径位置
亳州市	108	222.76	阜阳市北部方向 59.15 公里处
淮南市	115	187.20	阜阳市东部方向 65.45 公里处
六安市	143	279.90	阜阳市东南方向 74.26 公里处
周口市	136	483.80	阜阳市西北方向 61.35 公里处
驻马店市	166	376.67	阜阳市西部方向 80.05 公里处
信阳市	184	432.98	阜阳市西南方向 85.53 公里处

注：(1) 表中社会消费品零售总额数据来源于各市 2010 年国民经济和社会发展统计公报。
(2) 商圈半径根据断裂点理论计算得出。

表 6-65 2005 年淮南市商圈半径

城市名称	与淮南市的直线距离（公里）	社会消费品零售总额（亿元）	商圈半径位置
蚌埠市	48	116.90	淮南市东北方向 21.82 公里处
亳州市	178	99.73	淮南市西北方向 84.43 公里处
阜阳市	115	146.08	淮南市西部方向 49.12 公里处
六安市	109	119.45	淮南市西南方向 49.26 公里处
合肥市	258	324.39	淮南市南部方向 86.04 公里处
滁州市	128	94.53	淮南市东南方向 61.57 公里处

注：(1) 表中社会消费品零售总额数据来源于《安徽统计年鉴 2006》。
(2) 商圈半径根据断裂点理论计算得出。

表 6-66 2010 年淮南市商圈半径

城市名称	与淮南市的直线距离（公里）	社会消费品零售总额（亿元）	商圈半径位置
蚌埠市	48	269.87	淮南市东北方向 21.81 公里处
亳州市	178	222.76	淮南市西北方向 85.13 公里处
阜阳市	115	326.70	淮南市西部方向 49.55 公里处
六安市	109	279.90	淮南市西南方向 49.04 公里处
合肥市	258	839.02	淮南市南部方向 82.77 公里处
滁州市	128	215.00	淮南市东南方向 61.79 公里处

注：(1) 表中社会消费品零售总额数据来源于各市 2010 年国民经济和社会发展统计公报。
(2) 商圈半径根据断裂点理论计算得出。

表 6－67 2005 年滁州市商圈半径

城市名称	与滁州市的直线距离（公里）	社会消费品零售总额（亿元）	商圈半径位置
蚌埠市	110	116.90	滁州市西北方向 52.08 公里处
合肥市	114	324.39	滁州市西南方向 39.97 公里处
马鞍山市	69	64.29	滁州市南部方向 37.82 公里处
宿迁市	185	109.50	滁州市北部方向 89.10 公里处
淮安市	160	198.62	滁州市东北方向 65.32 公里处
扬州市	102	306.89	滁州市东部方向 36.41 公里处
南京市	52	1004.99	滁州市东南方向 12.21 公里处

注：(1) 表中社会消费品零售总额数据来源于《安徽统计年鉴 2006》及各市 2005 年国民经济和社会发展统计公报。

(2) 商圈半径根据断裂点理论计算得出。

表 6－68 2010 年滁州市商圈半径

城市名称	与滁州市的直线距离（公里）	社会消费品零售总额（亿元）	商圈半径位置
蚌埠市	110	269.87	滁州市西北方向 51.88 公里处
合肥市	114	839.02	滁州市西南方向 38.31 公里处
马鞍山市	69	147.80	滁州市南部方向 37.72 公里处
宿迁市	185	289.38	滁州市北部方向 85.64 公里处
淮安市	160	469.09	滁州市东北方向 64.59 公里处
扬州市	102	726.12	滁州市东部方向 35.94 公里处
南京市	52	2288.74	滁州市东南方向 12.20 公里处

注：(1) 表中社会消费品零售总额数据来源于各市 2010 年国民经济和社会发展统计公报。

(2) 商圈半径根据断裂点理论计算得出。

表 6－69 2005 年六安市商圈半径

城市名称	与六安市的直线距离（公里）	社会消费品零售总额（亿元）	商圈半径位置
阜阳市	143	146.08	六安市西北方向 67.90 公里处
淮南市	109	81.21	六安市东北方向 59.74 公里
合肥市	70	324.39	六安市东部方向 26.44 公里
安庆市	145	145.56	六安市东南方向 68.92 公里
信阳市	234	187.64	六安市西部方向 103.84 公里
黄冈市	211	160.97	六安市西南方向 97.65 公里

注：(1) 表中社会消费品零售总额数据来源于《安徽统计年鉴 2006》及各市 2005 年国民经济和社会发展统计公报。

(2) 商圈半径根据断裂点理论计算得出。

表 6－70 2010 年六安市商圈半径

城市名称	与六安市的直线距离（公里）	社会消费品零售总额（亿元）	商圈半径位置
阜阳市	143	326.70	六安市西北方向 68.74 公里处
淮南市	109	187.20	六安市东北方向 59.96 公里
合肥市	70	839.02	六安市东部方向 25.63 公里
安庆市	145	338.70	六安市东南方向 69.05 公里
信阳市	234	432.98	六安市西部方向 104.29 公里
黄冈市	211	407.40	六安市西南方向 95.63 公里

注：(1) 表中社会消费品零售总额数据来源于各市 2010 年国民经济和社会发展统计公报。

(2) 商圈半径根据断裂点理论计算得出。

表 6－71 2005 年马鞍山市商圈半径

城市名称	与马鞍山市的直线距离（公里）	社会消费品零售总额（亿元）	商圈半径位置
合肥市	123	324.39	马鞍山市西北方向 37.80 公里处
滁州市	69	94.53	马鞍山市北部方向 31.32 公里处
南京市	48	1004.99	马鞍山市东北方向 9.75 公里处
宣城市	88	85.89	马鞍山市南部方向 40.63 公里处
芜湖市	41	120.74	马鞍山市西南方向 17.42 公里处

注：(1) 表中社会消费品零售总额数据来源于《安徽统计年鉴 2006》及各市 2005 年国民经济和社会发展统计公报。

(2) 商圈半径根据断裂点理论计算得出。

表 6－72 2010 年马鞍山市商圈半径

城市名称	与马鞍山市的直线距离（公里）	社会消费品零售总额（亿元）	商圈半径位置
合肥市	123	839.02	马鞍山市西北方向 36.27 公里处
滁州市	69	215.00	马鞍山市北部方向 31.41 公里处
南京市	48	2288.74	马鞍山市东北方向 9.79 公里处
宣城市	88	194.70	马鞍山市南部方向 40.79 公里处
芜湖市	41	287.45	马鞍山市西南方向 17.25 公里处

注：(1) 表中社会消费品零售总额数据来源于各市 2010 年国民经济和社会发展统计公报。

(2) 商圈半径根据断裂点理论计算得出。

表 6-73 2005 年芜湖市商圈半径

城市名称	与芜湖市的直线距离（公里）	社会消费品零售总额（亿元）	商圈半径位置
马鞍山市	41	64.29	芜湖市东北方向 23.88 公里处
合肥市	123	324.39	芜湖市西北方向 46.61 公里处
铜陵市	70	42.24	芜湖市西南方向 43.86 公里处
宣城市	57	85.89	芜湖市东南方向 30.81 公里处

注:(1) 表中社会消费品零售总额数据来源于《安徽统计年鉴 2006》。

(2) 商圈半径根据断裂点理论计算得出。

表 6-74 2010 年芜湖市商圈半径

城市名称	与芜湖市的直线距离（公里）	社会消费品零售总额（亿元）	商圈半径位置
马鞍山市	41	147.80	芜湖市东北方向 24.05 公里处
合肥市	123	839.02	芜湖市西北方向 45.41 公里处
铜陵市	70	99.15	芜湖市西南方向 43.97 公里处
宣城市	57	194.70	芜湖市东南方向 31.16 公里处

注:(1) 表中社会消费品零售总额数据来源于各市 2010 年国民经济和社会发展统计公报。

(2) 商圈半径根据断裂点理论计算得出。

表 6-75 2005 年宣城市商圈半径

城市名称	与宣城市的直线距离（公里）	社会消费品零售总额（亿元）	商圈半径位置
芜湖市	57	120.74	宣城市西北方向 25.99 公里处
池州市	125	39.72	宣城市西南方向 74.40 公里处
黄山市	142	53.85	宣城市西南方向 79.36 公里处
马鞍山市	88	64.29	宣城市北部方向 46.97 公里处
常州市	151	444.08	宣城市东北方向 46.12 公里处
湖州市	127	237.75	宣城市东部方向 47.64 公里处
杭州市	159	975.44	宣城市东南方向 36.45 公里处

注:(1) 表中社会消费品零售总额数据来源于《安徽统计年鉴 2006》及各市 2005 年国民经济和社会发展统计公报。

(2) 商圈半径根据断裂点理论计算得出。

表 6－76 2010 年宣城市商圈半径

城市名称	与宣城市的直线距离（公里）	社会消费品零售总额（亿元）	商圈半径位置
芜湖市	57	287.45	宣城市西北方向 25.64 公里处
池州市	125	91.20	宣城市西南方向 74.21 公里处
黄山市	142	126.00	宣城市西南方向 78.80 公里处
南京市	88	147.80	宣城市北部方向 46.81 公里处
常州市	151	1054.39	宣城市东北方向 45.38 公里处
湖州市	127	516.09	宣城市东部方向 48.29 公里处
杭州市	159	2146.08	宣城市东南方向 36.87 公里处

注:(1) 表中社会消费品零售总额数据来源于各市 2010 年国民经济和社会发展统计公报。
(2) 商圈半径根据断裂点理论计算得出。

表 6－77 2005 年铜陵市商圈半径

城市名称	与铜陵市的直线距离（公里）	社会消费品零售总额（亿元）	商圈半径位置
芜湖市	70	120.74	铜陵市东北方向 25.94 公里处
合肥市	115	324.39	铜陵市西北方向 30.49 公里处
安庆市	86	145.56	铜陵市西南方向 30.18 公里处
黄山市	145	53.85	铜陵市东南方向 68.10 公里处

注:(1) 表中社会消费品零售总额数据来源于《安徽统计年鉴 2006》。
(2) 商圈半径根据断裂点理论计算得出。

表 6－78 2010 年铜陵市商圈半径

城市名称	与铜陵市的直线距离（公里）	社会消费品零售总额（亿元）	商圈半径位置
芜湖市	70	287.45	铜陵市东北方向 25.83 公里处
合肥市	115	839.02	铜陵市西北方向 29.42 公里处
安庆市	86	338.70	铜陵市西南方向 30.26 公里处
黄山市	145	126.00	铜陵市东南方向 68.16 公里处

注:(1) 表中社会消费品零售总额数据来源于各市 2010 年国民经济和社会发展统计公报。
(2) 商圈半径根据断裂点理论计算得出。

表 6-79　2005 年池州市商圈半径

城市名称	与池州市的直线距离（公里）	社会消费品零售总额（亿元）	商圈半径位置
铜陵市	44	42.24	池州市东北方向 21.71 公里处
安庆市	45	145.56	池州市西南方向 15.30 公里处
黄山市	132	53.85	池州市东南方向 61.08 公里处
宣城市	125	85.89	池州市东北方向 50.60 公里处
合肥市	134	324.39	池州市北部方向 34.74 公里处
景德镇市	152	58.30	池州市南部方向 68.87 公里处

注：(1) 表中社会消费品零售总额数据来源于《安徽统计年鉴 2006》及各市 2005 年国民经济和社会发展统计公报。

(2) 商圈半径根据断裂点理论计算得出。

表 6-80　2010 年池州市商圈半径

城市名称	与池州市的直线距离（公里）	社会消费品零售总额（亿元）	商圈半径位置
铜陵市	44	99.15	池州市东北方向 21.59 公里处
安庆市	45	338.70	池州市西南方向 15.24 公里处
黄山市	132	126.00	池州市东南方向 60.77 公里处
宣城市	125	194.70	池州市东北方向 50.79 公里处
合肥市	134	839.02	池州市北部方向 33.22 公里处
景德镇市	152	141.65	池州市南部方向 67.80 公里处

注：(1) 表中社会消费品零售总额数据来源于各市 2010 年国民经济和社会发展统计公报。

(2) 商圈半径根据断裂点理论计算得出。

表 6-81　2005 年安庆市商圈半径

城市名称	与安庆市的直线距离（公里）	社会消费品零售总额（亿元）	商圈半径位置
六安市	145	119.45	安庆市西北方向 76.24 公里处
合肥市	147	324.39	安庆市北部方向 58.97 公里处
铜陵市	86	42.24	安庆市东北方向 56.02 公里处
九江市	137	121.09	安庆市西南方向 71.44 公里处
黄冈市	210	160.97	安庆市西部方向 102.12 公里处
景德镇市	136	58.30	安庆市南部方向 83.29 公里处

注：(1) 表中社会消费品零售总额数据来源于《安徽统计年鉴 2006》及各市 2005 年国民经济和社会发展统计公报。

(2) 商圈半径根据断裂点理论计算得出。

表 6-82 2010 年安庆市商圈半径

城市名称	与安庆市的直线距离（公里）	社会消费品零售总额（亿元）	商圈半径位置
六安市	145	279.90	安庆市西北方向 76.11 公里处
合肥市	147	839.02	安庆市北部方向 57.11 公里处
铜陵市	86	99.15	安庆市东北方向 55.94 公里处
九江市	137	286.89	安庆市西南方向 71.13 公里处
黄冈市	210	407.40	安庆市西部方向 99.92 公里处
景德镇市	136	141.65	安庆市南部方向 82.59 公里处

注:(1) 表中社会消费品零售总额数据来源于各市 2010 年国民经济和社会发展统计公报。

(2) 商圈半径根据断裂点理论计算得出。

表 6-83 2005 年黄山市商圈半径

城市名称	与黄山市的直线距离（公里）	社会消费品零售总额（亿元）	商圈半径位置
池州市	132	39.72	黄山市西北方向 71.12 公里处
宣城市	142	85.89	黄山市东北方向 62.75 公里处
景德镇市	121	58.30	黄山市西南方向 59.05 公里处
上饶市	146	135.75	黄山市南部方向 56.23 公里处
杭州市	186	975.44	黄山市东北方向 35.43 公里处
衢州市	101	134.75	黄山市东南方向 39.12 公里处

注:(1) 表中社会消费品零售总额数据来源于《安徽统计年鉴 2006》及各市 2005 年国民经济和社会发展统计公报。

(2) 商圈半径根据断裂点理论计算得出。

表 6-84 2010 年黄山市商圈半径

城市名称	与黄山市的直线距离（公里）	社会消费品零售总额（亿元）	商圈半径位置
池州市	132	91.20	黄山市西北方向 71.43 公里处
宣城市	142	194.70	黄山市东北方向 63.31 公里处
景德镇市	121	141.65	黄山市西南方向 58.49 公里处
上饶市	146	330.10	黄山市南部方向 55.56 公里处
杭州市	186	2146.08	黄山市东北方向 36.32 公里处
衢州市	101	290.82	黄山市东南方向 40.09 公里处

注:(1) 表中社会消费品零售总额数据来源于各市 2010 年国民经济和社会发展统计公报。

(2) 商圈半径根据断裂点理论计算得出。

第七节 安徽省规模以上商业网点名录

安徽省规模以上商业网点名录具体见表6-85至表6-96。

表6-85 安徽省5000平方米以上购物中心汇总表

序号	网点名称	所属城市	营业面积（万平方米）
1	合肥滨湖世纪金源购物中心	合肥市	32.00
2	合肥万达广场国际购物中心	合肥市	18.00
3	芜湖华亿国际购物中心	芜湖市	12.30
4	芜湖融汇中江广场	芜湖市	10.00
5	阜阳沃尔玛香港财富广场	阜阳市	10.00
6	安徽国购广场	合肥市	10.00
7	安徽时代广场商业管理有限公司元一时代广场	合肥市	8.00
8	潜山天柱第一城	安庆市	8.00
9	怀宁孔雀商贸城	安庆市	7.00
10	家乐福时代广场	淮南市	6.00
11	望江龙湖商贸城	安庆市	6.00
12	阜阳汇鑫国际购物广场	阜阳市	6.00
13	蚌埠市汇金广场	蚌埠市	5.70
14	铜陵有色铜冠房地产集团公司铜冠商业广场	铜陵市	5.70
15	安庆神墩商贸城	安庆市	5.00
16	巢湖天巢购物广场	巢湖市	5.00
17	芜湖和平名品街	芜湖市	4.80
18	巢湖安德利购物中心	巢湖市	4.30
19	马鞍山圣茂国际购物中心	马鞍山市	4.20
20	安徽商之都(蚌埠店)	蚌埠市	4.00
21	亳州市新东方商厦	亳州市	4.00
22	凯德广场	芜湖市	3.82
23	南陵雄风百货广场	芜湖市	3.80
24	淮北华松商务国际购物中心	淮北市	3.60
25	马鞍山深国投新一城购物中心	马鞍山市	3.50

续表 6-85

序号	网点名称	所属城市	营业面积（万平方米）
26	马鞍山大华购物中心	马鞍山市	3.50
27	滁州市泰鑫城市星座购物中心	滁州市	3.30
28	铜陵市井湖购物广场	铜陵市	3.10
29	阜阳巨川 CBD 中央国际广场	阜阳市	3.00
30	淮北金鹰国际购物中心	淮北市	3.00
31	安德利购物中心(和县)	巢湖市	3.00
32	中泰国际广场(一期)	淮北市	2.80
33	巢湖百大购物中心有限责任公司	巢湖市	2.75
34	巢湖恒生阳光城购物广场	巢湖市	2.70
35	江苏时代购物中心池州店	池州市	2.65
36	相王国际购物广场	淮北市	2.60
37	金城时代购物广场	六安市	2.40
38	合肥新天地购物广场	合肥市	2.16
39	安徽天成百货有限公司蚌埠来雅百货	蚌埠市	2.10
40	怀宁黄墩商贸城	安庆市	2.10
41	宿松商贸城	安庆市	2.10
42	淮北市鼎盛国际购物中心	淮北市	2.10
43	安徽天洋新世纪购物中心(蚌埠)	蚌埠市	2.00
44	安庆南铭商贸城	安庆市	2.00
45	苏果超市(滁州)有限公司金光大道购物广场	滁州市	1.90
46	宿州市华夏集团	宿州市	1.80
47	含山世纪泽华购物广场	巢湖市	1.80
48	合白大集团蚌埠百大购物中心	蚌埠市	1.70
49	蚌埠白马商业经营管理有限公司	蚌埠市	1.70
50	安庆碧桂园凤凰商业中心	安庆市	1.50
51	枞阳金麒麟商贸城	安庆市	1.50
52	利辛粮油商厦	亳州市	1.50
53	商之都叶集购物中心	六安市	1.40
54	舒城县泰鑫购物广场	六安市	1.40
55	桐城太阳城购物中心	安庆市	1.20

续表 6-85

序号	网点名称	所属城市	营业面积（万平方米）
56	亳州市百大合家福连锁超市公司	亳州市	1.20
57	石台紫金城	淮北市	1.20
58	滁州市白云商厦(来安店)	滁州市	1.15
59	滁州市白云商场	滁州市	1.00
60	淮北市新中原商业发展有限责任公司东方百货商场	淮北市	1.00
61	池州东方购物中心	池州市	1.00
62	百惠购物中心(蚌埠店)	蚌埠市	0.80
63	宿州市国贸购物中心	宿州市	0.70
64	和润景城房产购物中心(涡阳县)	亳州市	0.70
65	淮北市下岗再就业市场	淮北市	0.68
66	蚌埠市五河县商务购物中心	蚌埠市	0.60
67	太湖新昌购物中心	安庆市	0.60
68	蒙城县好又多购物中心	亳州市	0.60
69	滁州乐天玛特购物中心	滁州市	0.60
70	淮北市濉溪县刘桥好易购超市	淮北市	0.60
71	霍邱县临淮岗庆华购物中心	六安市	0.60
72	庐江安德利贸易中心同大购物中心	巢湖市	0.60
73	庐江安德利贸易中心龙桥购物中心	巢湖市	0.60
74	宿州市泗县佳美嘉购物中心	宿州市	0.56
75	万宝购物中心	六安市	0.52
76	宿州市萧县新联华购物中心	宿州市	0.50
77	舒城县新世界购物有限责任公司	六安市	0.50
78	池州商之都购物中心	池州市	0.50
79	金润万家庐江塔山路购物中心	巢湖市	0.50

注:表中资料来源于全省各地级市大中型商业网点调查。

表 6-86 安徽省 5000 平方米以上百货店汇总表

序号	网点名称	所属城市	营业面积（万平方米）
1	阜阳商厦明珠广场	阜阳市	17.00
2	阜阳家乐福丽丰领秀广场	阜阳市	15.00
3	万尚百货滨湖店	合肥市	6.80

续表 6-86

序号	网点名称	所属城市	营业面积（万平方米）
4	阜阳华兴商务大厦	阜阳市	6.20
5	阜阳保利文峰商业广场	阜阳市	6.00
6	马鞍山锦华香港城商贸有限公司	马鞍山市	5.20
7	合肥金鹰国际购物中心有限公司	合肥市	4.48
8	芜湖南京新百大厦有限公司	芜湖市	4.20
9	六安西都百货经营管理有限公司	六安市	4.20
10	万千百货万达店	合肥市	4.00
11	阜阳华联燕莎百货	阜阳市	3.80
12	马鞍山八佰伴商贸有限公司	马鞍山市	3.60
13	阜阳商厦	阜阳市	3.60
14	芜湖侨鸿国际购物中心	芜湖市	3.40
15	安徽商之都合肥旗舰店	合肥市	3.20
16	百大金商都购物中心广场	六安市	3.20
17	阜阳丽丰一品购物广场	阜阳市	3.00
18	合肥百盛逍遥广场有限公司	合肥市	2.90
19	合肥鼓楼商厦有限责任公司	合肥市	2.80
20	百大淮南商厦	淮南市	2.60
21	安徽商之都六安商厦有限公司	六安市	2.60
22	安徽百大中央购物中心有限公司	合肥市	2.46
23	淮南新百百货有限责任公司	淮南市	2.40
24	阜阳百货大楼	阜阳市	2.40
25	阜阳国贸商城	阜阳市	2.40
26	阜阳和华千百意购物商城	阜阳市	2.40
27	六安市白云商厦有限责任公司	六安市	2.40
28	华联商厦上东精品购物中心	淮南市	2.30
29	合肥百大集团鼓楼商厦高新店	合肥市	2.28
30	商之都淮南商厦	淮南市	2.20
31	合肥百盛逍遥广场有限公司瑶海店	合肥市	2.10
32	淮南市新天地商贸大厦	淮南市	2.10
33	安庆新百百货	安庆市	2.10
34	安徽金商都商贸有限公司	六安市	2.10
35	合肥百货大楼	合肥市	2.06

续表 6-86

序号	网点名称	所属城市	营业面积（万平方米）
36	安徽百大乐普生商厦有限责任公司	合肥市	2.00
37	安庆金华联百货	安庆市	2.00
38	六安金桥商贸城	六安市	2.00
39	安徽商之都宣城商厦	宣城市	1.90
40	合肥百大集团商业大厦	合肥市	1.80
41	合百大集团蚌埠市百货大楼	蚌埠市	1.80
42	安徽商之都霍邱商厦有限公司	六安市	1.80
43	合肥百大集团铜陵合百商厦	铜陵市	1.77
44	潜山世纪商业大厦	安庆市	1.60
45	安徽华联商厦	淮南市	1.50
46	马鞍山安徽鸿泰交家电(集团)有限公司	马鞍山市	1.50
47	滁州新都商城(女人世界)	滁州市	1.50
48	宣城新百百货	宣城市	1.50
49	新元商贸有限责任公司	六安市	1.50
50	安徽商之都东城商厦有限公司	合肥市	1.34
51	宿州市砀山好又多商贸有限公司	宿州市	1.30
52	阜阳市太和县朴人商厦	阜阳市	1.30
53	六安市金安商城	六安市	1.30
54	安徽凯斯茂商业管理有限责任公司新站店	合肥市	1.23
55	阜阳华联大厦	阜阳市	1.20
56	世纪阳光商厦	淮南市	1.15
57	华联商厦西城购物中心	淮南市	1.10
58	阜阳市百太商贸大厦	阜阳市	1.10
59	黄山百大商厦	黄山市	1.10
60	巢湖商之都巢湖商厦	巢湖市	1.10
61	世瑞商厦	淮南市	1.00
62	马鞍山新亚实业有限责任公司	马鞍山市	1.00
63	阜阳界首市华信购物广场	阜阳市	1.00
64	阜阳市临泉县金谷百盛购物广场	阜阳市	1.00
65	黟县江南旅游商品城	黄山市	1.00
66	东至华瑞商贸大厦	池州市	1.00
67	定远县百大超市有限公司一百货大厦	滁州市	1.00

续表 6-86

序号	网点名称	所属城市	营业面积（万平方米）
68	袁庄商场	淮南市	0.99
69	安徽金鹰商贸有限公司百花井店	合肥市	0.97
70	安徽商之都滁州商厦	滁州市	0.90
71	合肥金鹰国际购物中心大东门店	合肥市	0.86
72	濉溪县新天地百货商场	淮北市	0.86
73	宿州市西厦百货大楼	宿州市	0.80
74	庐江县百货大楼	巢湖市	0.80
75	芜湖世茂百货有限公司	芜湖市	0.78
76	淮北九州商业大厦	淮北市	0.78
77	马鞍山华联商厦有限责任公司	马鞍山市	0.74
78	阜阳商厦儿童购物广场	阜阳市	0.72
79	淮北市金色华松	淮北市	0.72
80	六安市三星百货有限公司	六安市	0.70
81	庐江安德利贸易中心综合商场	巢湖市	0.70
82	万金时代广场	淮北市	0.67
83	歙县百姓缘购物广场(含苏宁电器)	黄山市	0.60
84	安徽天华商贸有限公司	六安市	0.60
85	霍邱家之都	六安市	0.60
86	无为县新百商厦	巢湖市	0.60
87	阜阳商厦新天源商城(涡阳县)	亳州市	0.52
88	淮南市百货大楼	淮南市	0.50
89	太湖百货大楼	安庆市	0.50
90	阜阳市阜南县百货大楼	阜阳市	0.50
91	阜阳市颍上县三八购物广场	阜阳市	0.50
92	亳州(安徽商之都)商场	亳州市	0.50
93	定远百大超市有限公司一百大商厦	滁州市	0.50
94	淮北新世界百货大楼有限责任公司	淮北市	0.50
95	安徽省寿县华联百货	六安市	0.50
96	无为商之都	巢湖市	0.50

注：表中资料来源于全省各地级市大中型商业网点调查。

表 6－87 安徽省 5000 平方米以上超市汇总表

序号	网点名称	所属城市	营业面积（万平方米）
1	滁州市凤阳县好又多超市有限公司	滁州市	0.58
2	巢湖安德利超市城北店	巢湖市	0.57
3	祁门县华媛超市有限公司	黄山市	0.56
4	濉溪真棒超市	淮北市	0.56
5	金寨恒信商贸有限公司华联超市凤城店	六安市	0.56
6	好又多超市肥东店	合肥市	0.55
7	当涂县快乐购超市	马鞍山市	0.55
8	望江金华联大厦	安庆市	0.55
9	阜阳华联莲池路分店	阜阳市	0.55
10	黄山区万得福购物广场	黄山市	0.55
11	台客隆连锁超市广德店	宣城市	0.55
12	苏果超市宁国有限公司	宣城市	0.55
13	阜阳市易购商贸大卖场	阜阳市	0.54
14	郎溪县东泉商场	宣城市	0.53
15	台客隆连锁超市宁国店	宣城市	0.53
16	合肥悦家有限责任公司(家乐福)恒丰店	合肥市	0.52
17	绩溪阳光实业有限公司	宣城市	0.52
18	阜阳商厦中新超市颍东大卖场	阜阳市	0.51
19	亳州市盖盛祥万福店	亳州市	0.51
20	双堆集新天地超市	淮北市	0.51
21	台客隆连锁超市绩溪店	宣城市	0.51
22	芜湖南陵世纪乐购超市	芜湖市	0.50
23	繁昌快乐购超市	芜湖市	0.50
24	合家福百大超市本(蚌埠)中心店	蚌埠市	0.50
25	当涂县大愚人超市	马鞍山市	0.50
26	宿松都六福超市	安庆市	0.50
27	宿州市灵璧新百商贸有限公司	宿州市	0.50
28	蒙城县五洲超市	亳州市	0.50
29	滁州天长市天正商务有限公司	滁州市	0.50
30	滁州定远华联连锁超市张桥世好经营	滁州市	0.50
31	中瑞超市	淮北市	0.50
32	台客隆连锁超市旌德店	宣城市	0.50
33	无为县新百商厦	巢湖市	0.50

注：表中资料来源于全省各地级市大中型商业网点调查。

表 6-88 安徽省 5000 平方米以上大型超市汇总表

序号	网点名称	所属城市	营业面积（万平方米）
1	大润发超市阜阳店	阜阳市	6.00
2	当涂县华润苏果超市	马鞍山市	4.00
3	淮北新惠康商贸有限公司	淮北市	3.60
4	安徽欧尚超市有限公司芜湖花津店	芜湖市	3.30
5	安徽欧尚超市马鞍山花雨店	马鞍山市	3.30
6	芜湖世纪联华发展有限公司中山路店	芜湖市	2.97
7	合肥百大合家福连锁超市购物广场	合肥市	2.80
8	北京华联综合超市股份有限公司长江路店	合肥市	2.68
9	合肥悦家商业有限公司家乐福长江店	合肥市	2.20
10	联华超市马鞍山店	马鞍山市	2.20
11	乐天玛特六安店	六安市	2.20
12	青岛润泰（马鞍山）股份有限公司	马鞍山市	2.00
13	当涂农工商（暂定）	马鞍山市	2.00
14	滁州市苏果超市（全椒）分公司	滁州市	2.00
15	苏果超市（淮北）有限公司	淮北市	2.00
16	台客隆连锁超市府山广场店	宣城市	2.00
17	青阳县苏果超市	池州市	2.00
18	北京华联综合超市股份有限公司安徽第 4 分公司（和平路店）	合肥市	1.91
19	合肥好又多超市有限公司望江路店	合肥市	1.80
20	沃尔玛芜湖中山北路分店	芜湖市	1.80
21	苏果超市芜湖城南泰鑫店	芜湖市	1.80
22	苏果超市长江商贸城店	淮南市	1.80
23	苏果超市宿州市购物广场	宿州市	1.80
24	台客隆连锁超市郎溪店	宣城市	1.80
25	沃尔玛深国投百货有限公司合肥胜利路分店	合肥市	1.73
26	特易购商业安徽有限公司蚌埠涂三分店（乐购超市）	蚌埠市	1.70
27	滁州苏果超市定远有限公司	滁州市	1.66
28	铜陵世纪联华超市有限公司	铜陵市	1.65
29	江苏时代超市有限公司乐天玛特巢湖店	巢湖市	1.61
30	合肥悦家商业有限公司家乐福环球广场店	合肥市	1.60

续表 6-88

序号	网点名称	所属城市	营业面积（万平方米）
31	华润苏果超市(合肥)购物中心	合肥市	1.50
32	合肥大润发超市清溪路店	合肥市	1.50
33	芜湖县苏果超市	芜湖市	1.50
34	家乐福超市宿州店	宿州市	1.50
35	阜阳苏果超市	阜阳市	1.50
36	阜阳市颍东区御龙湾苏果超市	阜阳市	1.50
37	合肥百大合家福连锁超市有限责任公司高新店	合肥市	1.47
38	华润苏果大卖场(涡阳县)	亳州市	1.46
39	沃尔玛超市六安梅山路店	六安市	1.40
40	安徽欧尚超市有限公司	芜湖市	1.38
41	苏果超市龙湖路店	淮南市	1.30
42	合肥世纪年华发展有限公司马鞍山分公司	马鞍山市	1.30
43	永辉超市股份有限公司滨湖店	合肥市	1.29
44	阜阳苏果超市太和店	阜阳市	1.27
45	铜陵百大合家福连锁超市	铜陵市	1.25
46	世纪联华杏花店	合肥市	1.21
47	永辉超市股份有限公司合肥站西路店	合肥市	1.20
48	芜湖世纪联华发展有限公司兴芜路店	芜湖市	1.20
49	沃尔玛(安徽)商业零售有限公司蚌埠胜利中路分店	蚌埠市	1.20
50	苏果超市凤台店	淮南市	1.20
51	阜阳万家福超市	阜阳市	1.20
52	台客隆黄山一店	黄山市	1.20
53	大润发超市	淮北市	1.20
54	苏果超市(铜陵)有限公司淮河大道购物广场	铜陵市	1.20
55	舒城县金润万家超市有限责任公司	六安市	1.20
56	巢湖世纪联华超市	巢湖市	1.20
57	沃尔玛(安徽)巢湖健康东路分店	巢湖市	1.20
58	淮南市大润发商业有限公司	淮南市	1.15
59	苏果超市(舒城)有限公司	六安市	1.14
60	安徽百大合家福连锁超市股份有限公司临泉东路店	合肥市	1.10

续表 6－88

序号	网点名称	所属城市	营业面积（万平方米）
61	特易购商业有限公司潜山路店	合肥市	1.10
62	农工商超市(集团)有限公司马鞍山店	马鞍山市	1.10
63	红府超市金湾名街店	淮南市	1.03
64	北京华联综合超市股份有限公司金寨路店	合肥市	1.00
65	蚌埠市固镇县金润万家超市	蚌埠市	1.00
66	安庆金华联时代购物广场	安庆市	1.00
67	望江世纪华联	安庆市	1.00
68	苏果超市(五河)有限公司	蚌埠市	1.00
69	霍山好又多超市	六安市	0.98
70	沃尔玛合作化路店	合肥市	0.97
71	苏果超市宿州市汴河西路社区店	宿州市	0.90
72	乐天玛特宿州店	宿州市	0.90
73	阜阳市阜南县新百购物广场	阜阳市	0.90
74	亳州市盖盛祥超市有限责任公司	亳州市	0.90
75	上海家得利有限公司铜陵分公司	铜陵市	0.90
76	霍邱好又多超市	六安市	0.85
77	特易购商业(安徽)有限公司(乐购超市)	合肥市	0.85
78	苏果超市泾县有限公司	宣城市	0.82
79	合肥海顿公馆永辉超市	合肥市	0.80
80	繁昌小燕子超市	芜湖市	0.80
81	蚌埠市华运超市	蚌埠市	0.80
82	百大超市(蚌埠)中心二店	蚌埠市	0.80
83	家乐福淮南大卖场	淮南市	0.80
84	合肥悦家马鞍山湖东店	马鞍山市	0.80
85	宿州市萧县万德福超市	宿州市	0.80
86	亳州市金色华联超市有限责任公司	亳州市	0.80
87	宣城市好又多超市有限公司	宣城市	0.80
88	六安市满天星贸易有限责任公司	六安市	0.80
89	金寨好又多超市	六安市	0.80
90	无为县苏果超市	巢湖市	0.80

续表 6-88

序号	网点名称	所属城市	营业面积（万平方米）
91	合肥爱莲超市有限公司(易初莲花)	合肥市	0.78
92	沃尔玛黄山路店	合肥市	0.78
93	上海家得利超市有限公司黄山分公司	黄山市	0.77
94	沃尔玛超市	淮北市	0.77
95	合肥百大合家福连锁超市有限责任公司颍上路购物中心	合肥市	0.75
96	南陵世纪华联超市	芜湖市	0.75
97	望江桃园超市	安庆市	0.75
98	定远县台客隆连锁超市有限责任公司	滁州市	0.75
99	苏果平价超市(和县)	巢湖市	0.75
100	合肥百大合家福连锁超市安医店	合肥市	0.70
101	繁昌县易得利商贸有限责任公司	芜湖市	0.70
102	蚌埠市世纪联华超市	蚌埠市	0.70
103	合肥悦家商贸有限公司蚌埠家乐福	蚌埠市	0.70
104	苏果超市科技大厦店	淮南市	0.70
105	安庆世纪华联超市	安庆市	0.70
106	宿州市泗县万德福超市	宿州市	0.70
107	苏果超市(亳州)有限公司	亳州市	0.70
108	万客隆购物超市(和县)	巢湖市	0.70
109	合肥沃尔玛深国投百货马鞍山路店	合肥市	0.70
110	沃尔玛(安徽)商业有限公司合肥长江东路分店	合肥市	0.69
111	淮北市宏源特卖场	淮北市	0.68
112	芜湖市永辉卖场	芜湖市	0.67
113	合肥好又多超市有限公司长江路店	合肥市	0.66
114	安徽百大合家福连锁超市股份有限公司沿河路店	合肥市	0.66
115	阜阳华联超市阜南中心店	阜阳市	0.65
116	锦江麦德龙现购自运有限公司合肥包河商场	合肥市	0.65
117	永辉超市股份有限公司乐活店	合肥市	0.65
118	合肥联家商贸发展有限公司肥东店	合肥市	0.65

续表 6－88

序号	网点名称	所属城市	营业面积（万平方米）
119	宿松县毛家时代超市	安庆市	0.65
120	宿州市砀山县东方购物广场	宿州市	0.65
121	苏果超市宿州市社区店	宿州市	0.62
122	北京华联综合超市股份有限公司安徽第 5 分公司（胜利路店）	合肥市	0.60
123	合肥联家商贸发展有限公司超市	合肥市	0.60
124	安徽省台客隆超市繁昌店	芜湖市	0.60
125	繁昌如海超市	芜湖市	0.60
126	蚌埠市伍佰超市有限公司	蚌埠市	0.60
127	蚌埠市固镇县天天乐超市	蚌埠市	0.60
128	阜阳市颍上县家家乐商贸超市	阜阳市	0.60
129	阜阳市临泉县金谷物美购物超市	阜阳市	0.60
130	歙县万宝购物中心	黄山市	0.60
131	滁州天长市天丰广场	滁州市	0.60
132	滁州市全椒县忠良超市	滁州市	0.60
133	六安市世纪联华商贸有限公司	六安市	0.60

注：表中资料来源于全省各地级市大中型商业网点调查。

表 6－89　安徽省 5000 平方米以上专业店/专卖店汇总表

序号	网点名称	所属城市	营业面积（万平方米）
1	芜湖亚夏汽车城一期	芜湖市	13.00
2	信地置业（合肥）有限公司红星美凯龙	合肥市	9.53
3	安庆长鑫商厦	安庆市	1.70
4	繁昌县宜美家居广场	芜湖市	1.50
5	宝龙数码港有限公司（蚌埠店）	蚌埠市	1.50
6	蚌埠市汽车城	蚌埠市	1.50
7	淮南市四海汇银家电有限公司	淮南市	1.20
8	苏宁电器阜阳店	阜阳市	1.20
9	阜阳商厦港利家电广场	阜阳市	1.20
10	安庆供销大厦	安庆市	1.10
11	合肥百脑汇	合肥市	1.00
12	安庆商都	安庆市	1.00

续表 6 - 89

序号	网点名称	所属城市	营业面积（万平方米）
13	翔通别克汽车 4S 店	铜陵市	1.00
14	东方家园家居建材商业有限公司合肥明珠分公司	合肥市	0.92
15	安徽五星电器有限公司六安大卖场	六安市	0.92
16	奇瑞汽车芜湖特许销售店	芜湖市	0.80
17	一汽解放芜湖特许销售店	芜湖市	0.80
18	阜阳数码电脑广场	阜阳市	0.80
19	阜阳星光珠宝城	阜阳市	0.80
20	安庆赛格数码城一期	安庆市	0.70
21	滁州百老汇数码电脑广场	滁州市	0.70
22	国森电器(一店和二店)	淮北市	0.70
23	芜湖苏宁电器有限公司	芜湖市	0.69
24	滁州市国美电器	滁州市	0.60
25	五星电器(步行街店和华松店)	淮北市	0.60
26	滁州市五星电器有限公司	滁州市	0.56
27	马鞍山苏宁电器解放路店	马鞍山市	0.53
28	滁州苏宁电器有限公司	滁州市	0.53
29	五星电器宿州路店	合肥市	0.50
30	芜湖光大家具城	芜湖市	0.50
31	芜湖恒林家具城	芜湖市	0.50
32	苏宁电器(蚌埠店)	蚌埠市	0.50
33	国美电器(蚌埠店)	蚌埠市	0.50
34	阜阳商厦电动车大卖场	阜阳市	0.50
35	滁州市北大荒商都有限公司	滁州市	0.50
36	滁州市百脑汇数码广场	滁州市	0.50
37	滁州市定远县天地数码城	滁州市	0.50
38	苏宁电器	淮北市	0.50
39	宏源电器(惠黎、阳光和久兴店)	淮北市	0.50
40	红达电器旗舰店	六安市	0.50
41	红达电器霍邱店	六安市	0.50
42	安徽五星电器有限公司芜湖大卖场	芜湖市	0.50
43	芜湖市国美电器有限公司	芜湖市	0.50

注：表中资料来源于全省各地级市大中型商业网点调查。

表 6-90　安徽省 5000 平方米以上家居建材商店汇总表

序号	网点名称	所属城市	营业面积（万平方米）
1	滁州来安县金太阳装饰城	滁州市	55.00
2	安庆舒怡国际家居购物广场	安庆市	10.00
3	滁州市全椒县盛大装饰城	滁州市	10.00
4	阜阳市红星美凯龙家居广场	阜阳市	9.40
5	北京居然之家建材市场有限公司瑶海店	合肥市	8.70
6	合肥华邦.伊赛特家居汇	合肥市	7.20
7	红星美凯龙(蚌埠市淮上区)	蚌埠市	7.00
8	蚌埠市雅豪家居	蚌埠市	7.00
9	淮北兆基实业有限公司	淮北市	5.70
10	北京居然之家建材市场有限公司合肥滨湖店	合肥市	5.00
11	马鞍山市雨山区富园家具城	马鞍山市	5.00
12	芜湖红星国际家居生活广场名流商场	芜湖市	5.00
13	福海国际家具博览中心	芜湖市	4.53
14	滁州市定远县万汇龙装饰大卖专场	滁州市	4.49
15	黄山市金太阳置业投资有限公司	黄山市	3.74
16	马鞍山好百年家具花山美居店	马鞍山市	3.60
17	安徽中州家具世界	合肥市	3.00
18	金太阳家具城	合肥市	3.00
19	皖南家居城	芜湖市	3.00
20	马鞍山好百年家具江东大道店	马鞍山市	3.00
21	皖南建材大市场	池州市	3.00
22	芜湖百年居家具灯具世界	芜湖市	2.00
23	淮南泽丰家具城	淮南市	2.00
24	铜陵市红星家具小商品有限责任公司	铜陵市	1.80
25	巢湖洁源家居商贸有限公司(含山)	巢湖市	1.80
26	淮北盛世商贸城	淮北市	1.60
27	亳州市三联家私	亳州市	1.50
28	瑶海国际家具世界	合肥市	1.20
29	马鞍山好百年家具中央花园店	马鞍山市	1.20
30	安庆大观家具城	安庆市	1.20

续表 6-90

序号	网点名称	所属城市	营业面积（万平方米）
31	家福特装饰有限责任公司	合肥市	1.20
32	马鞍山市雨山区华东家私商城	马鞍山市	1.00
33	阜阳市临泉美丽园家居广场	阜阳市	1.00
34	滁州天长市天润城	滁州市	0.80
35	濉溪县新诚商业运营管理有限公司	淮北市	0.78
36	桐城兴尔旺建材超市	安庆市	0.70
37	尚都家具城	宿州市	0.70
38	庐江县物宝家具市场	巢湖市	0.70
39	濉溪县前进家具	淮北市	0.65
40	砀山县盛世嘉园家居有限公司	宿州市	0.60
41	阜阳市界首南方家具城	阜阳市	0.60
42	定远县恒远蓝天家居装饰有限公司	滁州市	0.58
43	滁州市华美家居城	滁州市	0.55
44	铜陵市铜陵商城——华东家具城	铜陵市	0.55
45	淮北市皖北大厦	淮北市	0.51
46	阜阳市太和瑶海美居家具城	阜阳市	0.50
47	泾县东方家居	宣城市	0.50
48	宁国市家居建材商行	宣城市	0.50

注:表中资料来源于全省各地级市大中型商业网点调查。

表 6-91 安徽省 5000 平方米以上小商品市场汇总表

序号	网点名称	所属城市	营业面积（万平方米）
1	蚌埠光彩大市场(一、二期)	蚌埠市	105.50
2	阜阳市临沂商城	阜阳市	50.00
3	池州站前区徽商大市场	池州市	28.00
4	安徽大市场	合肥市	25.00
5	合肥长江批发市场	合肥市	20.00
6	宇航国际商贸城一期	芜湖市	14.00
7	江南国际市场园一期	芜湖市	12.00
8	合肥城隍庙市场	合肥市	10.00
9	芜湖长街小商品批发市场	芜湖市	10.00

续表 6-91

序号	网点名称	所属城市	营业面积(万平方米)
10	路桥日用品市场(蚌埠店)	蚌埠市	9.00
11	商贸文化广场	淮南市	8.20
12	淮北市久兴批发购物中心限公司	淮北市	8.20
13	安徽白马服装城(三期)	合肥市	8.00
14	六安全家福品牌批发市场	六安市	7.50
15	红旗商贸文化广场	淮南市	7.30
16	蚌埠市二马路小商品批发市场	蚌埠市	6.70
17	宿州市光彩城农资批发大市场	宿州市	6.50
18	安徽白马服装城(二期)	合肥市	6.00
19	合肥漕冲糖酒批发商城	合肥市	6.00
20	合肥义乌美容美发城	合肥市	6.00
21	东至商业步行街	池州市	6.00
22	金凤凰财富广场	六安市	5.80
23	怀宁人王庙市场	安庆市	5.50
24	六安义乌小商品批发市场	六安市	4.80
25	吉和大市场	芜湖市	4.60
26	安徽中绿广场二期	合肥市	4.50
27	安徽白马服装城(一期)	合肥市	4.20
28	安徽中绿广场一期	合肥市	4.10
29	合肥工艺饰品城	合肥市	4.00
30	长街小商品市场	芜湖市	4.00
31	巨龙大市场	芜湖市	4.00
32	蚌埠市太平街综合批发市场	蚌埠市	4.00
33	怀宁皖西南小商品批发市场	安庆市	4.00
34	太极商城小商品市场	宣城市	3.40
35	合肥九龙珠儿童城	合肥市	3.00
36	金湾名街	淮南市	3.00
37	安庆枞阳门市场	安庆市	3.00
38	阜阳市太和县宜和商城	阜阳市	3.00
39	阜阳市家纺一条街	阜阳市	3.00

续表 6-91

序号	网点名称	所属城市	营业面积（万平方米）
40	天徽古玩城	合肥市	2.90
41	阜阳市临泉县统一广场	阜阳市	2.80
42	滁州市金光大道小商品市场	滁州市	2.70
43	滁州市定远县瑞特家居小商品市场	滁州市	2.51
44	六安大市场二期	六安市	2.40
45	合肥世茂商城	合肥市	2.30
46	固镇县刘集镇朝阳农贸批发市场	蚌埠市	2.30
47	六安大市场一期	六安市	2.10
48	安徽四季青服装市场	合肥市	2.00
49	温州商贸城	芜湖市	2.00
50	东城市场(服装)	淮南市	2.00
51	谯城区工业品批发市场	亳州市	2.00
52	六安市华好综合大市场	六安市	2.00
53	黄山工商城小商品市场	黄山市	1.60
54	蚌埠市南山古玩玉器城	蚌埠市	1.50
55	巢湖市天湖商城	巢湖市	1.50
56	芜湖纺织城	芜湖市	1.30
57	芜湖县延安路小商品街	芜湖市	1.30
58	阜阳温州服饰一条街	阜阳市	1.25
59	安庆胡玉美商品市场	安庆市	1.20
60	安庆大南门商品市场	安庆市	1.20
61	枞阳横埠雄姿市场	安庆市	1.20
62	池州站前区甲地商贸城	池州市	1.20
63	安徽皮具市场	合肥市	1.10
64	芜湖县四海商城	芜湖市	1.10
65	安徽宝业家纺广场	合肥市	1.05
66	安徽茶城	合肥市	1.00
67	阜阳市阜南县现代商贸城	阜阳市	1.00
68	阜阳界首市贵源商贸城太平街市场	阜阳市	1.00
69	铜陵市铜陵商城——乐都	铜陵市	0.95

续表 6 - 91

序号	网点名称	所属城市	营业面积（万平方米）
70	滁州市南谯小商品市场	滁州市	0.93
71	宿州市温州小商品批发市场	宿州市	0.86
72	宿州市华美家具城	宿州市	0.80
73	阜阳阜南县富陂商城小商品批发中心	阜阳市	0.80
74	滁州市定远县金鑫小商品批发市场	滁州市	0.80
75	宣州农贸市场	宣城市	0.80
76	安徽恒通批发市场	合肥市	0.72
77	怀宁石牌京源商贸城	安庆市	0.70
78	滁州天长市天发广场小商品市场	滁州市	0.70
79	青阳县蓉东市场	池州市	0.70
80	淮北市三堤口工业品批发市场	淮北市	0.66
81	阜阳中南商贸城	阜阳市	0.62
82	宣城义乌小商品市场	宣城市	0.50

注：表中资料来源于全省各地级市大中型商业网点调查。

表 6 - 92　安徽省 5000 平方米以上农产品交易市场汇总表

序号	网点名称	所属城市	营业面积（万平方米）
1	金寨船冲板栗市场	六安市	30.00
2	长江市场园蔬菜批发市场	芜湖市	18.52
3	周谷堆农产品批发市场	合肥市	18.00
4	大别山绿色商城	六安市	18.00
5	阜阳新华农贸大市场	阜阳市	16.13
6	峨桥茶市	芜湖市	15.10
7	叶集思源农副产品批发市场	六安市	13.40
8	皖江蔬菜批发市场(和县)	巢湖市	13.30
9	铜陵绿源农产品大市场	铜陵市	12.50
10	刘渡木材市场	巢湖市	12.50
11	合肥徽商城农产品批发市场	合肥市	12.40
12	马鞍山安民农产品交易市场	马鞍山市	11.90
13	阜阳市临泉县皖浙农贸综合大市场	阜阳市	10.00
14	叶集皖西农贸批发市场	六安市	10.00

续表 6-92

序号	网点名称	所属城市	营业面积（万平方米）
15	蚌埠华运蔬菜批发市场	蚌埠市	9.30
16	巢湖市亚父农副产品批发市场	巢湖市	8.68
17	潜山皖西南农贸大市场	安庆市	8.00
18	宿州市萧县丁里农产品交易中心	宿州市	8.00
19	谯城蔬菜批发市场	亳州市	8.00
20	六安市金安区三十铺农特大市场	六安市	7.00
21	石台茶城	池州市	7.00
22	襄安长绒蟹交易市场	巢湖市	7.00
23	黄山大华国际农贸城	黄山市	6.50
24	阜阳农产品中心批发市场	阜阳市	6.00
25	孔集竹业大市场	六安市	6.00
26	安徽中国中部花木城	合肥市	5.80
27	宿州市砀山农产品中心惠丰批发市场	宿州市	5.50
28	舒城县房地产管理局春秋农贸市场管理中心	六安市	5.47
29	五显竹业大市场	六安市	5.30
30	安徽省舒城县三旭塘农副产品综合市场	六安市	5.20
31	东至长江水产品大市场	池州市	5.20
32	合肥洪福家禽批发市场	合肥市	5.00
33	安庆水产品大市场	安庆市	4.50
34	当涂县石臼湖水产品交易市场	马鞍山市	4.00
35	淮北凤凰山农贸城(一期)	淮北市	4.00
36	巢湖市鼎元农副产品综合批发交易管理有限公司	巢湖市	4.00
37	屯溪农产品批发市场	黄山市	3.90
38	皖苏边界农产品批发市场	宣城市	3.80
39	皖西蔬菜批发市场	六安市	3.80
40	三山农产品批发市场	芜湖市	3.60
41	宿州市泗县大庄农贸市场	宿州市	3.60
42	蚌埠城南农副产品批发交易市场	蚌埠市	3.50
43	安徽舒城蔬菜批发市场	六安市	3.50
44	寿县板桥草席市场	六安市	3.50

续表 6-92

序号	网点名称	所属城市	营业面积（万平方米）
45	宁国市中心蔬菜综合市场	宣城市	3.10
46	当涂县塘南水产品交易大市场	马鞍山市	3.00
47	阜阳市太和县三角元农贸大市场	阜阳市	3.00
48	张店镇洪山综合大市场	六安市	3.00
49	宿州市埇桥区支河农贸市场	宿州市	2.70
50	蚌埠市五河县沫河口镇农贸市场	蚌埠市	2.50
51	宿州市埇桥区大店粮油批发市场	宿州市	2.50
52	宿州市泗县墩集农贸市场	宿州市	2.50
53	中瑞农产品批发市场	淮北市	2.50
54	舒城县晓天镇茶叶大市场	六安市	2.50
55	庐江县小乔水果、木材批发市场	巢湖市	2.50
56	青阳县富贵陵阳大市场	池州市	2.40
57	金寨朱堂茶叶市场	六安市	2.30
58	蚌埠市宏业人市场	蚌埠市	2.20
59	夏集大米批发市场(农产品)	淮南市	2.20
60	滁州市定远县红太阳商贸有限公司	滁州市	2.20
61	滁州市定远县西卅店综合大市场	滁州市	2.20
62	铜陵市蔬菜批发交易市场	铜陵市	2.20
63	六安南门农贸市场	六安市	2.20
64	黄山茶城	黄山市	2.12
65	清水白肉批发市场	芜湖市	2.05
66	蚌埠市五河县双庙镇皖北杂粮市场	蚌埠市	2.00
67	蚌埠市固镇县石湖西瓜大市场	蚌埠市	2.00
68	鑫海农产品批发市场(农产品)	淮南市	2.00
69	怀宁石牌农贸批发市场	安庆市	2.00
70	宿州市皖北蔬菜批发市场	宿州市	2.00
71	蚌埠市固镇县果蔬批发市场	蚌埠市	1.90
72	宿州市砀山县新联综合农贸市场	宿州市	1.90
73	当涂县丹阳镇丹阳边贸大市场	马鞍山市	1.80
74	岳西山货大市场	安庆市	1.70

续表 6-92

序号	网点名称	所属城市	营业面积（万平方米）
75	蚌埠市五河县金贸土产有限公司	蚌埠市	1.50
76	蚌埠市五河县头铺镇农贸市场	蚌埠市	1.50
77	蚌埠市固镇县津浍农贸城	蚌埠市	1.50
78	人民路蔬菜批发市场(农产品)	淮南市	1.50
79	宿州市埇桥区沱河农贸市场	宿州市	1.50
80	蒙城漆园农贸市场	亳州市	1.50
81	滁州市全椒县南屏农贸市场	滁州市	1.50
82	旌德万和市场	宣城市	1.50
83	蚌埠市五河县金海农贸有限公司	蚌埠市	1.40
84	宿州市砀山县朱楼农贸市场	宿州市	1.40
85	铜陵市五松(瓜果)综合批发市场	铜陵市	1.40
86	蚌埠市大明沟水果批发市场	蚌埠市	1.30
87	涡阳西城农贸市场	亳州市	1.30
88	古饶秦集商业街	淮北市	1.30
89	广德县农林产品交易市场	宣城市	1.30
90	池州市翠柏路农贸市场	池州市	1.30
91	蚌埠市固镇县津浍市场	蚌埠市	1.20
92	宿州市砀山县曹庄镇农贸市场	宿州市	1.20
93	滁州市琅琊区扬子路农贸市场	滁州市	1.16
94	繁昌县鑫盛市场	芜湖市	1.10
95	池州市毓秀门农贸市场	池州市	1.10
96	城南畜禽交易屠宰市场	芜湖市	1.07
97	蚌埠市五河县东刘集镇农贸市场	蚌埠市	1.00
98	蚌埠市五河县界沟淮江农贸市场	蚌埠市	1.00
99	安庆康熙河农副产品市场	安庆市	1.00
100	烈山工人村望阳综合农贸市场	淮北市	1.00
101	绩溪县华阳徽菜原料贸易有限公司	宣城市	1.00
102	铜陵市人民菜市场	铜陵市	1.00
103	滁州市琅琊区丰乐农副产品综合市场	滁州市	0.91
104	蚌埠市经济开发区山南村菜场	蚌埠市	0.90

续表 6-92

序号	网点名称	所属城市	营业面积（万平方米）
105	滁州市定远县张桥农贸市场	滁州市	0.90
106	宣州溪口茶叶及香菇市场	宣城市	0.90
107	滁州市定远县市场服务中心曲阳市场	滁州市	0.89
108	铜陵县钟鸣农副产品综合市场	铜陵市	0.89
109	安庆龙狮桥蔬菜批发市场	安庆市	0.85
110	黄山工商城农产品市场	黄山市	0.85
111	石台秋浦大市场	池州市	0.85
112	易太白肉批发市场	芜湖市	0.80
113	安庆新贵茶叶大市场	安庆市	0.80
114	宿州市皖北蔬菜批发市场(二期)	宿州市	0.80
115	宿州市萧县新龙城农贸市场	宿州市	0.80
116	黄山区龙井市场	黄山市	0.80
117	黟县润豪农贸市场	黄山市	0.80
118	烈山工人村杨庄综合农贸市场	淮北市	0.80
119	古饶镇蔡桥集综合农贸市场	淮北市	0.80
120	宣州水阳水产品交易市场	宣城市	0.80
121	庐江县金鹏农副产品批发市场	巢湖市	0.80
122	滁州市南谯区湖心路农贸市场	滁州市	0.76
123	滁州市明光综合市场	滁州市	0.76
124	宿州市泗县大路口农贸市场	宿州市	0.75
125	含山县农产品综合市场	巢湖市	0.75
126	蚌埠市钓鱼台农贸市场	蚌埠市	0.70
127	滁州市永阳市场	滁州市	0.70
128	滁州市凤阳县鼓楼农贸市场	滁州市	0.70
129	宣州市场服务中心	宣城市	0.70
130	泾县腾达农贸市场	宣城市	0.70
131	东方农副产品批发市场	巢湖市	0.70
132	滁州市天乐农贸市场	滁州市	0.70
133	广德县中心农贸市场	宣城市	0.67
134	铜陵市隆门白肉批发大市场	铜陵市	0.66

续表 6-92

序号	网点名称	所属城市	营业面积（万平方米）
135	宿州市符离综合农贸市场	宿州市	0.65
136	宿州市萧县虎山综合农贸市场	宿州市	0.65
137	巢湖市凤凰山农副产品综合市场	巢湖市	0.64
138	石台县农产品批发交易市场	池州市	0.63
139	蚌埠市张公山金厦农产品批发市场	蚌埠市	0.60
140	蚌埠市经济开发区龙湖农贸市场	蚌埠市	0.60
141	安庆工农街消费品综合市场	安庆市	0.60
142	黄山太平茶叶大市场	黄山市	0.60
143	铜陵县中心农贸市场	铜陵市	0.60
144	广德万桂山农贸市场	宣城市	0.60
145	宣州狸桥镇农产品交易市场	宣城市	0.60
146	宁国市中心农贸市场	宣城市	0.60
147	滁州市琅琊区交通路菜场	滁州市	0.57
148	滁州市琅琊区惠民农产品批发市场	滁州市	0.52
149	铜陵县城北农贸市场	铜陵市	0.52
150	滁州市食品大厦	滁州市	0.51
151	铜陵市郊区大通菜市场	铜陵市	0.51
152	蚌埠市新天地商贸城	蚌埠市	0.50
153	蚌埠市南北米亚农贸市场	蚌埠市	0.50
154	蚌埠经济开发区金奥华府净菜市场	蚌埠市	0.50
155	黄山区芙蓉市场	黄山市	0.50
156	滁州天长市芡实大市场	滁州市	0.50
157	滁州市清流市场	滁州市	0.50
158	宋疃镇马场综合农贸市场	淮北市	0.50
159	青龙山综合农贸市场	淮北市	0.50
160	烈山镇蔡里综合农贸市场	淮北市	0.50
161	阜阳市颍上县西三十铺仁和三粉专业市场	阜阳市	0.50
162	蚌埠市五河县新集镇农贸市场	蚌埠市	0.50

注：表中资料来源于全省各地级市大中型商业网点调查。

表 6-93　安徽省 5000 平方米以上建材批发市场汇总表

序号	网点名称	所属城市	营业面积（万平方米）
1	怀宁建材批发市场	安庆市	60.00
2	华东国际建材中心	合肥市	58.00
3	六安振兴集团国际光彩大市场	六安市	50.00
4	繁昌县石材石雕市场	芜湖市	20.00
5	永安建材大市场(建材)	淮南市	20.00
6	六安国际光彩大市场二期	六安市	20.00
7	六安佳美乐广场	六安市	17.00
8	长江商贸城(建材)	淮南市	16.00
9	蚌埠通成家具建材大市场	蚌埠市	14.00
10	光彩城装饰建材批发市场	宿州市	14.00
11	池州站前区国际家具城	池州市	12.00
12	蚌埠市怀远县华海建材批发市场	蚌埠市	11.00
13	铜陵大市场	铜陵市	11.00
14	阜阳市颍上县蓝星装饰建材大市场	阜阳市	10.37
15	安徽红旗建材批发市场	合肥市	10.00
16	滁州市全椒县安福建材大市场	滁州市	10.00
17	五里庙装饰世界	合肥市	10.00
18	淮潘建材大市场(建材)	淮南市	9.00
19	六安市顺达大市场有限公司	六安市	9.00
20	马鞍山南方嘉园商城	马鞍山市	8.00
21	枞阳周潭澄英建材市场	安庆市	8.00
22	六安亿丰建材装饰城	六安市	8.00
23	池州站前区百汇广场	池州市	8.00
24	郎溪建材市场	宣城市	7.60
25	望湖美家居	合肥市	6.80
26	安徽国强钢材交易中心	合肥市	6.00
27	金泰建材市场	合肥市	6.00
28	宝文国际装饰广场	合肥市	5.00
29	芜湖源丰装饰城	芜湖市	5.00
30	泗县南尤建材市场	宿州市	5.00

续表 6-93

序号	网点名称	所属城市	营业面积（万平方米）
31	马鞍山雨山区三台国际建材商城	马鞍山市	4.87
32	巢湖大市场	巢湖市	4.50
33	徽商钢材市场	合肥市	4.00
34	枞阳会宫建材大市场	安庆市	3.70
35	东方商城	合肥市	3.50
36	红旗美家家居有限公司	合肥市	3.40
37	铜陵市中南建材大市场	铜陵市	3.40
38	安徽金三角建材商城	合肥市	3.20
39	马鞍山康华吉百盛建材广场	马鞍山市	3.20
40	铜陵市茂源大市场	铜陵市	3.15
41	安徽亿丰装饰广场	合肥市	3.00
42	阜阳市瑶海家具装饰建材市场	阜阳市	3.00
43	滁州市长江商贸城建材批发市场	滁州市	3.00
44	马鞍山东源美家乐建材家居广场	马鞍山市	2.60
45	六安市温州装饰建材大市场	六安市	2.20
46	铜陵县井湖大市场	铜陵市	2.10
47	六安大市场金典家具灯具城	六安市	2.10
48	芜湖金鸿新装饰城	芜湖市	2.00
49	当涂洁源家居广场	马鞍山市	2.00
50	六安市建材大市场	六安市	2.00
51	中南建材城	芜湖市	1.84
52	蚌埠市固镇县光彩大市场	蚌埠市	1.60
53	安徽红旗石材市场	合肥市	1.50
54	广德县建材批发市场	宣城市	1.50
55	宣城市建材批发市场	宣城市	1.50
56	枞阳横埠建材市场	安庆市	1.30
57	合肥瑶海蚌埠家具世界	蚌埠市	1.10
58	安美商业街	合肥市	1.00
59	阜阳市阜南县建材大市场	阜阳市	0.60
60	滁州市建材市场	滁州市	0.52

注：表中资料来源于全省各地级市大中型商业网点调查。

表 6-94 安徽省 5000 平方米以上汽摩、汽配及其他市场汇总表

序号	网点名称	所属城市	营业面积（万平方米）
1	阜阳汽贸物流园	阜阳市	300.00
2	芜湖县苏皖大市场	芜湖市	52.00
3	马鞍山汽车城	马鞍山市	25.00
4	阜阳农机大市场	阜阳市	23.00
5	当涂县博望刃具模具大市场	马鞍山市	20.00
6	淮矿物流大市场(生产资料)	淮南市	15.00
7	池州站前区上海城	池州市	14.00
8	合肥大地汽摩配有限责任公司汽摩配市场	合肥市	13.00
9	六安国际汽车城一期	六安市	9.16
10	中国矿业设备博览城	淮北市	9.00
11	安庆钢材大市场	安庆市	8.00
12	安庆英德利国际汽车城	安庆市	7.50
13	怀宁吉宽再生资源月山回收中心	安庆市	6.50
14	淮北汽车城	淮北市	6.40
15	安徽国际汽车城	合肥市	6.00
16	蒙城汽贸市场	亳州市	6.00
17	池州站前区盛园汽贸	池州市	4.00
18	安庆青园农机机电大市场	安庆市	3.00
19	望江棉业大市场	安庆市	3.00
20	安徽省铜陵市铜商品大市场	铜陵市	2.60
21	佛教文化园	池州市	2.50
22	迎湖二手车市场(二手车)	淮南市	2.00
23	当涂东门钢材大市场	马鞍山市	2.00
24	铜陵市汽贸城汽车交易市场	铜陵市	2.00
25	九华红蚕桑文化园	池州市	2.00
26	九华素食文化园	池州市	2.00
27	芜湖汽配城	芜湖市	1.80
28	中之建铜陵国内钢材物流交易市场	铜陵市	1.80
29	安徽迅捷物流摩配市场	合肥市	1.50
30	宿州市飞跃旧机动车交易市场	宿州市	1.50

续表 6-94

序号	网点名称	所属城市	营业面积（万平方米）
31	宿州市机动车配件市场	宿州市	1.20
32	宿州市大众旧机动车交易市场	宿州市	1.20
33	合肥汽配城	合肥市	0.91
34	芜湖县中法机械商贸城	芜湖市	0.80
35	淮北大华电脑城	淮北市	0.78
36	桐城兴尔旺汽摩城	安庆市	0.50
37	庐江县城西汽车城	巢湖市	0.50

注：表中资料来源于全省各地级市大中型商业网点调查。

表 6-95 安徽省商业街汇总表

序号	网点名称	所属城市	建筑面积（万平方米）
1	芜湖中山路商业步行街	芜湖市	330000
2	合肥淮河路商业步行街	合肥市	300000
3	中央城财富商业街	芜湖市	250000
4	中国江南文化园	铜陵市	193000
5	巢湖市人民路商业步行街	巢湖市	155400
6	马鞍山花山区解放路商业街	马鞍山市	130000
7	马鞍山花山区湖东路商业街	马鞍山市	130000
8	马鞍山花山区花山路建材街	马鞍山市	110000
9	潜山天柱第一城	安庆市	100000
10	淮南市商贸文化广场	淮南市	82000
11	淮南市红旗商贸文化广场	淮南市	72770
12	星隆国际城商业街	芜湖市	71000
13	六安市明珠广场	六安市	65000
14	怀宁商业步行街	安庆市	62000
15	潜山皖镇商业街	安庆市	60000
16	东至商业步行街	池州市	60000
17	蚌埠汇金商业广场	蚌埠市	57000
18	芜湖镜街	芜湖市	56000
19	淮北市中央花城	淮北市	49800
20	马鞍山金家庄金瑞商贸创业园	马鞍山市	40000
21	淮南市龙湖路地下商城	淮南市	36000

续表 6-95

序号	网点名称	所属城市	建筑面积（万平方米）
22	芜湖凤凰美食街	芜湖市	32000
23	翠湖二路风情食尚街	铜陵市	32000
24	淮南市田家庵区金湾名街	淮南市	30000
25	金家庄区乔山路商业街	马鞍山市	30000
26	阜阳市家纺一条街	阜阳市	30000
27	郎溪精品一条街	宣城市	30000
28	星隆国际城地下商业街	芜湖市	28000
29	宿松园林商业步行街	安庆市	24300
30	芜湖小九华商业街	芜湖市	23000
31	安庆神墩商业街	安庆市	20000
32	枞阳汤沟中心商业街	安庆市	20000
33	九华红蚕桑文化园	池州市	20000
34	芜湖县延安路步行商业街	芜湖市	19000
35	芜湖新时代商业街	芜湖市	16000
36	安庆香水百合风情商业街	安庆市	15000
37	夫子庙广场(广德县)	宣城市	15000
38	淮北市古饶镇秦集商业街	淮北市	13000
39	阜阳市温州服饰一条街	阜阳市	12500
40	安庆湖心路书刊一条街	安庆市	12000
41	巢湖市居巢区南巢商业街	巢湖市	12000
42	安庆小康商业街	安庆市	10000
43	望江小北门商业街	安庆市	10000
44	怀宁石牌皖江步行街	安庆市	8600
45	马鞍山花山区重阳路美食街	马鞍山市	8470
46	怀宁石牌华盛步行街	安庆市	8000
47	蚌埠市张公山美食广场	蚌埠市	7367
48	合肥元一名城中西街	合肥市	6000
49	安庆世纪广场商业街	安庆市	5000
50	安庆万豪精品商业街	安庆市	5000
51	安庆吕八街服饰一条街	安庆市	5000
52	桐城兴尔旺美食街	安庆市	5000

注:表中数据来源于全省各地级市大中型商业网点调查。

表 6 - 96　安徽省农贸市场汇总表

序号	农贸(菜)市场名称	所属城市	市场类型	企业类型	占地面积(亩)	经营面积(平方米)	摊位数量(个)	
							固定	临时
1	杨桂塘农贸市场	合肥市	综合市场	国有	5.25	10000	320	322
2	城西农贸市场	合肥市	综合市场	民营	2.00	1000	200	170
3	桥北农贸市场	合肥市	综合市场	民营	4.00	3000	120	89
4	上磷路农贸市场	合肥市	综合市场	国有	2.00	1440	180	88
5	高刘镇农贸市场	合肥市	综合市场	国有	3.60	2000	130	65
6	长岗农贸市场	合肥市	综合市场	国有	4.50	2500	200	120
7	烧脉农贸市场	合肥市	综合市场	国有	10.00	8104	270	67
8	农兴农贸市场	合肥市	综合市场	国有	60.00	6600	260	87
9	西街农贸市场	合肥市	综合市场	国有	0.75	500	90	40
10	茶棚农贸市场	合肥市	综合市场	国有	0.75	800	100	56
11	北街农贸市场	合肥市	综合市场	国有	50.00	12000	220	140
12	南街农贸市场	合肥市	综合市场	国有	1.20	550	180	98
13	二十埠农贸市场	合肥市	综合市场	国有	34.00	6000	450	235
14	照山农贸市场	合肥市	综合市场	国有	3.00	3000	90	66
15	小庙市场	合肥市	综合市场	国有	50.00	18000	200	121
16	柿树岗农贸市场	合肥市	综合市场	国有	0.45	3200	150	90
17	唐新街集贸市场	合肥市	综合市场	国有	20.00	2000	100	56
18	防虎集贸市场	合肥市	综合市场	国有	20.00	1800	100	60
19	界河集贸市场	合肥市	综合市场	国有	2.25	1800	180	80
20	金牛农贸市场	合肥市	综合市场	国有	2.00	5000	300	166
21	花岗农贸市场	合肥市	综合市场	国有	1.00	1000	190	95
22	孙集农贸市场	合肥市	综合市场	国有	2.30	9300	110	76
23	官亭农贸市场	合肥市	综合市场	国有	50.00	4000	367	150
24	金桥农贸市场	合肥市	综合市场	国有	40.00	3800	350	160
25	长镇农贸市场	合肥市	综合市场	国有	17.00	1000	180	80
26	铭传乡农贸市场	合肥市	综合市场	国有	3.00	2000	170	66
27	江夏农贸市场	合肥市	综合市场	国有	25.00	500	150	70
28	高店农贸市场	合肥市	综合市场	国有	1.50	500	200	65
29	丰乐农贸市场	合肥市	综合市场	国有	5.00	2000	100	70
30	苏小农贸市场	合肥市	综合市场	国有	2.00	5333	180	90

续表 6－96

序号	农贸(菜)市场名称	所属城市	市场类型	企业类型	占地面积(亩)	经营面积(平方米)	摊位数量(个)	
							固定	临时
31	刘河集贸市场	合肥市	综合市场	国有	3.00	6000	199	88
32	严店农贸市场	合肥市	综合市场	国有	2.20	12000	170	66
33	庐城中心菜市场	合肥市	零售	国有	7.88	5252	120	68
34	城东农贸市场	合肥市	零售	国有	1.23	818	27	10
35	塔山农贸市场	合肥市	零售	国有	1.34	891	30	15
36	汤池镇农贸市场	合肥市	零售	国有	1.54	896	53	30
37	石头镇农贸市场	合肥市	零售	国有	2.17	1383	35	15
38	白山镇农贸市场	合肥市	零售	国有	2.06	1239	40	19
39	盛桥镇农贸市场	合肥市	零售	国有	1.98	1203	40	17
40	乐桥镇农贸市场	合肥市	零售	民营	25.00	4100	80	36
41	郭河镇农贸市场	合肥市	零售	民营	12.00	2800	70	20
42	金牛镇农贸市场	合肥市	零售	民营	20.00	2600	80	20
43	白湖镇农贸市场	合肥市	零售	民营	30.00	3569	260	40
44	罗河镇农贸市场	合肥市	零售	国有	2.20	1300	40	16
45	泥河镇农贸市场	合肥市	零售	国有	2.90	1560	90	30
46	柯坦镇陈埠市场	合肥市	零售	民营	1.20	1550	40	20
47	龙桥镇农贸市场	合肥市	零售	国有	2.60	1260	48	30
48	矾山镇农贸市场	合肥市	零售	国有	2.20	1280	50	20
49	水湖镇城西大市场	合肥市			50.00	15000	300	
50	水湖镇城东大市场	合肥市			20.00	8000	200	
51	下塘镇集贸市场	合肥市			15.00	8500	100	
52	双墩镇第一农贸市场	合肥市			15.00	7000	100	
53	下塘镇滨水街	合肥市			50.00	30000	400	
54	朱巷镇农贸市场	合肥市			15.00	6000	100	
55	朱巷镇柘塘商品街	合肥市			30.00	13000	260	
56	杨庙镇集贸市场	合肥市			10.00	3500	100	
57	庄墓镇农贸市场	合肥市			10.00	4500	100	
58	吴山镇农贸市场	合肥市			10.00	3500	100	
59	陶楼农贸市场	合肥市			10.00	3000	100	
60	岗集镇农贸市场	合肥市			15.00	4000	100	

续表 6-96

序号	农贸(菜)市场名称	所属城市	市场类型	企业类型	占地面积(亩)	经营面积(平方米)	摊位数量(个)	
							固定	临时
61	双墩第二农贸市场	合肥市			15.00	5000	100	
62	双凤凤梅家园农贸市场	合肥市			20.00	7000	100	
63	撮镇农贸市场	合肥市	零售	国有	5.36	1430	106	52
64	石塘农贸市场	合肥市	零售	国有	4.84	1293	51	40
65	梁园农贸市场	合肥市	零售	国有	6.61	1764	98	48
66	西山驿农贸市场	合肥市	零售	国有	2.97	794	48	30
67	八斗农贸市场	合肥市	零售	国有	3.05	815	31	18
68	陈集农贸市场	合肥市	零售	国有	3.00	1200	50	20
69	桥头集农贸市场	合肥市	零售	国有	2.90	800	45	19
70	白龙农贸市场	合肥市	零售	国有	2.70	810	45	19
71	长乐农贸市场	合肥市	零售	国有	2.70	700	40	15
72	洪山路菜市场	淮北市	社区市场	股份	7.49	4500	360	
73	黎苑菜市场	淮北市	社区市场	国有	3.18	1600	160	
74	凌云菜市场	淮北市	社区市场	国有	1.31	877	150	
75	温哥华城菜市场	淮北市	社区市场	有限责任	1.80	970	91	
76	东岗楼菜市场	淮北市	社区市场	国有	2.55	1002	162	
77	惠黎菜市场	淮北市	社区市场	国有	3.90	2550	263	
78	长山路菜市场	淮北市	社区市场	集体	6.00	2520	150	
79	海宫菜市场	淮北市	社区市场	国有	0.90	525	80	
80	石台菜市场	淮北市	社区市场	国有	4.50	3246	357	
81	相城农贸综合市场	淮北市	社区市场	有限责任	7.50	3000	357	
82	相山路菜市场	淮北市	社区市场	国有	3.80	2400	490	
83	新建路农贸市场	亳州市	国有	国有	32.00	15000	1200	60
84	城南农贸市场	亳州市	城市社区	股份	8.90	4820	35	20
85	新城农贸市场	亳州市	城市社区	集体	13.80	7224	70	40
86	江集镇农贸市场	亳州市	乡镇农贸市场	股份	13.00	2030	197	36
87	胡集镇农贸市场	亳州市	乡镇农贸市场	股份	12.20	8660	300	40
88	蒙城县北蒙农贸市场	亳州市	县城	国有	4.50	3000	96	20
89	蒙城县板桥农贸市场	亳州市	乡镇	有限责任	22.00	15000	160	40

续表 6-96

序号	农贸(菜)市场名称	所属城市	市场类型	企业类型	占地面积(亩)	经营面积(平方米)	摊位数量(个)	
							固定	临时
90	西城农贸大市场	亳州市	县城	国有	80.00	53000	605	
91	新兴农贸市场	亳州市		个私	11.00	5000	476	
92	魏武农贸市场	亳州市		国有	10.00	5500	417	
93	大杨镇农贸市场	亳州市		集体	9.09	2600	100	
94	亳州市大兴农副产品交易有限公司	亳州市		集体	50.00	16100	80	40
95	双沟镇农贸市场	亳州市		国有	11.00	2000	200	
96	两淮、宿州淮海路菜市场	宿州市	城区	有限责任	29.00	14862	480	
97	宿州市新华大市场	宿州市	城区	国有	30.00	14050	262	200
98	宿州市雪枫路农贸市场	宿州市	城区	国有	48.00	32400	320	
99	幸福路菜市场	宿州市	城市	集体		5000	180	90
100	砀山县城隍庙菜市场	宿州市	县城	国有	7.00	3000	20	30
101	砀山县振兴农贸市场	宿州市	县城	集体	17.00	10000	300	200
102	砀山县新联农贸市场	宿州市	乡镇	有限责任	60.00	30800	1320	180
103	砀山县曹庄镇曹庄新农村综合市场	宿州市	乡镇	外商投资	33.10	13040	200	
104	萧县虎山综合农贸市场	宿州市	县城	有限公司	10.60	6500	324	
105	萧县新龙城农贸市场	宿州市	县城	民营	14.00	8500	500	
106	萧县白土农贸市场	宿州市	乡镇	国有	8.40	5000	380	
107	萧县庄里农贸市场	宿州市	乡镇	国有	12.60	7000	800	200
108	萧县新庄镇农贸市场	宿州市	乡镇	国有	11.40	7000	500	300
109	萧县杨楼镇农贸市场	宿州市	乡镇	国有	11.00	6000	670	500
110	萧县黄口农贸市场	宿州市	乡镇	有限公司	17.00	6400	2000	600
111	灵璧磬云菜市场	宿州市	城区	国有	14500.00	12000	580	280
112	灵璧光明菜市场	宿州市	城区	集体	5000.00	1500	100	50
113	泗县泗州菜市场	宿州市	城区	有限公司	108.00	4100	400	
114	泗县墩集农贸市场	宿州市	乡镇	民营	106.00	60000	500	300
115	泗县大路口乡农贸市场	宿州市	乡镇	民营	60.00	20000	500	300
116	五河县金海农贸有限公司	蚌埠市	综合	有限公司	22.00	13000	250	500
117	五河县金海农贸有限公司	蚌埠市	综合	有限公司	18.00	10000	300	400

续表 6－96

序号	农贸(菜)市场名称	所属城市	市场类型	企业类型	占地面积(亩)	经营面积(平方米)	摊位数量(个)	
							固定	临时
118	五河县小溪镇农贸市场	蚌埠市	综合	民营	30.00	11000	424	1200
119	五河县新集镇农贸市场	蚌埠市	综合	民营	12.00	5000	100	200
120	五河县武桥界沟农贸市场	蚌埠市	综合	民营	30.00	6000	385	600
121	五河县武桥朱圩农贸市场	蚌埠市	综合	民营	20.00	5000	180	300
122	城关城乡农贸市场	蚌埠市	综合	民营	11.00	4500	520	130
123	城关汇龙农贸市场	蚌埠市	综合	民营	5.00	2000	200	65
124	褚集街农贸市场	蚌埠市	综合	自由	20.00	10000		300
125	池庙农贸市场	蚌埠市	综合	自由	10.00	4000		150
126	陶圩农贸市场	蚌埠市	综合	自由	10.00	4000		120
127	五岔农贸市场	蚌埠市	综合	自由	12.00	4000		150
128	苏集农贸市场	蚌埠市	综合	自由	10.00	4000		150
129	西湾农贸市场	蚌埠市	综合	自由	11.00	4000		150
130	支湖农贸市场	蚌埠市	综合	自由	13.00	4000		150
131	常坟镇农贸市场	蚌埠市	综合	自由	30.00	12000		400
132	邹庙农贸市场	蚌埠市	综合	自由	10.00	5000		100
133	永西农贸市场	蚌埠市	综合	自由	10.00	5000		100
134	新集农贸市场	蚌埠市	综合	自由	10.00	5000		100
135	龙亢镇农贸市场	蚌埠市	综合	自由	30.00	12000		400
136	界沟农贸市场	蚌埠市	综合	自由	8.00	4000		100
137	龙亢农场农贸市场	蚌埠市	综合	自由	25.00	10000		500
138	河溜镇农贸市场	蚌埠市	综合	自由	30.00	12000		400
139	唐店农贸市场	蚌埠市	综合	自由	5.00	1000		100
140	大成农贸市场	蚌埠市	综合	自由	5.00	1000		100
141	包集镇农贸市场	蚌埠市	综合	自由	30.00	12000		500
142	高庄农贸市场	蚌埠市	综合	自由	10.00	5000		100
143	王圩农贸市场	蚌埠市	综合	自由	10.00	5000		120
144	马城镇农贸市场	蚌埠市	综合	自由	30.00	12000		450
145	孝仪农贸市场	蚌埠市	综合	自由	10.00	5000		130
146	白衣农贸市场	蚌埠市	综合	自由	10.00	5000		120

续表 6-96

序号	农贸(菜)市场名称	所属城市	市场类型	企业类型	占地面积（亩）	经营面积（平方米）	摊位数量(个)	
							固定	临时
147	唐集镇农贸市场	蚌埠市	综合	自由	30.00	12000		400
148	朱疃农贸市场	蚌埠市	综合	自由	10.00	5000		100
149	骑龙农贸市场	蚌埠市	综合	自由	10.00	5000		100
150	潘集农贸市场	蚌埠市	综合	自由	10.00	5000		100
151	万福镇农贸市场	蚌埠市	综合	自由	25.00	10000		450
152	刘圩农贸市场	蚌埠市	综合	自由	10.00	5000		120
153	回汉农贸市场	蚌埠市	综合	自由	11.00	5000		100
154	双桥镇农贸市场	蚌埠市	综合	自由	30.00	10000		350
155	赵集农贸市场	蚌埠市	综合	自由	10.00	4500		120
156	小街农贸市场	蚌埠市	综合	自由	11.00	4600		120
157	路心农贸市场	蚌埠市	综合	自由	12.00	4600		120
158	杨集农贸市场	蚌埠市	综合	自由	11.00	4500		130
159	魏庄镇农贸市场	蚌埠市	综合	自由	28.00	11000		460
160	张店农贸市场	蚌埠市	综合	自由	12.00	4800		130
161	桥头农贸市场	蚌埠市	综合	自由	11.00	4900		130
162	找郢乡农贸市场	蚌埠市	综合	自由	26.00	10000		400
163	上桥农贸市场	蚌埠市	综合	自由	20.00	8000		300
164	胡疃农贸市场	蚌埠市	综合	自由	10.00	5100		150
165	荆芡支湖农贸市场	蚌埠市	综合	自由	12.00	5200		120
166	柳沟农贸市场	蚌埠市	综合	自由	10.00	5000		100
167	沙沟农贸市场	蚌埠市	综合	自由	10.00	4500		110
168	沈郢农贸市场	蚌埠市	综合	自由	11.00	4600		110
169	徐圩街农贸市场	蚌埠市	综合	自由	20.00	10000		320
170	钞湖农贸市场	蚌埠市	综合	自由	10.00	5000		110
171	尚庙农贸市场	蚌埠市	综合	自由	11.00	4600		100
172	淝南双沟农贸市场	蚌埠市	综合	自由	12.00	5100		120
173	燕集农贸市场	蚌埠市	综合	自由	13.00	5200		130
174	丁集农贸市场	蚌埠市	综合	自由	10.00	5000		120
175	古城三岔路农贸市场	蚌埠市	综合	自由	15.00	5200		130
176	古城农贸市场	蚌埠市	综合	自由	20.00	9000		300

续表 6－96

序号	农贸(菜)市场名称	所属城市	市场类型	企业类型	占地面积(亩)	经营面积(平方米)	摊位数量(个)	
							固定	临时
177	张八郢农贸市场	蚌埠市	综合	自由	8.00	4000		100
178	草寺农贸市场	蚌埠市	综合	自由	10.00	4200		120
179	兰桥刘集农贸市场	蚌埠市	综合	自由	15.00	5000		130
180	藕塘农贸市场	蚌埠市	综合	自由	9.00	4200		120
181	陈集街农贸市场	蚌埠市	综合	自由	16.00	5000		160
182	君王农贸市场	蚌埠市	综合	自由	10.00	5000		100
183	淝河新集农贸市场	蚌埠市	综合	自由	16.00	5500		130
184	看疃农贸市场	蚌埠市	综合	自由	12.00	5000		120
185	岭集农贸市场	蚌埠市	综合	自由	20.00	1000		300
186	仁和农贸市场	蚌埠市	综合	自由	11.00	5000		100
187	余庆苑农贸市场	蚌埠市	综合	有限公司	6.75	4500	350	
188	新淮综合市场	蚌埠市	综合	有限公司	13.00	9000	247	
189	群力农贸市场	蚌埠市	综合	有限公司	3.50	2300	210	
190	国强路市场	蚌埠市	综合	有限公司	30.00	20000	515	
191	延安北路菜市场	蚌埠市	综合	有限公司	20.00	4000	400	200
192	二钢农贸市场	蚌埠市	综合	有限公司	7.50	5000	220	
193	李楼农贸市场	蚌埠市	综合	有限公司	5.50	33000	15	20
194	风动农贸市场	蚌埠市	综合	有限公司	5.00	2000	60	30
195	蚌埠市金奥华府净菜超市	蚌埠市	综合	私企	2.95	5300	120	无
196	龙湖农贸市场	蚌埠市	综合	集体	10.00	6500	400	80
197	蓝天农贸市场	蚌埠市	综合	国企	12.00	2400	72	10
198	安德农贸市场	蚌埠市	综合	有限公司	5.50	4000	500	150
199	新天地农贸市场	蚌埠市	综合	有限公司	7.50	5000	440	70
200	米亚南北农贸市场	蚌埠市	综合	有限公司	4.10	5000	528	115
201	安兴苑农贸市场	蚌埠市	综合	纬二路街道	3.10	2000	145	50
202	华皖农贸市场	蚌埠市	综合	有限公司	2.10	1400	150	
203	钓鱼台农贸市场	蚌埠市	综合	雪华乡施徐村	14.50	7800	500	200
204	宏业村农贸市场	蚌埠市	综合	自有	4.20	3200	300	

续表 6－96

序号	农贸(菜)市场名称	所属城市	市场类型	企业类型	占地面积(亩)	经营面积(平方米)	摊位数量(个)	
							固定	临时
205	红叶山庄农贸市场	蚌埠市	综合	有限公司	3.75	2500	200	100
206	陈梁露天农贸集市	蚌埠市	综合	集体	2.00	1000	100	50
207	定庵露天农贸集市	蚌埠市	综合	集体	2.00	1000	100	50
208	金圩露天农贸集市	蚌埠市	综合	集体	2.00	1000	100	50
209	徐桥露天农贸市场	蚌埠市	综合	集体	2.00	1000	100	50
210	白马农贸市场	蚌埠市	综合	有限公司	20.00	5000	510	20
211	仁和农贸市场	蚌埠市	综合	集体	25.00	13320	500	100
212	纬四路农贸市场	蚌埠市	综合	民营	15.00	7000	420	8
213	长青北路农贸市场	蚌埠市	综合	集体	12.00	5000	500	
214	梅桥玉潭农贸市场	蚌埠市	综合	民营	14.00	5600	510	50
215	蚌埠市曹老集路西农贸市场	蚌埠市	综合	集体	30.00	8000	60	50
216	吴小街农贸市场	蚌埠市	综合	集体	16.00	4000	30	50
217	小蚌埠农贸市场	蚌埠市	综合	集体	80.00	8000	100	200
218	城关镇城东农贸市场	蚌埠市	综合	有限公司	13.00	3500	60	20
219	王庄大塘市场	蚌埠市	综合	有限公司	15.00	4000	70	30
220	连城镇连站农贸市场	蚌埠市	综合	有限公司	34.50	10000	150	50
221	老连城集农贸市场	蚌埠市	综合	有限公司	31.50	6000	100	30
222	刘集镇朝阳农贸批发市场	蚌埠市	综合	有限公司	35.00	11000	160	45
223	胡沟镇湖沟农贸城	蚌埠市	综合	有限公司	30.00	5000	90	30
224	杨庙乡皖北农贸大市场	蚌埠市	综合	有限公司	45.00	7000	110	40
225	阜阳市颍州区莲池农贸市场	阜阳市	城市社区	集体	8.00	3600	544	0
226	阜阳市颍州区二里井农贸市场	阜阳市	城市社区	集体	2.00	800	95	0
227	阜阳市颍泉区新世纪农贸市场	阜阳市	城市社区	股份公司	10.00	2000	210	0
228	阜阳市颍东訾营农贸市场	阜阳市	城市社区	集体	40.00	12000	231	168
229	阜阳市颍东区北京路农贸市场	阜阳市	城市社区	民营	4.80	2550	80	10
230	阜阳市颍东区向阳路农贸市场	阜阳市	城市社区	股份公司	6.80	4528	238	20

续表 6-96

序号	农贸(菜)市场名称	所属城市	市场类型	企业类型	占地面积(亩)	经营面积(平方米)	摊位数量(个)	
							固定	临时
231	阜阳市颍东区大修厂农贸市场	阜阳市	城市社区	集体	2.00	1000	32	10
232	临泉县姜寨农贸大市场	阜阳市	乡镇	民营	22.50	15000	1500	0
233	临泉县瓜果蔬菜批发市场	阜阳市	乡镇	民营	43.00	15000	130	90
234	临泉县关庙农贸市场	阜阳市	乡镇	民营	5.50	4000	370	26
235	临泉县黄岭农贸市场	阜阳市	乡镇	民营	2.50	2100	200	30
236	临泉县鲖城农贸市场	阜阳市	乡镇	民营	26.00	7600	436	85
237	临泉县滑集农贸市场	阜阳市	乡镇	民营	15.70	2280	95	30
238	颍上县管仲农贸市场	阜阳市	县城	国有	20.00	12800	196	20
239	颍上县城南菜市场	阜阳市	县城	集体	2.00	600	60	40
240	颍上县南照镇新街菜市场	阜阳市	乡镇	民营	8.00	4000	86	120
241	颍上县南照大米市场	阜阳市	乡镇	民营	30.00	12000	400	100
242	颍上县张庄农贸市场	阜阳市	乡镇	民营	6.00	400	50	40
243	颍上县杨湖东街菜市场	阜阳市	乡镇	民营	6.00	3000	40	15
244	颍上迪沟农贸大市场	阜阳市	乡镇	民营	20.00	2000	120	60
245	颍上谢桥镇刘桥农贸市场	阜阳市	乡镇	民营	60.00	3000	120	60
246	颍上县黄桥农贸市场	阜阳市	乡镇	民营	5.00	1500	40	10
247	颍上谢桥化中农贸市场	阜阳市	乡镇	民营	5.00	800	85	55
248	颍上县江口菜市场	阜阳市	乡镇	民营	10.00	2008	30	15
249	界首市前进街农贸市场	阜阳市	县城	集体	4.00	2200	210	60
250	界首市东城农贸市场	阜阳市	县城	集体	6.00	4000	20	300
251	界首市泉阳农贸市场	阜阳市	乡镇	民营	85.00	50000	300	30
252	界首市任寨农贸市场	阜阳市	乡镇	民营	15.00	7800	692	40
253	阜南县冷寨农贸大市场	阜阳市	县城	民营	30.00	20000	220	0
254	阜南县焦阳农贸市场	阜阳市	县城	集体	4.50	3000	280	0
255	阜南县薛集农贸市场	阜阳市	县城	民营	4.80	3200	350	0
256	阜南县地城路农贸市场	阜阳市	县城	民营	3.00	2000	220	0
257	阜南县三塔禽蛋市场	阜阳市	乡镇	民营	7.00	4600	410	0

续表 6－96

序号	农贸(菜)市场名称	所属城市	市场类型	企业类型	占地面积（亩）	经营面积（平方米）	摊位数量(个)	
							固定	临时
258	阜南县龙王农贸市场	阜阳市	乡镇	民营	19.80	13000	536	0
259	阜南县会龙蔬菜批发市场	阜阳市	乡镇	民营	20.00	20000	600	0
260	阜南县苗集农贸市场	阜阳市	乡镇	民营	2.30	1600	120	0
261	阜南县柳沟农贸市场	阜阳市	乡镇	民营	2.30	1500	100	0
262	阜南县中岗农贸市场	阜阳市	乡镇	民营	3.20	2000	150	0
263	阜南县曹集农贸市场	阜阳市	乡镇	民营	4.10	2700	260	0
264	阜南县关帝庙农贸市场	阜阳市	乡镇	民营	3.90	2500	180	0
265	阜南县老观农贸市场	阜阳市	乡镇	民营	3.70	2400	150	0
266	阜南县朱寨农贸市场	阜阳市	乡镇	民营	4.30	2800	200	0
267	阜南县部告农贸市场	阜阳市	乡镇	民营	2.20	1400	100	0
268	阜南县于集农贸市场	阜阳市	乡镇	民营	2.40	1500	120	0
269	阜南县王化农贸市场	阜阳市	乡镇	民营	2.70	1700	180	0
270	阜南县田集农贸市场	阜阳市	乡镇	民营	3.40	2200	160	0
271	阜南县张寨农贸市场	阜阳市	乡镇	民营	3.20	2000	140	0
272	阜南县柴集农贸市场	阜阳市	乡镇	民营	7.70	5000	360	0
273	阜南县王堰农贸市场	阜阳市	乡镇	民营	3.20	2000	180	0
274	阜南县公桥乡农贸市场	阜阳市	乡镇	民营	3.40	2200	140	0
275	阜南县洪河桥农贸市场	阜阳市	乡镇	民营	3.90	2500	140	0
276	阜南县王家坝农贸市场	阜阳市	乡镇	民营	3.90	2500	180	0
277	太和县桑营农贸市场	阜阳市	乡镇	民营	20.00	4000	20	80
278	太和县文明路菜市场	阜阳市	县城	民营	5.00	3300	265	30
279	太和县大新农贸市场	阜阳市	乡镇	民营	30.00	6000	100	100
280	太和县永兴农贸市场	阜阳市	县城	集体	30.00	16500	330	60
281	太和县益民路农贸市场	阜阳市	县城	民营	32.00	22000	520	100
282	太和县镜湖西路菜市场	阜阳市	县城	民营	3.00	1980	120	20
283	太和县双浮农贸市场	阜阳市	乡镇	民营	20.00	4000	80	50
284	太和县马集农贸市场	阜阳市	乡镇	民营	10.00	2000	18	60
285	太和县天蓬街市场	阜阳市	县城	民营	8.00	5033	360	0
286	太和商城农贸市场	阜阳市	县城	民营	35.00	23286	460	45

续表 6-96

序号	农贸(菜)市场名称	所属城市	市场类型	企业类型	占地面积(亩)	经营面积(平方米)	摊位数量(个)	
							固定	临时
287	太和县赵庙农贸市场	阜阳市	县城	民营	17.00	3000	17	70
288	太和县李兴农贸市场	阜阳市	县城	民营	20.00	4000	10	80
289	太和县双庙农贸市场	阜阳市	县城	民营	10.00	2000	10	60
290	太和县大庙农贸市场	阜阳市	县城	民营	10.00	2000	10	70
291	太和县关集农贸市场	阜阳市	县城	民营	10.00	2000	10	70
292	太和县高庙农贸市场	阜阳市	县城	民营	12.00	2000	17	100
293	太和阮桥农贸市场	阜阳市	县城	民营	10.00	2000	16	76
294	太和县宫集农贸市场	阜阳市	县城	民营	20.00	4000	10	60
295	太和县苗集农贸市场	阜阳市	县城	民营	10.00	2000	10	70
296	太和县坟台农贸市场	阜阳市	县城	民营	20.00	4000	16	70
297	太和县皮条孙农贸市场	阜阳市	县城	民营	20.00	4000	20	100
298	太和县关集农贸市场	阜阳市	县城	民营	10.00	2000	10	70
299	太和县三堂农贸市场	阜阳市	县城	民营	10.00	2000	10	70
300	太和县郭庙农贸市场	阜阳市	县城	民营	10.00	2000	10	70
301	太和县倪邱农贸市场	阜阳市	县城	民营	10.00	2000	20	80
302	太和县二郎农贸市场	阜阳市	县城	民营	10.00	2000	10	70
303	西城市场	淮南市	城市社区菜市场	有限公司	14.25	9500	500	200
304	东风路市场	淮南市	城市社区菜市场	有限公司	10.00	6667	456	100
305	北城市场	淮南市	城市社区菜市场	有限公司	11.60	7747	812	100
306	平圩市场	淮南市	乡镇农贸市场	有限公司	3.60	2412	237	50
307	田东市场	淮南市	城市社区菜市场	有限公司	5.08	3388	371	20
308	新淮市场	淮南市	城市社区菜市场	有限公司	6.50	4329	461	150
309	国庆市场	淮南市	城市社区菜市场	有限公司	2.25	1500	171	20
310	金家岭市场	淮南市	城市社区菜市场	有限公司	4.30	2863	160	100
311	龙泉市场	淮南市	城市社区菜市场	有限公司	2.56	1706	430	150

续表 6-96

序号	农贸(菜)市场名称	所属城市	市场类型	企业类型	占地面积(亩)	经营面积(平方米)	摊位数量(个)	
							固定	临时
312	龙湖市场	淮南市	城市社区菜市场	有限公司	4.00	2000	500	0
313	舜耕市场	淮南市	城市社区菜市场	有限公司	8.01	5415	360	200
314	望峰岗市场	淮南市	城市社区菜市场	有限公司	8.76	5843	397	150
315	李郢孜市场	淮南市	城市社区菜市场	有限公司	12.00	8000	706	150
316	小井村市场	淮南市	城市社区菜市场	有限公司	1.20	800	88	
317	芳草园市场	淮南市	城市社区菜市场	有限公司	3.40	2238	488	50
318	大通农贸市场	淮南市	城市社区菜市场	有限公司	3.26	2171	114	50
319	大通水泥厂市场	淮南市	城市社区菜市场	有限公司	1.52	1014	80	
320	九龙岗农贸市场	淮南市	城市社区菜市场	有限公司	6.70	4463	584	50
321	九龙岗新建市场	淮南市	城市社区菜市场	有限公司	1.32	881	120	
322	洛涧农贸市场	淮南市	乡镇农贸市场	有限公司	3.66	2438	240	50
323	南城市场	淮南市	城市社区菜市场	有限公司	8.30	5533	623	50
324	洛涧蔬菜市场	淮南市	乡镇农贸市场	有限公司	2.26	1509	100	50
325	上窑古镇市场	淮南市	乡镇农贸市场	有限公司	2.18	1451	160	50
326	孔店市场	淮南市	乡镇农贸市场	有限公司	3.70	2468	60	
327	土坝子市场	淮南市	城市社区菜市场	有限公司	2.07	1383	290	50
328	新庄孜市场	淮南市	城市社区菜市场	有限公司	4.90	3284	557	
329	瓜果市场	淮南市	城市社区菜市场	有限公司	1.47	980	80	50
330	毕家岗市场	淮南市	城市社区菜市场	有限公司	4.45	2970	508	50
331	八公山水泥厂市场	淮南市	城市社区菜市场	有限公司	1.30	878	50	0

续表 6-96

序号	农贸(菜)市场名称	所属城市	市场类型	企业类型	占地面积(亩)	经营面积(平方米)	摊位数量(个)	
							固定	临时
332	滁州市丰乐农副产品综合市场	滁州市	城市农贸市场	国有	28.00	19083	500	0
333	滁州市文德桥农贸市场	滁州市	城市农贸市场	国有	4.50	3024	200	0
334	滁州市清流河农贸市场	滁州市	城市农贸市场	国有	5.50	3628	100	0
335	滁州市银花农贸市场	滁州市	城市农贸市场	民营	5.00	2600	267	0
336	滁州市北湖蔬菜综合市场	滁州市	城市农贸市场	民营	7.00	4200	600	0
337	滁州市腰铺农贸市场	滁州市	城市农贸市场	集体	4.00	1800	86	30
338	滁州市担子农贸市场	滁州市	城市农贸市场	集体	3.00	1500	80	30
339	滁州市龙蟠集贸市场	滁州市	城市农贸市场	国有	4.00	2000	186	0
340	滁州市凤凰农副产品大市场	滁州市	城市农贸市场	国有	80.00	11440	685	36
341	滁州兰天大市场	滁州市	城市农贸市场	集体	8.00	6	20	50
342	滁州市天乐农贸市场	滁州市	城市农贸市场	集体	17.00	8000	300	30
343	滁州市开发区陈桥农贸市场	滁州市	城市农贸市场	集体	5.00	4000	110	20
344	滁州全椒南屏农贸市场	滁州市	城市农贸市场	国有	76.00	10000	1000	300
345	滁州全椒果园路农贸市场	滁州市	城市农贸市场	国有	5.00	3000	250	100
346	滁州全椒新南路农贸市场	滁州市	城市农贸市场	国有	3.00	1500	100	30
347	滁州全椒城东菜市场	滁州市	城市农贸市场	国有	5.00	2500	150	40
348	滁州全椒城东菜市场	滁州市	城市农贸市场	国有	4.00	2000	120	35
349	滁州全椒古河农贸市场	滁州市	城市农贸市场	国有	8.00	5000	320	80
350	滁州全椒石沛农贸市场	滁州市	城市农贸市场	国有	4.00	2000	100	30
351	滁州全椒马厂菜市场	滁州市	城市农贸市场	国有	5.00	3000	200	95

续表 6-96

序号	农贸(菜)市场名称	所属城市	市场类型	企业类型	占地面积(亩)	经营面积(平方米)	摊位数量(个)	
							固定	临时
352	滁州市来安县清流农贸市场	滁州市	城市农贸市场	国有	10.20	4200	285	65
353	滁州市来安县安乐农贸市场	滁州市	城市农贸市场	集体	2.00	1000	110	40
354	滁州市来安县中央大街农贸市场	滁州市	城市农贸市场	民营	8.50	6530	350	0
355	滁州凤阳府城镇府北菜场	滁州市	城市农贸市场	国有	5.00	2900	650	150
356	滁州凤阳鼓楼农贸市场	滁州市	城市农贸市场	民营	6.00	7400	260	30
357	滁州明光市明光市场	滁州市	城市农贸市场	国有	25.00	14000	780	0
358	滁州明光市爱府路市场	滁州市	城市农贸市场	国有	7.00	4000	200	0
359	滁州明光市惠利市场	滁州市	城市农贸市场	国有	6.00	6700	350	0
360	滁州明光市涧溪市场	滁州市	城市农贸市场	国有	5.00	7500	400	0
361	滁州市定远县曲阳农贸市场	滁州市	城市农贸市场	国有	21.38	8700	800	300
362	滁州市定远县进出口公司长征市场	滁州市	乡镇农贸市场	国有	7.00	4000	70	80
363	滁州市乌衣农贸市场	滁州市	乡镇农贸市场	国有	17.00	11225	250	100
364	滁州市沙河农贸市场	滁州市	乡镇农贸市场	国有	10.60	6537	100	350
365	滁州市黄泥农贸市场	滁州市	乡镇农贸市场	国有	9.60	6418	100	300
366	滁州市珠龙农贸市场	滁州市	乡镇农贸市场	集体	5.00	2400	90	30
367	滁州市施集农贸市场	滁州市	乡镇农贸市场	集体	8.00	5200	124	40
368	滁州市大王农贸市场	滁州市	乡镇农贸市场	民营	10.00	6000	38	15
369	滁州市大柳农贸市场	滁州市	乡镇农贸市场	集体	4.00	2000	200	40
370	滁州明光市管店市场	滁州市	乡镇农贸市场	国有	25.00	9550	340	0
371	滁州明光市三界市场	滁州市	乡镇农贸市场	国有	2.00	500	120	0

续表 6-96

序号	农贸(菜)市场名称	所属城市	市场类型	企业类型	占地面积(亩)	经营面积(平方米)	摊位数量(个)	
							固定	临时
372	滁州明光市桥头市场	滁州市	乡镇农贸市场	国有	5.00	3000	200	0
373	滁州明光市潘村市场	滁州市	乡镇农贸市场	国有	4.50	2000	1000	0
374	滁州市全椒县六镇农贸市场	滁州市	乡镇农贸市场	国有	3.00	1650	93	25
375	滁州市全椒县十字镇农贸市场	滁州市	乡镇农贸市场	国有	5.00	2350	125	18
376	滁州市全椒县武岗菜市场	滁州市	乡镇农贸市场	国有	3.00	1450	89	20
377	滁州市全椒县大墅镇农贸市场	滁州市	乡镇农贸市场	国有	5.00	2550	147	52
378	滁州市全椒县西王镇农贸市场	滁州市	乡镇农贸市场	国有	3.00	1450	57	18
379	滁州市全椒县二郎口农贸市场	滁州市	乡镇农贸市场	国有	4.00	2000	130	40
380	滁州市来安县水口镇农贸市场	滁州市	乡镇农贸市场	国有	10.00	7268	220	60
381	滁州市来安县汊河镇农贸市场	滁州市	乡镇农贸市场	国有	4.80	3796	140	40
382	滁州市来安县施官镇农贸市场	滁州市	乡镇农贸市场	国有	2.10	1825	100	20
383	滁州市来安县半塔镇农贸市场	滁州市	乡镇农贸市场	国有	3.80	3695	160	30
384	滁州市凤阳西泉镇农贸市场	滁州市	乡镇农贸市场	国有	16.00	4500	120	30
385	滁州市凤阳临淮镇新临淮市场	滁州市	乡镇农贸市场	民营	5.00	3000	207	0
386	滁州市凤阳武店农贸市场	滁州市	乡镇农贸市场	国有	13.00	5600	350	80
387	滁州市凤阳大溪河农贸市场	滁州市	乡镇农贸市场	民营	30.00	1200	80	40
388	滁州市凤阳小溪河农贸市场	滁州市	乡镇农贸市场	国有	25.00	7000	65	30
389	滁州市凤阳大庙镇综合农贸市场	滁州市	乡镇农贸市场	国有	28.00	6000	40	0
390	滁州市凤阳刘府金鑫农资综合市场	滁州市	乡镇农贸市场	国有	40.00	8400	200	80
391	滁州市定远县炉桥农贸市场	滁州市	乡镇农贸市场	国有	5.10	1000	140	50

续表 6-96

序号	农贸(菜)市场名称	所属城市	市场类型	企业类型	占地面积(亩)	经营面积(平方米)	摊位数量(个)	
							固定	临时
392	滁州市定远县藕塘农贸市场	滁州市	乡镇农贸市场	国有	15.00	4700	62	38
393	滁州市定远县拂晓农贸市场	滁州市	乡镇农贸市场	民营	15.00	5000	40	30
394	滁州市定远县红山农贸市场	滁州市	乡镇农贸市场	集体	20.00	6000	70	30
395	滁州市定远县西卅店镇综合大市场	滁州市	乡镇农贸市场	民营	30.00	8000	360	150
396	滁州市定远县仓镇利农农贸市场	滁州市	乡镇农贸市场	民营	15.00	5000	100	0
397	滁州市定远县仓镇裕民农贸大市场	滁州市	乡镇农贸市场	民营	20.00	10000	120	0
398	滁州市定远县池河红太阳农贸市场	滁州市	乡镇农贸市场	民营	50.00	30000	1500	300
399	滁州市定远县池河青岗农贸市场	滁州市	乡镇农贸市场	民营	40.00	25000	800	200
400	滁州市定远县池河太平农贸市场	滁州市	乡镇农贸市场	民营	30.00	20000	500	200
401	滁州市定远县练铺农贸市场	滁州市	乡镇农贸市场	民营	9.90	5000	200	1000
402	滁州市定远县永宁农贸市场	滁州市	乡镇农贸市场	集体	4.50	1500	70	10
403	滁州市定远县界牌集镇集市服务部	滁州市	乡镇农贸市场	集体	8.00	2000	100	20
404	滁州市定远县蒋集农贸市场	滁州市	乡镇农贸市场	民营	4.00	2000	150	40
405	滁州市定远县皖豪商贸中心	滁州市	乡镇农贸市场	民营	10.00	6000	260	100
406	滁州市大桥镇府东市场	滁州市	乡镇农贸市场	民营	3.00	0	20	40
407	天长市南城河市场	滁州市	城市农贸市场	民营	10.90	3000	300	100
408	天长市千秋快乐菜市场	滁州市	城市农贸市场	集体	35.00	20000	213	36
409	天长市铜城镇同兴菜市场	滁州市	城市农贸市场	国有	26.00	5000	400	200
410	六安市青年路市场	六安市	城市社区菜市场	集体	5.50	3648	300	90
411	六安市三里桥金桥农贸市场	六安市	城市社区菜市场	有限责任	10.00	3375	247	

续表 6-96

序号	农贸(菜)市场名称	所属城市	市场类型	企业类型	占地面积(亩)	经营面积(平方米)	摊位数量(个)	
							固定	临时
412	六安市银河路农贸市场	六安市	城市社区菜市场	外商投资	4.50	1800	153	
413	六安市云路桥农贸市场	六安市	城市社区菜市场	民营	8.00	3000	200	50
414	六安市裕安区三里岗菜市场	六安市	城市社区菜市场	集体	12.50	4200	200	40
415	六安市百花集贸市场	六安市	城市社区菜市场	民营	30.00	4500	360	50
416	霍山县淠河农贸市场	六安市	县城农贸市场	国有	3.70	3000	180	100
417	霍山县中兴农贸市场	六安市	县城农贸市场	国有	3.50	3500	230	173
418	霍山县诸佛庵路农贸市场	六安市	县城农贸市场	国有	2.40	1300	450	150
419	舒城县房地产管理局春秋农贸市场	六安市	县城农贸市场	国有	55.00	30000	108	20
420	舒城县三旭塘农副产品综合市场	六安市	县城农贸市场	国有	80.00	32000	150	50
421	寿县寿春东街农贸市场	六安市	县城农贸市场	国有	0.93	600	86	20
422	寿县寿春棋盘街农贸市场	六安市	县城农贸市场	国有	3.00	1260	500	20
423	寿县寿春新世纪农贸市场	六安市	县城农贸市场	国有	0.90	500	180	30
424	寿县迎河农贸市场	六安市	乡镇农贸市场	国有	2.00	1100	230	20
425	寿县正阳农贸市场	六安市	乡镇农贸市场	国有	0.90	500	130	20
426	寿县三觉农贸市场	六安市	乡镇农贸市场	国有	2.00	260	210	30
427	寿县瓦埠农贸市场	六安市	乡镇农贸市场	国有	1.50	1000	120	30
428	寿县苏王农贸市场	六安市	乡镇农贸市场	国有	1.30	1000	120	30
429	寿县炎刘农贸市场	六安市	乡镇农贸市场	国有	3.00	1700	172	25
430	寿县安丰农贸市场	六安市	乡镇农贸市场	国有	7.00	3600	152	30
431	寿县堰口农贸市场	六安市	乡镇农贸市场	国有	4.00	2200	360	30

续表 6-96

序号	农贸(菜)市场名称	所属城市	市场类型	企业类型	占地面积(亩)	经营面积(平方米)	摊位数量(个)	
							固定	临时
432	寿县丰庄农贸市场	六安市	乡镇农贸市场	国有	2.00	1260	150	20
433	寿县建设农贸市场	六安市	乡镇农贸市场	国有	0.80	450	90	20
434	寿县十字路农贸市场	六安市	乡镇农贸市场	国有	0.90	500	77	20
435	寿县杨仙农贸市场	六安市	乡镇农贸市场	国有	0.80	420	90	20
436	寿县板桥农贸市场	六安市	乡镇农贸市场	国有	0.96	600	100	20
437	霍邱县城关观音阁农贸市场	六安市	县城农贸市场	集体	39.90	16100	200	25
438	霍邱县城关望塔市场	六安市	县城农贸市场	集体	6.70	4153	100	12
439	霍邱县城关府前街市场	六安市	县城农贸市场	集体	2.00	731	60	15
440	霍邱县新店农贸市场	六安市	乡镇农贸市场	集体	18.40	2502	102	18
441	霍邱县临淮农贸市场	六安市	乡镇农贸市场	集体	41.30	23935	120	18
442	霍邱县众兴农贸市场	六安市	乡镇农贸市场	集体	9.80	1879	80	12
443	霍邱县马店农贸市场	六安市	乡镇农贸市场	集体	27.00	6800	60	13
444	霍邱县石店农贸市场	六安市	乡镇农贸市场	集体	7.20	1670	120	17
445	霍邱县河口农贸市场	六安市	乡镇农贸市场	集体	7.00	1518	80	15
446	霍邱县邵岗农贸市场	六安市	乡镇农贸市场	集体	9.00	2300	80	14
447	霍邱县姚李农贸市场	六安市	乡镇农贸市场	集体	24.70	14000	100	18
448	金寨县梅山河西农贸市场	六安市	县城农贸市场	国有	4.00	1500	218	100
449	金寨县梅山河东农贸市场	六安市	县城农贸市场	国有	2.80	2000	200	50
450	金寨县南溪农贸市场	六安市	乡镇农贸市场	国有	5.80	3900	160	50
451	江心乡农贸市场	马鞍山市	乡镇	国有	3.50	667	22	15

续表 6-96

序号	农贸(菜)市场名称	所属城市	市场类型	企业类型	占地面积(亩)	经营面积(平方米)	摊位数量(个)	
							固定	临时
452	翠竹、马军寨农贸市场	马鞍山市	县城	国有	87.00	3000	500	190
453	洞阳农贸市场	马鞍山市	乡镇	集体	3.00	1200	55	20
454	藏汉农贸市场	马鞍山市	乡镇	集体	3.00	900	30	12
455	黄池农贸市场	马鞍山市	乡镇	国有	1.60	800	35	20
456	黄池农贸市场	马鞍山市	乡镇	国有	5.60	3696	109	41
457	乌溪镇农贸市场	马鞍山市	乡镇	国有	2.70	1800	160	50
458	石臼湖大市场	马鞍山市	乡镇	有限责任	100.00	6000	150	50
459	大陇农贸市场	马鞍山市	乡镇	集体	3.50	1200	30	10
460	护河农贸市场	马鞍山市	乡镇	集体	17.50	7000	224	92
461	姑山矿农贸市场	马鞍山市	乡镇	国有	6.00	3663	150	40
462	塘南农贸市场	马鞍山市	乡镇	国有	9.50	2100	10	31
463	马桥农贸市场	马鞍山市	乡镇	集体	1.20	500	24	18
464	石桥农贸市场	马鞍山市	乡镇	集体	3.50	1200	70	62
465	丹阳农贸市场	马鞍山市	乡镇	国有	5.30	2000	152	
466	博望农贸市场	马鞍山市	乡镇	集体	15.00	9000	480	100
467	湖北路农贸市场	马鞍山市	城市社区菜市场	国有	7.20	4000	520	10
468	佳山农贸市场	马鞍山市	城市社区菜市场	国有	8.00	1729	263	30
469	桃源农贸市场	马鞍山市	城市社区菜市场	国有	6.00	3971	362	0
470	团结路农贸市场	马鞍山市	城市社区菜市场	国有	8.00	4098	224	0
471	金瑞新城农贸市场	马鞍山市	城市社区菜市场	民营	10.00	3200	250	100

续表 6－96

序号	农贸(菜)市场名称	所属城市	市场类型	企业类型	占地面积(亩)	经营面积(平方米)	摊位数量(个)	
							固定	临时
472	金家庄市场	马鞍山市	城市社区菜市场	国有	10.00	5378	572	0
473	长江路市场	马鞍山市	城市社区菜市场	国有	6.50	3800	338	0
474	塘岔市场	马鞍山市	城市社区菜市场	国有	4.00	1950	162	150
475	金玉兰农贸市场	马鞍山市	城市社区菜市场	有限责任	3.00	1700	70	28
476	慈湖农贸市场	马鞍山市	城市社区菜市场	民营	1.00	670	30	20
477	东方明珠邻里集贸市场	马鞍山市	城市社区菜市场	民营	5.00	1300	60	30
478	新风集贸市场	马鞍山市	城市社区菜市场	国有	1.50	500	30	0
479	中村农副产品集贸市场	马鞍山市	城市社区菜市场	民营	0.75	500	30	10
480	军民路农贸市场	马鞍山市	城市社区菜市场	民营	2.50	4020	416	128
481	湖西路市场	马鞍山市	城市社区菜市场	民营	3.00	1680	150	2
482	雨田路安心农贸市场	马鞍山市	城市社区菜市场	股份公司	7.00	1600	108	30
483	南山、西山农贸市场	马鞍山市	乡镇	股份公司	5.00	1200	70	30
484	育才路农贸市场	马鞍山市	城市社区菜市场	国有	4.00	2400	500	10
485	向山农贸市场	马鞍山市	乡镇	国有	3.50	2400	210	70
486	雨山商城农贸市场	马鞍山市	城市社区菜市场	国有	4.00	3062	154	0
487	采石农贸市场	马鞍山市	乡镇	国有	3.00	1950	300	20
488	和县和州市场服务中心文昌宫市场	马鞍山市	县城农贸市场	国有	18.00	1050	503	200
489	和县和州市场服务中心玉带河市场	马鞍山市	县城农贸市场	国有	13.00	8500	315	140
490	新都花园菜市场	芜湖市	城市社区菜市场	国有	2.70	3600	175	12
491	芜宁路临时菜市场	芜湖市	城市社区菜市场	国有	5.80	3500	270	10

续表 6-96

序号	农贸(菜)市场名称	所属城市	市场类型	企业类型	占地面积(亩)	经营面积(平方米)	摊位数量(个)	
							固定	临时
492	天香苑菜市场	芜湖市	城市社区菜市场	国有	5.20	7000	396	19
493	棠梅菜市场	芜湖市	城市社区菜市场	国有	5.00	3300	105	15
494	胜利渠菜市场	芜湖市	城市社区菜市场	国有	13.80	9200	348	40
495	融汇锦江菜市场	芜湖市	城市社区菜市场	国有	6.00	4100	247	13
496	镜湖新城中心菜市场	芜湖市	城市社区菜市场	国有	10.00	6900	381	19
497	滨江山庄菜市场	芜湖市	城市社区菜市场	国有	4.60	3080	223	12
498	东郊路农贸市场	芜湖市	城市社区菜市场	国有	8.00	5400	154	20
499	金马门菜市场	芜湖市	城市社区菜市场	国有	2.60	1760	174	15
500	来凤菜市场	芜湖市	城市社区菜市场	国有	6.00	4000	230	15
501	扬子菜市场	芜湖市	城市社区菜市场	民营	3.70	2000	120	60
502	团结路集贸市场	芜湖市	城市社区菜市场	有限责任	11.00	7000	526	100
503	周家山菜市场	芜湖市	城市社区菜市场	有限责任	5.00	3080	180	30
504	黄山西路菜市场	芜湖市	城市社区菜市场	民营	6.00	3106	270	5
505	皖江菜市场	芜湖市	城市社区菜市场	有限责任	2.00	1000	118	90
506	金三角菜市场	芜湖市	城市社区菜市场	国有	12.00	4000	180	40
507	桃园菜市场	芜湖市	城市社区菜市场	民营	3.00	1500	120	30
508	龙桥菜市场	芜湖市	城市社区菜市场	集体	3.50	2000	140	40
509	北埂菜市场	芜湖市	城市社区菜市场	民营	10.00	5000	280	85
510	名流吉和菜市场	芜湖市	城市社区菜市场	有限责任	3.75	2600	305	25
511	万春创业园	芜湖市	城市社区菜市场	集体	12.93	8616	159	2

续表 6-96

序号	农贸(菜)市场名称	所属城市	市场类型	企业类型	占地面积(亩)	经营面积(平方米)	摊位数量(个)	
							固定	临时
512	安乐集贸市场	芜湖市	城市社区菜市场	集体	6.00	1620	24	4
513	红星集贸市场	芜湖市	乡镇农贸市场	集体	35.00		98	50
514	四埠农贸市场	芜湖市	乡镇农贸市场	集体	40.00	26680	40	20
515	东梁农贸市场	芜湖市	城市社区菜市场	集体	9.00	3780	5	25
516	凤凰城菜市场	芜湖市	城市社区菜市场	民营	3.34	4405	60	10
517	芜湖市三山区孙滩安置小区菜市场	芜湖市	城市社区菜市场	民营	3.00	1800	86	0
518	峨桥农贸市场	芜湖市	乡镇农贸市场	民营	3.00	1600	70	70
519	弋江菜市场	芜湖市	乡镇农贸市场	民营	1.00	500	16	60
520	水岸星城菜市场	芜湖市	城市社区菜市场	集体	2.40	3000	182	30
521	钱桥菜市场	芜湖市	城市社区菜市场	集体	6.00	2400	86	16
522	南阳农贸市场	芜湖市	乡镇农贸市场	集体	15.00	1000	50	10
523	鸠兹家苑农贸市场	芜湖市	乡镇农贸市场	民营	1.20	800	174	0
524	花塘农贸市场	芜湖市	乡镇农贸市场	集体	10.00	2000	75	15
525	大有农贸市场	芜湖市	城市社区菜市场	民营	3.00	1600	200	30
526	四褐山集贸市场	芜湖市	乡镇农贸市场	集体	9.00	6000	420	50
527	裕溪口农贸市场	芜湖市	城市社区菜市场	国有	3.30	2200	60	0
528	凤鸣湖农贸市场	芜湖市	城市社区菜市场	民营	2.40	1600	22	5
529	银湖农贸市场	芜湖市	城市社区菜市场	集体	1.98	1320	52	11
530	金湾锦苑菜市场	芜湖市	城市社区菜市场	国有	4.18	5608	176	12
531	芜湖创业集贸市场	芜湖市	城市社区菜市场	集体	12.00	6500	226	40

续表 6-96

序号	农贸(菜)市场名称	所属城市	市场类型	企业类型	占地面积(亩)	经营面积(平方米)	摊位数量(个)	
							固定	临时
532	沈巷镇农贸服务部	芜湖市	乡镇农贸市场	国有	8.76	3403	185	30
533	沈巷镇镇南蔬菜交易中心	芜湖市	城市社区菜市场	集体	5.00	1200	188	20
534	沈巷镇黄山寺农贸市场	芜湖市	乡镇农贸市场	民营	3.75	1050	150	40
535	沈巷镇五显农贸市场	芜湖市	乡镇农贸市场	民营	5.40	2400	235	60
536	沈巷镇南埂农贸市场	芜湖市	乡镇农贸市场	民营	3.90	800	126	30
537	奥韵康城菜市场	芜湖市	城市社区菜市场	股份公司	3.00	1500	150	10
538	松元菜市场	芜湖市	城市社区菜市场	集体	5.00	1300	200	30
539	月河菜市场	芜湖市	县城农贸市场	民营	1.00	500	182	30
540	鲁港新区菜市场	芜湖市	乡镇农贸市场	集体	5.00	2300	65	100
541	南瑞菜市场	芜湖市	城市社区菜市场	集体	10.00	6800	276	35
542	马塘新区菜市场	芜湖市	城市社区菜市场	集体	0.70	460	130	20
543	弋江嘉园菜市场	芜湖市	城市社区菜市场	集体	2.70	3600	120	20
544	都宝花园菜市场	芜湖市	城市社区菜市场	民营	2.20	1000	196	20
545	火龙岗菜市场	芜湖市	乡镇农贸市场	民营	3.00	1200	200	30
546	宣州市场	宣城市	城区农贸市场	国有	50.00	29000	1200	100
547	敬亭苑市场	宣城市	城区农贸市场	公有	2.00	300	8	5
548	城南市场	宣城市	城区农贸市场	公有	10.00	1300	55	30
549	中心市场	宣城市	城区农贸市场	股份	40.00	6600	90	60
550	西林市场	宣城市	城区农贸市场	公司	40.00	1800	120	100
551	西林小区市场	宣城市	城区农贸市场	股份	2.00	200	15	20

续表 6－96

序号	农贸(菜)市场名称	所属城市	市场类型	企业类型	占地面积(亩)	经营面积(平方米)	摊位数量(个)	
							固定	临时
552	鳌峰菜场	宣城市	城区农贸市场	国有	3.00	500	7	5
553	东头湾菜市场	宣城市	城区农贸市场	国有	10.00	1000	21	10
554	狮子冲菜市场	宣城市	城区农贸市场	公有	11.00	1400	32	15
555	石板桥集贸市场	宣城市	城区农贸市场	公有	15.00	1500	52	28
556	希达小区菜市场	宣城市	城区农贸市场	公有	2.00	600	10	2
557	凉亭塘菜市场	宣城市	城区农贸市场	企业	10.00	1300	70	23
558	北门纺织厂菜市场	宣城市	城区农贸市场	企业	7.00	800	20	5
559	郎溪吉源市场	宣城市	县城农贸市场	股份制	6.00	2600	260	52
560	郎溪县农贸市场	宣城市	县城农贸市场	国有	5.00	2000	195	42
561	宁国市中心蔬菜综合市场	宣城市	县城农贸市场	股份	50.00	31911	320	200
562	宁国中心农贸市场	宣城市	县城农贸市场	国有	6.00	2500	100	50
563	泾县中心菜市场	宣城市	县城农贸市场	国有	7.20	3600	300	65
564	泾县南门菜市场	宣城市	县城农贸市场	国有	0.80	400	40	10
565	泾县四鑫大市场	宣城市	县城农贸市场	民营	2.50	3000	140	80
566	泾县腾达农贸市场	宣城市	县城农贸市场	民营	5.60	3700	150	30
567	广德县中心农贸市场	宣城市	县城农贸市场	民营	15.00	6700	654	80
568	广德县万桂山农贸市场	宣城市	县城农贸市场	民营	10.00	6000	300	100
569	广德县太极商城农贸市场	宣城市	县城农贸市场	国有	5.00	2100	108	40
570	绩溪县华阳农贸市场	宣城市	县城农贸市场	国有	10.00	8012	88	30
571	旌德万和市场	宣城市	县城农贸市场	私营	12.00	15000	163	62

续表 6－96

序号	农贸(菜)市场名称	所属城市	市场类型	企业类型	占地面积(亩)	经营面积(平方米)	摊位数量(个)	
							固定	临时
572	乡镇农贸市场	宣城市	乡镇	民营	152.00	50000	2000	1500
573	小街市场	铜陵市	城市社区菜市场	国有	1.85	5000	141	40
574	蓝天市场	铜陵市	城市社区菜市场	国有	7.05	3900	491	15
575	杨家山市场	铜陵市	城市社区菜市场	国有	3.45	2370	407	20
576	兴隆市场	铜陵市	城市社区菜市场	国有	9.00	3486	300	15
577	幸福村市场	铜陵市	城市社区菜市场	国有	2.40	4000	400	30
578	义安苑市场	铜陵市	城市社区菜市场	国有	1.85	1234	86	0
579	北京路市场	铜陵市	城市社区菜市场	国有	3.00	3045	120	10
580	人民市场	铜陵市	城市社区菜市场	中外合资	15.00	10000	840	0
581	中和园市场	铜陵市	城市社区菜市场	有限责任	2.25	1300	28	65
582	铜峰市场	铜陵市	城市社区菜市场	民营	3.00	2100	159	50
583	宝山市场	铜陵市	城市社区菜市场	民营	2.60	1400	78	24
584	田苑市场	铜陵市	城市社区菜市场	有限责任	4.00	1400	50	20
585	天桥临时市场	铜陵市	城市社区菜市场	集体		2800	107	15
586	世界花园市场	铜陵市	城市社区菜市场	有限责任	4.00	2200	299	0
587	机厂市场	铜陵市	城市社区菜市场	国有	3.00	2200	89	56
588	东村市场	铜陵市	城市社区菜市场	集体	2.00	1100	280	50
589	翠湖农贸市场	铜陵市	城市社区菜市场	民营	6.00	2200	500	200
590	新城菜市场	铜陵市	城市社区菜市场	民营	1.70	1200	200	20
591	白鹤市场	铜陵市	城市社区菜市场	集体	4.50	2600	50	0

续表 6－96

序号	农贸(菜)市场名称	所属城市	市场类型	企业类型	占地面积(亩)	经营面积(平方米)	摊位数量(个)	
							固定	临时
592	狮子山农贸市场	铜陵市	城市社区菜市场	国有	3.00	1800	350	120
593	东郊联盟菜市场	铜陵市	城市社区菜市场	集体	6.00	2300	126	30
594	新桥菜市场	铜陵市	城市社区菜市场	国有	19.00	1000	110	40
595	新湖家园菜市场	铜陵市	城市社区菜市场	经营权属社区	5.00	1800	120	20
596	桥南菜市场	铜陵市	县城农贸市场	有限责任	10.05	3000	30	60
597	铜陵县城北菜市场	铜陵市	县城农贸市场	民营	8.50	5200	144	200
598	铜陵县中心农贸市场	铜陵市	县城农贸市场	有限责任	7.20	3570	87	70
599	铜陵县顺安农贸市场	铜陵市	县城农贸市场	有限责任	10.00	5200	200	100
600	民丰菜市场	铜陵市	乡镇农贸市场	国有	2.25	5700	0	0
601	大通菜市场	铜陵市	乡镇农贸市场	有限责任	38.00	5100	208	20
602	铜陵县钟鸣农副产品交易市场	铜陵市	乡镇农贸市场	民营	13.45	8936	103	102
603	牛头山集镇农贸市场	池州市	综合型	民营	7.00	6000	80	20
604	殷汇镇农贸市场	池州市	综合型	民营	6.00	2800	90	30
605	东至县青山乡农贸市场	池州市	综合	国有	16.00	3200	62	20
606	东至县东流镇农贸市场	池州市						
607	东至县昭潭镇农贸市场	池州市	综合	国有	18.00	3500	70	20
608	西华乡农贸市场	池州市	综合型	个体经营	5.00	2500	30	0
609	杜村乡农贸市场	池州市	综合型	个体经营	10.00	2600	46	0
610	丁桥镇农贸市场	池州市	综合型	个体经营	6.70	4162	42	0
611	木镇镇市场服务中心	池州市	综合型	个体经营	3.30	2000	21	15
612	石台县农贸市场	池州市	综合型	私营	38.00	8894	323	180
613	矶滩乡秋浦河旅游农贸市场	池州市	综合型	私营	20.00	3040	180	80
614	七都镇农贸市场	池州市	综合型	私营	16.00	3800	150	100
615	桐城小花茶叶交易市场	安庆市	产地	股份	7.50	1200	60	20

续表 6-96

序号	农贸(菜)市场名称	所属城市	市场类型	企业类型	占地面积(亩)	经营面积(平方米)	摊位数量(个)	
							固定	临时
616	桐城瓜果批发交易市场	安庆市	销地	集体	5.00	600	50	20
617	桐城粮油交易市场	安庆市	产地	有限责任	8.00	1200	60	30
618	桐城水产品交易市场	安庆市	产地	有限责任	20.00	2500	80	20
619	桐城和平蔬菜交易市场	安庆市	销地	有限责任	11.00	10000	315	83
620	桐城市青草农贸市场	安庆市	产地	有限责任	12.00	6000	95	25
621	桐城市红星农贸市场	安庆市	销地	有限责任	3.00	2080	91	54
622	怀宁石牌大农贸市场	安庆市	产地	集体	30.00	20000	240	30
623	怀宁高河农贸市场	安庆市	产销	集体	5.00	5500	60	20
624	怀宁腊树镇银海农贸市场	安庆市	销地	民营	4.00	1500	26	14
625	怀宁月山第一农贸市场	安庆市	销地	集体	10.00	1000	30	20
626	怀宁月山第二农贸市场	安庆市	销地	集体	2.00	800	17	
627	怀宁石牌小农贸市场	安庆市	产地	集体	10.00	5000	52	10
628	怀宁牲畜交易市场	安庆市	产地	集体	13.00	4000		100
629	枞阳蔬菜综合市场	安庆市	产销	有限责任	10.00	3200	130	50
630	枞阳黄埠农贸市场	安庆市	产销	有限责任	9.00	6000	200	100
631	枞阳会宫农贸市场	安庆市	产销	有限责任	18.00	10000	305	200
632	枞阳白梅农贸市场	安庆市	产销	民营	20.00	3500	130	40
633	枞阳周潭澄英农贸市场	安庆市	产销	民营	18.00	3200	120	50
634	枞阳蒲洲农贸市场	安庆市	产销	民营	15.00	3100	110	30
635	太湖老城蔬菜综合市场	安庆市	产销	国有	15.00	3500	140	50
636	太湖新城蔬菜综合市场	安庆市	产销	国有	20.00	3400	150	40
637	太湖皖西南山货市场	安庆市	产地	国有	50.00	4500	220	30
638	太湖水果批发市场	安庆市	产销	集体	20.00	2200	180	20
639	太湖木竹交易市场	安庆市	产地	集体	20.00	1100	120	20
640	太湖徐桥仔猪市场	安庆市	产地	集体	10.00	1000	80	30
641	太湖弥陀农贸山货市场	安庆市	产地	集体	10.00	2200	89	20
642	太湖晋熙仔猪市场	安庆市	产地	集体	10.00	800	40	20
643	潜山天柱市场	安庆市	销地	集体	11.00	5810	280	30
644	黄铺农贸市场	安庆市	销地	集体	6.00	2000	50	20

续表 6-96

序号	农贸(菜)市场名称	所属城市	市场类型	企业类型	占地面积(亩)	经营面积(平方米)	摊位数量(个)	
							固定	临时
645	潜山王河镇农贸市场	安庆市	销地	集体	20.00	21000	200	60
646	潜山余井竹凉席市场	安庆市	产地	民营	150.00	800	60	10
647	望江太慈镇农贸市场	安庆市	产地	民营	80.00	19120	220	50
648	望江粮油交易市场	安庆市	产地	股份	30.00	3000	210	40
649	望江武昌湖水产品交易市场	安庆市	产地	国有	3.00	600	40	20
650	望江雷阳水产品交易市场	安庆市	销地	集体	5.00	800	50	20
651	岳西天堂镇农贸市场	安庆市	销地	集体	20.00	20000	140	30
652	岳西县茶叶大市场	安庆市	产地	民营	5.50	2000	105	20
653	岳西县农贸市场	安庆市	销地	集体	6.10	3600	308	202
654	岳西来榜农贸市场	安庆市	销地	集体	10.00	5000	86	54
655	岳西县高山蔬菜交易市场	安庆市	产地	国有	10.00	900	60	10
656	黄山市城东农贸市场有限责任公司	黄山市	零售	有限责任公司	6.00	2800	120	30
657	黄山市前园农贸市场有限公司	黄山市	零售	有限公司	3.00	4800	150	50
658	黄山市阜上市场有限公司	黄山市	零售	有限公司	4.00	2960	113	160
659	黄山杭徽农工商公司屯溪农产品批发大市场	黄山市	批、零	有限公司	48.00	21000	250	
660	黄山市丰华大市场有限公司	黄山市	批、零	有限公司	9.00	5000	450	150
661	阳湖新安大市场新炜市场管理有限公司	黄山市	零售	有限公司	12.00	3500	300	25
662	徽山路农贸市场	黄山市	零售	个体	3.00	2000	55	132
663	隆阜农贸市场	黄山市	零售	集体	6.00	1200	25	10
664	沙洲农贸市场	黄山市	零售	有限责任公司	4.50	3000	105	5
665	黄山市徽州区农贸市场有限公司	黄山市		有限公司	9.25	2000	210	
666	黄山市徽州丰华农副广品开发有限公司	黄山市		有限公司	8.52	1500	100	
667	龙井农贸市场	黄山市		公司	18.00	8219	672	
668	芙蓉农贸市场	黄山市		公司	12.00	3150	336	

续表 6-96

序号	农贸(菜)市场名称	所属城市	市场类型	企业类型	占地面积(亩)	经营面积(平方米)	摊位数量(个)	
							固定	临时
669	城东农贸市场	黄山市		公司	9.00	4760	720	
670	龙山农贸市场	黄山市		公司	6.00	1512	120	
671	汤口居农贸市场	黄山市		公司	20.00	8400	620	
672	黄山歙州中心市场有限公司	黄山市	零售	公司	9.00	4900	382	300
673	歙县新安中心市场有限公司	黄山市	零售	公司	5.00	2800	280	200
674	歙县渔梁集贸市场有限公司	黄山市	零售	公司	5.00	2300	80	60
675	歙县深渡综合市场服务中心	黄山市	零售	个体	1.00	500	120	
676	歙县壕城市场	黄山市	零售	集体	1.00	500	100	
677	歙县王村农民新村农贸市场	黄山市	零售	集体	2.00	1200	110	50
678	黄山市歙县新安水果茶叶批发市场	黄山市	零售	公司	6.00	2300	140	60
679	歙县郑村农贸市场	黄山市	零售	集体	3.00	2000	70	100
680	歙县桂林集贸交易市场	黄山市	零售	集体	2.00	700	20	80
681	歙县深渡枇杷交易市场	黄山市	批、零	集体	4.20	700	25	
682	歙县新溪口柑橘交易市场	黄山市	批、零	集体	3.00	1800	6	300
683	黄山贡菊交易中心	黄山市	批、零		30.00	20000		
684	休宁县黄山工商城农贸市场	黄山市	零售	有限公司	15.00	8500	746	100
685	休宁县钟鼓楼农贸市场	黄山市	零售	国有独资	8.00	3300	485	120
686	休宁县溪口镇农贸市场	黄山市	零售	有限公司	5.00	2300	150	50
687	休宁县五城镇农贸市场	黄山市	零售	个体	4.00	800	52	10
688	休宁县万安镇农贸市场	黄山市	零售	国有独资	6.00	2200	258	150
689	黟县农贸市场	黄山市	零售	国有	10.00	4000	600	200
690	黟县润豪农贸中心	黄山市	零售	民营	10.00	7000	200	
691	黟县新街农贸市场	黄山市	零售	民营	5.00	2500	200	
692	黟县宏村农贸市场	黄山市	零售	国有		500	100	

续表 6-96

序号	农贸(菜)市场名称	所属城市	市场类型	企业类型	占地面积(亩)	经营面积(平方米)	摊位数量(个)	
							固定	临时
693	黟县渔亭农贸市场	黄山市	零售	国有		500	100	
694	祁门县城区中心朴里农贸大市场	黄山市	销地市场	国有	8.64	6500	1000	240
695	祁门县南门农贸市场	黄山市	销地市场	集体	0.80	490	30	40
696	祁门县北门农贸市场	黄山市	销地市场	集体	0.50	300	32	36
697	祁门县皖赣边贸大市场	黄山市	销地市场	集体	6.50	2057	50	70
698	祁门县金字牌金陶社区农贸市场	黄山市	销地市场	私营	0.70	450	35	40

注:表中资料来源于全省各地级市农贸市场调查。

附录一 安徽省商业网点体量分析

一、分析模型

支撑人们消费的服务需要一定规模的零售场所，本模型采用与消费关系密切的零售商业地均销售额和城镇居民消费性支出来测算全省合理的零售商业网点规模体量。

（一）消费能力测算

随着科学技术的发展，零售商业也在产生着深远变革，网上交易、电视直销等无店铺经营方式的规模将不断壮大。因此，在零售消费支出中剔除无店铺网点居民消费值，才是与有形零售网点相关的居民零售消费支出。引入科技因子 t_i，代表无店铺居民消费值占居民零售消费性支出的比例。规划期内居民消费性支出 T_i（$i=0,1,2,\cdots,n$）中需要由有形店铺承载的数值公式为

$$T'_i = L_i \times T_i(1-t_i) \quad (i=0,1,2,\cdots,n) \tag{1}$$

其中：

L_i——零售消费支出占消费性支出比例；

T_i——城镇居民消费性支出（单位：万元）；

t_i——科技因子（$i=0,1,2,\cdots,n$）；

T'_i——有形店铺承载的居民消费性支出（单位：万元）。

（二）商业规模预测

参考消费能力，即可测算城镇零售商业总规模，具体公式为

$$A_i = \frac{T_i}{S_i} \quad (i=0,1,2,\cdots,n) \tag{2}$$

其中：

A_i——全省城镇零售商业总规模（单位：平方米）；

T_i——有形店铺承载的居民零售消费性支出（单位：万元）；

S_i——零售地均销售额预测值（单位：万元/平方米）。

二、参量选取

（一）消费能力

根据安徽省统计年鉴中的相关数据，2010 年全省城镇居民人均消费性支出为 11512.55 元，年末城镇人口 2573.42 万人，则全省城镇居民总消费性支出约为 2962.67 亿元。根据安徽省城镇居民消费结构情况，2010 年安徽省城镇居民零售消费性支出占消费总支出的比例约为 56%（根据统计年鉴中消费的九大行业，大致分出零售和批发的消费额，再计算得出）。

考虑安徽省发展实际，取 2010 年科技因子为 10%（该因子也为参考其他城市经验值取得），则根据式(1)可计算出安徽省 2010 年城镇区域的零售消费性支出为

$$T_{i(2010)}=2962.67\times56\%(1-10\%)=1493.19(\text{亿元})$$

（二）地均营业额

根据省商务厅统计资料，2010 年末，全省规模以上零售商业网点中，已经营业且明确提供 2010 年营业额数据的网点共有 337 个。这 337 个网点营业面积共 585.85 万平方米，营业额共 484.90 亿元。依此分析，可得出安徽省规模以上零售商业网点平均地均营业额为 0.83 万元/平方米。

但在确定全省城镇地区基准地均销售额时，还要考虑到 5000 平方米以下网点的情况，这部分网点主要集中于食杂店、超市、便利店、专业店/专卖店几类业态。根据省商务厅统计资料，超市（5000 — 6000 平方米）的店均营业额（0.62）约为大型超市（6000 平方米及以上）店均营业额（1.25）的 50%。参考该比例估算，安徽省 5000 平方米以下网点的地均营业额约为规模以上零售商业网点地均营业额（0.83 万元/平方米）的 50%，因此，规模以下网点的平均地均营业额取值为 0.45 万元/平方米。

考虑大型网点的整体带动作用，参考发达地区的“20、80 法则”，同时结合安徽省实际情况，我们在这里对规模以下和规模以上网点分别选取“30、70”和“40、60”两组权值计算全省城镇地区商业网点的地均销售额：

$$0.83\times70\%+0.45\times30\%=0.72(\text{万元/平方米})$$

$$0.83\times60\%+0.45\times40\%=0.68(\text{万元/平方米})$$

三、规模测算

将上述计算得到的城镇区域居民零售消费、零售网点地均营业额数据代入式(2)，即可得 2010 年安徽省城镇零售商业规模：

$$A_{0.72(2010)}=2074\ \text{万平方米}$$

$$A_{0.68(2010)}=2196\ \text{万平方米}$$

四、规模比较分析

结合安徽省主要城市零售网点发展情况，全省 5000 平方米以上和 5000 平方米以下网点的面积比约为 1∶1，则根据省商务厅调研资料，可估算出安徽省现状零售商业网点总规模约为 1815 万平方米。

对比分析，全省实际零售商业面积与满足城镇居民消费需求的零售商业面积尚存 260 万—380 万平方米的缺口。

附录二　安徽省各市流通竞争力分析

一、流通竞争力指标分析

这里选择安徽省17个地级城市进行流通竞争力分析评价。

（一）城市流通竞争力综合评价指标体系

详见附表2-1。

附表2-1　城市流通竞争力综合评价指标体系一览表

特征类别	编号	指标名称
规模	X1	流通业就业人员
	X2	限额以上流通企业资本规模
	X3	流通业固定资产投资
	X4	社会消费品零售额
	X5	流通业增加值
	X6	货运总量
结构	X7	第三产业增加值占GDP的比重
	X8	流通业增加值占第三产业的比重
设施	X9	载货汽车保有量
	X10	每平方公里公路里程数
	X11	亿元以上商品交易市场数
	X12	亿元以上商品交易市场面积
密度	X13	万人占有商品交易市场营业面积
	X14	万人拥有流通业增加值
	X15	万人拥有流通业资本规模
	X16	万人拥有流通业固定资产投资额
	X17	万人拥有流通业从业人员
	X18	每平方公里商品交易市场营业面积

续附表 2-1

特征类别	编号	指标名称
密度	X19	每平方公里流通企业资本规模
	X20	每平方公里流通业固定资产投资
	X21	每平方公里流通业从业人员
效率	X22	流通业资本报酬率
	X23	流通业资金利税率
	X24	流通业固定资产实现利税率
	X25	流通业成本利润率
消费满足力	X26	城镇居民人均可支配收入
	X27	人均地区生产总值
贡献力	X28	流通业对城市经济的贡献率
	X29	流通业对社会经济的拉动率
	X30	流通先导指数
	X31	流通业对城市就业贡献率
辐射力	X32	物流辐射力
	X33	进出口总值
	X34	外资吸引力
成长力	X35	流通业固定资产投资增长率
	X36	流通业资本规模增长率
	X37	流通业利润总额增长率
	X38	货运量增长率

（二）城市流通竞争力综合评价指标集成

为消除量纲对数据分析的干扰，需要对数据进行标准化处理。我们选择的是最常用的也是最能保持数据数理特征的正态标准化方法，即用评价指标的每个原始数据减去该类指标的均值再除以该类指标的标准差。需要说明的是：缺失数据用各城市的平均水平代替；有关各城市商品交易市场的数据均采用 2009 年的数据。标准化数据矩阵如附表 2-2。

附表 2－2　2010 年我省各地级市流通竞争力数据指标标准化

地区		合肥	淮北	亳州	宿州	蚌埠	阜阳	淮南	滁州	六安	马鞍山	巢湖	芜湖	宣城	铜陵	池州	安庆	黄山
规模	X1	3.689	－0.564	－0.195	－0.178	－0.047	0.439	－0.039	－0.143	－0.212	－0.516	－0.304	0.305	－0.595	－0.612	－0.664	－0.013	－0.351
	X2	3.839	－0.383	－0.434	－0.250	－0.267	－0.097	－0.336	－0.159	－0.090	－0.337	－0.250	0.069	－0.170	－0.451	－0.390	－0.028	－0.268
	X3	3.602	－0.620	－0.398	－0.071	－0.408	－0.529	－0.507	－0.473	－0.185	0.397	－0.224	0.765	－0.547	－0.302	－0.530	0.172	－0.141
	X4	3.485	－0.695	－0.126	－0.294	0.150	0.483	－0.334	－0.172	0.209	－0.565	－0.219	0.253	－0.290	－0.850	－0.897	0.554	－0.693
	X5	3.663	－0.540	－0.110	0.061	－0.194	0.161	－0.463	－0.216	－0.141	－0.165	－0.256	0.374	－0.339	－0.663	－0.777	0.283	－0.679
	X6	1.179	－1.091	－0.064	0.823	0.046	1.846	－1.057	－0.277	1.723	－0.240	－0.815	－0.316	－0.504	－0.620	－0.967	1.332	－0.999
结构	X7	1.615	－1.254	0.577	0.248	0.172	0.097	－1.024	－0.683	0.235	－1.181	－0.210	－0.510	0.593	－1.532	1.030	－0.246	2.074
	X8	－1.510	1.623	1.990	1.367	－0.284	1.261	－0.460	－0.012	－0.469	－0.166	－0.146	－0.591	－0.335	0.342	－1.111	－0.460	－1.039
设施	X9	2.068	－0.820	1.295	0.029	0.168	1.989	－0.438	0.238	0.775	－1.026	－0.664	－0.471	－0.204	－1.074	－1.057	－0.100	－0.708
	X10	0.929	－0.444	－0.402	－0.514	1.090	－0.070	－0.999	0.979	－0.484	0.023	0.020	－0.161	－0.474	－0.504	－0.914	2.955	－1.029
	X11	3.230	－0.114	－0.654	－0.869	－0.114	1.396	－0.114	－0.006	－0.546	－0.222	0.641	－0.222	－0.222	－0.114	－0.761	－0.438	－0.869
	X12	2.851	－0.158	－0.661	－0.727	0.069	0.731	0.075	0.387	－0.691	－0.617	－0.276	－0.455	－0.635	－0.316	－0.719	1.870	－0.727
密度	X13	2.072	0.335	－0.904	－0.970	0.248	－0.041	0.694	0.402	－0.939	－0.579	－0.406	－0.387	－0.795	1.782	－0.943	1.401	－0.970
	X14	1.773	－0.278	－0.791	－0.734	－0.335	－1.019	－0.278	－0.677	－0.962	1.659	－0.677	1.260	－0.221	1.944	－0.221	－0.563	0.121
	X15	3.437	－0.388	－0.867	－0.692	－0.421	－0.705	－0.340	－0.401	－0.546	0.216	－0.524	0.723	－0.021	0.495	－0.037	－0.446	0.516
	X16	1.231	－0.564	－0.779	－0.636	－0.572	－0.975	－0.479	－0.740	－0.721	1.972	－0.543	1.202	－0.581	1.922	－0.060	－0.496	0.820
	X17	3.048	－0.632	－0.632	－0.681	0.017	－0.416	0.546	－0.368	－0.729	－0.055	－0.534	1.436	－0.825	0.373	－0.656	－0.488	0.642
	X18	2.911	－0.047	－0.652	－0.677	0.435	－0.012	－0.278	－0.010	－0.669	－0.404	－0.491	－0.400	－0.648	0.310	－0.674	1.984	－0.677
	X19	3.783	－0.254	－0.462	－0.428	－0.022	－0.297	－0.390	－0.257	－0.414	0.211	－0.331	0.164	－0.392	－0.074	－0.454	0.074	－0.408
	X20	2.789	－0.401	－0.584	－0.554	－0.078	－0.590	－0.565	－0.506	－0.619	1.977	－0.511	0.642	－0.649	0.613	－0.635	0.189	－0.523
	X21	3.666	－0.384	－0.419	－0.489	0.384	－0.105	－0.279	－0.279	－0.524	0.105	－0.454	0.454	－0.594	－0.140	－0.594	0.140	－0.489

续附表 2-2

地区		合肥	淮北	亳州	宿州	蚌埠	阜阳	淮南	滁州	六安	马鞍山	巢湖	芜湖	宣城	铜陵	池州	安庆	黄山
效率	X22	-0.365	-0.454	0.383	0.396	-0.705	-0.271	0.264	0.506	2.856	-1.478	0.617	-1.053	0.230	-0.369	-0.008	0.795	-1.346
	X23	-0.727	-0.439	0.942	0.581	-0.848	-0.510	0.129	0.569	1.965	-1.538	0.344	-1.030	0.341	-0.598	-0.103	1.947	-1.025
	X24	0.301	0.565	1.344	-0.123	-0.877	0.379	-0.522	-0.415	1.386	-0.829	0.326	-1.019	0.693	0.547	-0.689	1.314	-2.382
	X25	-0.841	0.113	-0.039	-0.458	-0.186	-1.538	0.567	0.229	0.905	-0.966	0.534	-0.636	-0.819	-1.316	1.494	2.128	0.830
消费满足力	X26	1.177	-0.493	-0.343	-0.719	-0.413	-1.017	-0.413	-0.531	-0.789	2.956	-0.087	1.037	-0.515	1.021	-0.144	-0.512	-0.215
	X27	1.206	-0.268	-0.918	-0.826	-0.364	-0.980	-0.034	-0.508	-0.832	1.898	-0.589	1.301	-0.328	2.196	-0.289	-0.452	-0.213
贡献力	X28	1.533	-0.640	1.175	0.757	0.364	1.607	-1.356	0.678	-0.690	-1.311	-1.212	-0.764	-0.530	-0.923	0.016	0.479	0.817
	X29	2.704	-0.236	0.356	0.318	-0.026	0.661	-1.458	0.375	-0.828	-1.133	-1.343	-0.274	-0.484	0.872	0.108	0.814	-0.427
	X30	-0.281	-0.782	1.326	-0.431	1.175	1.577	-0.281	-0.281	1.075	-1.887	-0.030	-0.933	0.523	-1.535	-0.381	0.171	0.974
	X31	0.250	0.365	0.236	0.234	0.241	0.231	0.223	0.246	0.216	0.171	0.232	0.240	0.370	-3.874	0.250	0.113	0.255
辐射力	X32	-1.371	-0.839	0.619	1.094	0.180	1.892	-1.139	-0.387	2.031	-0.630	-0.873	-1.128	-0.121	-0.052	0.272	0.342	0.110
	X33	3.516	-0.506	-0.490	-0.525	-0.365	-0.442	-0.538	-0.212	-0.402	0.597	-0.371	0.487	-0.303	0.817	-0.502	-0.308	-0.454
	X34	2.872	-0.371	-0.488	-0.576	-0.080	-0.739	-0.702	-0.637	-0.566	1.470	0.110	1.523	-0.353	-0.142	-0.514	-0.260	-0.546
成长力	X35	-0.354	-0.816	-0.177	-0.622	-1.251	2.253	1.826	-0.806	-0.827	0.456	0.010	0.817	-0.684	-0.033	1.141	-0.020	-0.914
	X36	0.239	-0.557	2.043	-0.779	0.105	0.364	1.932	-0.306	-0.658	-1.515	1.059	-0.529	-1.086	0.481	-0.076	0.376	-1.092
	X37	0.247	-1.116	-0.434	-0.098	-0.844	0.297	-0.740	-0.487	-1.020	0.354	-0.821	2.301	-0.408	0.680	-0.287	0.128	2.247
	X38	1.370	-1.204	-0.338	-0.125	1.016	0.444	0.995	1.056	-0.832	-1.478	-1.464	0.223	-0.040	0.598	1.509	-0.799	-0.930

（三）综合评价因子的提取

我们采用主成分分析法提取公因子，按照特征根大于 1 的标准来确定公共因子的数量。详见附表 2－3。

附表 2－3　综合因子解释原始指标总方差情况表

因子编号	提取因子情况		
	特征根	方差贡献率	累计方差贡献率
1	15.943	41.954%	41.954%
2	7.838	20.625%	62.579%
3	3.154	8.299%	70.879%
4	2.302	6.058%	76.937%
5	1.996	5.253%	82.190%
6	1.650	4.342%	86.532%
7	1.307	3.439%	89.971%
8	1.148	3.021%	92.991%

由此可见，38 个原始指标构成的城市流通竞争力评价指标体系可以提取为 8 个综合指标（T1，T2，…，T9）。这 8 个因子的特征根都大于 1，解释原始指标累计方差贡献率为 92.991%。

（四）综合指标的内涵

为使各原始指标在某个综合因子上行成高载荷，我们采用了方差最大正交旋转法，得到旋转后的因子载荷矩阵见附表 2－4。

附表 2－4　综合指标与原始指标的因子载荷旋转矩阵

原始指标	综合指标							
	T1	T2	T3	T4	T5	T6	T7	T8
X1	0.978	－0.060	－0.039	0.086	0.058	0.101	0.008	0.072
X2	0.984	0.029	0.005	0.043	0.010	0.082	0.080	－0.078
X3	0.938	0.240	－0.087	0.062	0.056	－0.060	0.129	－0.063
X4	0.955	－0.114	0.096	0.183	0.138	0.004	0.028	0.047
X5	0.979	0.011	0.031	0.128	0.093	－0.018	－0.018	－0.008
X6	0.401	－0.198	0.325	0.251	0.732	－0.155	－0.105	0.101
X7	0.399	－0.514	－0.275	－0.291	0.305	0.061	0.381	－0.280
X8	－0.368	－0.199	0.181	0.031	0.086	－0.024	－0.814	－0.003
X9	0.629	－0.483	0.184	0.016	0.419	0.070	－0.298	0.148
X10	0.284	－0.062	0.132	0.883	0.097	－0.116	0.095	－0.084

续附表 2-4

原始指标	综合指标							
	T1	T2	T3	T4	T5	T6	T7	T8
X11	0.865	-0.008	0.014	0.097	-0.063	0.095	-0.225	0.212
X12	0.736	-0.085	0.082	0.611	0.026	0.152	0.052	0.131
X13	0.464	0.326	0.142	0.589	-0.167	0.470	-0.058	0.092
X14	0.406	0.836	-0.323	-0.038	-0.070	0.114	0.002	-0.052
X15	0.840	0.359	-0.248	-0.067	-0.052	0.162	0.188	-0.133
X16	0.261	0.852	-0.400	-0.079	0.051	0.039	0.100	-0.059
X17	0.786	0.300	-0.350	-0.018	-0.082	0.200	0.165	0.093
X18	0.719	0.098	0.081	0.631	0.020	0.197	0.079	-0.039
X19	0.961	0.188	-0.056	0.128	-0.036	0.072	0.028	-0.080
X20	0.718	0.603	-0.174	0.181	0.005	-0.137	-0.040	-0.019
X21	0.955	0.155	-0.106	0.179	-0.024	0.086	0.008	-0.012
X22	-0.076	-0.291	0.883	-0.075	0.206	-0.004	0.223	-0.016
X23	-0.181	-0.362	0.784	0.182	0.223	-0.017	0.255	-0.065
X24	0.095	-0.051	0.854	0.180	0.186	0.019	-0.285	0.010
X25	-0.274	-0.321	0.233	0.273	-0.132	-0.076	0.746	-0.069
X26	0.300	0.812	-0.288	-0.036	-0.092	-0.252	-0.031	0.045
X27	0.267	0.914	-0.255	0.004	-0.090	0.094	-0.018	0.032
X28	0.396	-0.579	-0.254	0.211	0.467	0.252	-0.171	-0.156
X29	0.636	-0.020	-0.052	0.338	0.333	0.468	-0.165	-0.207
X30	0.008	-0.815	0.070	-0.081	0.350	0.061	0.023	0.004
X31	0.183	-0.671	-0.125	-0.046	-0.153	-0.623	0.168	0.067
X32	-0.320	-0.361	0.252	-0.099	0.788	0.016	-0.111	-0.028
X33	0.882	0.435	-0.068	0.032	0.007	0.129	-0.016	-0.077
X34	0.787	0.473	-0.206	0.023	-0.090	-0.250	0.022	0.000
X35	-0.031	0.071	-0.127	-0.063	0.081	0.071	-0.022	0.943
X36	0.064	-0.242	0.332	0.099	-0.249	0.437	-0.088	0.520
X37	0.081	0.343	-0.699	-0.037	0.379	0.034	0.222	0.040
X38	0.317	-0.136	-0.142	-0.043	-0.051	0.709	0.079	0.213

可以看出，综合指标 T1 对 X1、X2、X3、X4、X5、X9、X11、X12、X15、X17、X18、X19、X20、X21、X29、X33、X34 等原始指标形成了较高的载荷。其中 X1（流通业从业人员）、X2（限额以上流通业资本规模）、X3（流通业固定资产投资）、X4（社会消费品零售总额）、X5（流通业增加值）、X9（载货汽车保有量）、X11（亿元以

上商品交易市场数)、X12(亿元以上商品交易市场面积)、X33(进出口总值)、X34(外资吸引力)等载荷系数较高,反映流通业发展总体规模。另外,X15(万人拥有流通业资本规模)、X17(万人拥有流通业从业人员)、X18(每平方公里商品交易市场营业面积)、X19(每平方公里流通业资本规模)、X20(每平方公里流通业固定资产投资)、X21(每平方公里流通业从业人员)反映流通业配置密度情况。从这些角度看,综合指标 T1 系统反映了城市流通领域规模及配置情况,故可称之为"流通规模及密度指数"。

综合指标 T2 对 X7、X14、X16、X26、X27、X28、X30、X31 等原始指标形成了较高的载荷。其中 X7(第三产业增加值占 GDP 的比重)、X30(流通先导指数)反映城市产业结构的优化程度;X14(万人拥有流通业增加值)、X16(万人拥有流通业固定资产投资额)、X26(城镇居民人均可支配收入)、X27(人均地区生产总值)、X28(流通业对城市经济贡献率)、X31(流通业对城市就业贡献率)载荷系数较大,反映城市居民生活水平情况。综合指标 T2 反映了流通业对生产和生活的拉动作用,故可称之为"生产促进指数"。

综合指标 T3 对 X22、X23、X24、X37 等原始指标形成了较高的载荷。X22(流通业资本报酬率)、X23(流通业资金利税率)、X24(流通业固定资产实现利税率)、X37(流通业利润总额增长率)主要反映了城市流通产业的投资回报情况以及流通产业的创收能力,因此可以称因子 T3 为"流通效益指数"。

综合指标 T4 对 X10、X13、X18 等原始指标形成了较高的载荷。X10(每平方公里公路里程数)、X13(万人占有商品交易市场营业面积)、X18(每平方公里商品交易市场营业面积)主要反映了城市流通业中的商业集聚情况,故可称 T4 为"规模经济指数"。

综合指标 T5 对 X6、X32 等原始指标形成了较高的载荷。X6(货运总量)、X32(物流辐射力)反映了城市物流业的发展状况,故可称 T5 为"流通物流指数"。

综合指标 T6 对 X38 等原始指标形成了较高的载荷。X38(货运量增长率)反映了城市货运增长情况,故可称因子 T6 为"流通物流增长指数"。

综合指标 T7 对 X8、X25 形成了较高的载荷。X8(流通业增加值占第三产业的增加值)、X25(流通业成本利润率)是客观反映城市流通业产业发展环境的指标,故可称 T7 为城市"产业基础指数"。

综合指标 T8 对 X35、X36 形成了较高的载荷。X35(流通业固定资产投资增长率)、X36(流通业资本规模增长率)反映了物流基础设施的建设情况,故可称 T8 为城市"流通投资增长指数"。

(五) 城市流通竞争力得分

根据 8 个综合评价因子的得分,利用多元线性回归可以得出集成度最高的"城市流通竞争力指数 T"的得分,所选 17 个城市的综合指标得分见附表 2-5。

附表 2-5 各城市因子得分

城市	T1		T2		T3		T4		T5		T6		T7		T8		T	
	得分	排名	得分	排名	得分	排名	得分	排名	得分	排名	得分	排名	得分	排名	得分	排名	得分	排名
合肥	3.76	1	0.20	4	0.02	10	0.02	8	−0.18	11	0.53	5	0.16	8	−0.40	10	1.63	1
淮北	−0.46	14	−0.13	7	0.23	8	0.49	4	−1.67	16	−0.51	13	−1.41	16	−1.01	16	−0.36	16
亳州	−0.14	8	−0.96	16	0.57	4	−0.57	13	0.30	7	0.29	7	−1.19	15	0.02	8	−0.26	12
宿州	−0.35	13	−0.44	12	0.08	9	−0.43	11	0.82	4	−0.25	11	−0.76	14	−0.90	14	−0.28	14
蚌埠	−0.07	5	−0.87	15	−0.77	14	0.77	3	−0.55	13	0.38	6	−0.34	11	−0.73	13	−0.27	13
阜阳	0.11	3	−1.17	17	−0.66	13	0.22	5	1.81	1	0.14	8	−1.69	17	2.04	2	−0.13	8
淮南	−0.27	10	−0.20	8	0.42	6	−0.43	12	−1.71	17	0.73	3	0.73	5	2.25	1	−0.11	7
滁州	−0.28	12	−0.60	14	−0.01	11	0.89	2	−0.58	14	0.55	4	−0.09	9	−0.62	12	−0.21	10
六安	−0.06	4	−0.05	5	2.31	1	−1.25	17	1.49	2	−0.82	15	1.05	4	−0.42	11	0.15	6
马鞍山	−0.12	6	2.03	2	−0.79	15	0.05	7	−0.01	9	−2.30	17	−0.57	12	0.32	6	0.20	5
巢湖	−0.13	7	−0.21	9	0.86	2	−0.28	9	−1.38	15	−0.93	16	0.21	7	0.44	4	−0.14	9
芜湖	0.26	2	1.02	3	−1.22	16	−0.36	10	0.16	8	−0.65	14	0.46	6	0.90	3	0.22	3
宣城	−0.18	9	−0.29	11	0.36	7	−0.94	16	−0.26	12	−0.22	10	−0.15	10	−0.93	15	−0.22	11
铜陵	−0.71	17	2.57	1	0.47	5	0.07	6	0.50	6	2.46	1	−0.73	13	−0.35	9	0.37	2
池州	−0.59	16	−0.29	10	−0.40	12	−0.78	15	−0.16	10	0.88	2	1.57	1	0.43	5	−0.29	15
安庆	−0.27	11	−0.06	6	0.79	3	3.16	1	0.84	3	−0.39	12	1.35	3	0.14	7	0.21	4
黄山	−0.50	15	−0.54	13	−2.26	17	−0.62	14	0.58	5	0.13	9	1.40	2	−1.17	17	−0.50	17

从T1“流通规模及密度指数”看，位于全省平均水平之上的城市有合肥、芜湖、阜阳，排名后三位的城市分别是黄山、池州、铜陵。

从T2“生产促进指数”看，铜陵、马鞍山、芜湖、合肥四个城市位于平均水平之上，居于全省后三位的城市为蚌埠、亳州、阜阳。

从T3“流通效益指数”看，六安、巢湖、安庆、亳州、铜陵、淮南、宣城、淮北、宿州、合肥十个城市位于平均水平之上，位于全省后三位的城市为马鞍山、芜湖、黄山。

从T4“规模经济指数”看，安庆、滁州、蚌埠、淮北、阜阳、铜陵、马鞍山、合肥八个城市位于平均水平之上，位于全省后三位的城市为池州、宣城、六安。

从T5“流通物流指数”看，宣城、巢湖、池州、宿州、合肥、马鞍山、亳州、铜陵八个城市位于平均水平之上，位于全省后三位的城市为巢湖、淮北、淮南。

从T6“流通物流增长指数”看，铜陵、池州、淮南、滁州、合肥、蚌埠、亳州、阜阳、黄山九个城市位于平均水平之上，位于全省后三位的城市为六安、巢湖、马鞍山。

从T7“产业基础指数”看，池州、黄山、安庆、六安、淮南、芜湖、巢湖、合肥八个城市位于全省平均水平之上，位于全省后三位的城市为亳州、淮北、阜阳。

从T8“流通投资增长指数”看，淮南、阜阳、芜湖、巢湖、池州、马鞍山、安庆、亳州八个城市位于全省平均水平之上，位于全省后三位的城市为宣城、淮北、黄山。

二、城市流通发展态势定位分析

根据“城市流通竞争力评价指标”的综合得分，在全省17个城市中，合肥、铜陵、芜湖、安庆、马鞍山、六安六个城市的流通竞争力高于全省平均水平，其他城市均没有达到这17个城市的平均水平。

在城市流通竞争力分项指标和综合排名的基础上，为使城市更有的放矢地确定城市流通发展战略，我们将基于综合指标得分和排序来开展城市流通优劣势分析，以明确不同城市在流通领域不同层面的水平和能力。我们以指标得分和指标排名为依据，确定了城市流通优劣势定位标准，如附表2-6所示。

附表2-6　城市流通优劣势定位标准

符号	优劣势类别	得分标准	排名标准
★	绝对优势	指标得分大于0	指标排名不低于综合排名
☆	比较优势	指标得分小于0	指标排名不低于综合排名
▲	绝对劣势	指标得分小于0	指标排名低于综合排名
△	比较劣势	指标得分大于0	指标排名低于综合排名

根据各项指标得分和排名，对安徽省17个城市流通领域的发展情况进行定

位，具体结果如表7所示。其中，“★”表示绝对优势，“☆”表示比较优势，“▲”表示绝对劣势，“△”表示比较劣势。

附表2-7　各城市流通优劣势定位

城市	综合排名	流通规模及密度	生产促进	流通效益	规模经济	流通物流	流通物流增长	产业基础	流通投资增长
合肥	1	★	△	△	△	▲	△	△	▲
铜陵	2	▲	★	△	△	△	★	▲	▲
芜湖	3	★	★	▲	▲	△	▲	△	★
安庆	4	▲	▲	★	★	★	▲	★	△
马鞍山	5	▲	★	▲	△	▲	▲	▲	△
六安	6	☆	☆	★	▲	★	▲	★	▲
淮南	7	▲	▲	★	▲	▲	★	★	★
阜阳	8	★	▲	▲	★	★	★	▲	★
巢湖	9	☆	☆	★	☆	▲	▲	★	★
滁州	10	▲	▲	▲	★	▲	★	☆	▲
宣城	11	☆	☆	★	▲	▲	☆	☆	▲
亳州	12	☆	▲	★	▲	★	★	▲	★
蚌埠	13	☆	▲	▲	★	☆	★	☆	☆
宿州	14	☆	☆	★	☆	★	☆	☆	☆
池州	15	▲	☆	☆	☆	☆	★	★	★
淮北	16	☆	☆	★	★	☆	☆	☆	☆
黄山	17	☆	☆	☆	☆	★	★	★	☆

从上表可以看出，处于不同排名位次的城市优劣势属性的分布有所差异：排名领先的城市，绝对劣势和比较劣势分布较为集中；排名中游的城市，绝对优势和绝对劣势分布较为集中；排名靠后的城市，比较优势分布较为集中。因此，不同排名的城市对优劣势的战略着眼点应有所差异。

流通竞争力排名领先的城市，其流通产业发展的基础较为雄厚，要增强流通业的辐射力，改进流通业发展较薄弱的环节，因此要重点关注绝对优势和绝对劣势。排名中等的城市，兼具发展基础和发展空间，流通业发展要注重特色发展和平衡发展，因此要重点关注绝对优势和绝对劣势。排名靠后的城市，流通产业发展的基础相对薄弱，要重点关注比较优势。

为突出显示城市最应当重视的优劣势分布情况，根据城市流通竞争力的排名，对排名1—4、5—12、13—17三个区段的城市分别做出分析。

根据附表2-8，排名领先城市的流通业在流通规模及密度、生产促进等方面均表现较好，但在流通效益、规模经济、流通物流、产业基础等方面的优势有待进一步发挥，在流通物流增长、流通投资增长方面明显地存在短板（“—”表示发展水平低于17个城市的平均水平），这就是城市流通业发展需要加强和弥补的地方。

附表2-8 流通竞争力排名领先城市的绝对优势和比较劣势

城市	综合排名	流通规模及密度	生产促进	流通效益	规模经济	流通物流	流通物流增长	产业基础	流通投资增长
合肥	1	★	△	△	△	—	△	△	—
铜陵	2	—	★	△	△	△	★	—	—
芜湖	3	★	★	—	—	△	—	△	★
安庆	4	—	—	★	★	★	—	★	△

根据附表2-9，排名中游城市在流通领域的各个层面，绝对优势和绝对劣势同时大量存在，呈现出两极分化的趋势，因此，各城市应该弥补发展瓶颈，做到平衡发展和特色发展。

附表2-9 流通竞争力排名中游城市的绝对优势和绝对劣势

城市	综合排名	流通规模及密度	生产促进	流通效益	规模经济	流通物流	流通物流增长	产业基础	流通投资增长
马鞍山	5	▲	★	▲	—	▲	▲	▲	—
六安	6	—	—	★	▲	★	▲	★	▲
淮南	7	▲	▲	★	▲	▲	★	★	★
阜阳	8	★	▲	▲	★	★	★	▲	★
巢湖	9	—	—	★	—	▲	▲	★	★
滁州	10	▲	▲	▲	★	▲	★	—	▲
宣城	11	—	—	★	▲	▲	—	—	▲
亳州	12	—	▲	★	▲	★	★	▲	★

根据附表2-10，流通竞争力排名较落后的城市，具有较好发展基础的领域非常有限，在流通规模及密度、生产促进等方面，绝大多数城市处于17个城市的平均水平之下；但规模经济、流通物流、流通物流增长、产业基础、流通投资增长等指标排名高于自身的综合排名，形成了不同程度的比较优势。有的城市在流通领域内还存在绝对优势，如黄山市在流通物流、流通物流增长、产业基础等方面存在绝对优势，但影响城市竞争力水平的关键因素发展较弱，对流通业的支撑作用有待进一步增强。

附表 2-10 流通竞争力排名落后城市的绝对劣势和比较优势

城市	综合排名	流通规模及密度	生产促进	流通效益	规模经济	流通物流	流通物流增长	产业基础	流通投资增长
蚌埠	13	☆	▲	▲	—	☆	—	☆	☆
宿州	14	☆	☆	—	☆	—	☆	☆	☆
池州	15	▲	☆	☆	☆	☆	—	—	—
淮北	16	☆	☆	—	—	☆	☆	☆	☆
黄山	17	☆	☆	☆	☆	—	—	—	☆

根据城市流通优劣势定位表，各城市可以发现制约城市流通业繁荣和城市经济持续发展的短板，挖掘城市流通领域凸显或潜在的特色和优势，本着“突破瓶颈、挖掘潜力、凸显特色、平衡发展”的战略理念，寻找适合各城市的流通发展战略。

附录三　安徽省商业行业竞争力分析——区位商分析

一、理论依据

区位商(Location Quotient,简称 LQ),又称区域规模优势指数或地方专业化指数。它建立在区域比较优势理论的基础上,由哈盖特(P. Haggett)首先提出并运用于区位分析中,是衡量某一个区域产业结构与全国平均水平差异的指标。它反映了一个地区或行业的专业化水平,可用来衡量某产业在一个地区的规模集聚程度及其在高一层次区域中的集聚规模优势程度(竞争力)。区位商在衡量区域优势产业上排除了区域规模的差异因素,能够真实地代表一个区域的优势和劣势产业以及它们的变动趋势(竞争力的变化),从而可借之对产业结构、产业布局以及区域经济发展做出评价和政策建议。区位商的计算公式如下:

$$LQ_{ij}=\frac{\dfrac{L_{ij}}{\sum_{i=1}^{n}L_{ij}}}{\dfrac{G_i}{\sum_{i=1}^{n}G_i}}$$

其中,i 表示第 i 区域,j 表示第 j 产业;LQ_{ij} 表示第 i 地区 j 行业的区位商,L_{ij} 为第 i 地区 j 行业的产值,G_i 为第 i 地区的生产总值。

区位商的计算结果越大,表示该地区的产业专业化程度越高,具有一定的比较优势,反之则表明产业处于劣势地位。区位商判别的依据一般以 1 为界。某地区某产业的 $LQ_i=1$,表示产业 i 在当地处于一般水平;$LQ_i>1$,表示产业 i 在该地区的专业化程度较高,是具有比较优势的产业;$LQ_i<1$,则表示产业 i 在该地区属于劣势产业,产业专业化程度较低,具有比较弱势。

二、全省限额以上零售业区位商

根据 2005 年、2010 年安徽省限额以上零售企业销售额、全国限额以上零售企业销售额比重计算，得出全省限额以上零售企业在全国内的区位商，详见附表3-1、附图3-1。

附表3-1 2005年、2010年安徽省和全国限额以上零售业分行业销售额一览表

指标 商品	安徽省销售额(亿元)		全国销售额(亿元)		国内区位商	
	2005年	2010年	2005年	2010年	2005年	2010年
零售业合计	291.65	1370.72	17640.55	57514.58		
综合零售	162.88	460.92	6968.99	16176.02	1.41	1.20
食品、饮料及烟草制品专门零售	2.34	22.13	342.17	1037.08	0.41	0.90
纺织、服装及日用品专门零售	4.99	19.68	429.10	1966.86	0.70	0.42
文化、体育用品及器材专门零售	12.62	29.46	562.30	1309.05	1.36	0.94
医药及医疗器材专门零售	9.90	91.26	764.10	2511.74	0.78	1.52
汽车、摩托车、燃料及零配件专门零售	68.88	570.52	6253.88	27460.71	0.67	0.87
家用电器及电子产品专门零售	28.52	147.17	1811.48	4641.06	0.95	1.33
五金、家具及室内装修材料专门零售	1.37	16.77	267.95	1254.98	0.31	0.56

注：(1) 表中数据来源于《安徽统计年鉴》(2006、2011)、《中国统计年鉴》(2006、2011)。

(2) 安徽省限额以上批发和零售业标准：批发业，年末从业人员20人及以上，年销售额2000万元及以上；零售业，年末从业人员60人及以上，年销售额500万元及以上。

(3) 全国限额以上批发和零售业统计单位是指：批发业，年主营业务收入2000万元及以上；零售业，年主营业务收入500万元及以上。

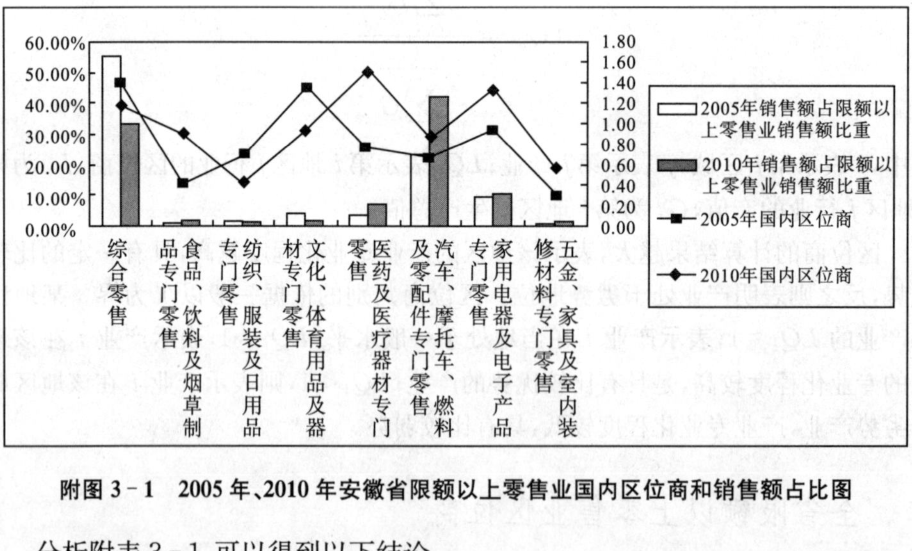

附图3-1 2005年、2010年安徽省限额以上零售业国内区位商和销售额占比图

分析附表3-1，可以得到以下结论：

(1) 安徽省具规模、有成长力和国内竞争力的零售商品类别如附表3-2所示。

附表 3－2　安徽省具规模、有成长力和国内竞争力的零售商品类别

（销售额占比上升、国内区位商上升）

指标 商品	销售额占本省限额以上比重			国内区位商变化值
	2005 年	2010 年	变化值（百分点）	
食品、饮料及烟草制品专门零售	0.80%	1.61%	0.81	0.48
医药及医疗器材专门零售	3.39%	6.66%	3.26	0.74
汽车、摩托车、燃料及零配件专门零售	23.62%	41.62%	18.01	0.21
家用电器及电子产品专门零售	9.78%	10.74%	0.96	0.38
五金、家具及室内装修材料专门零售	0.47%	1.22%	0.75	0.25

注：表中数据根据附表 3－1 及附图 3－1 中的数据计算得出。

（2）安徽省成长力下降、国内竞争力下降的零售商品类别如附表 3－3 所示。

附表 3－3　安徽省成长力下降、国内竞争力下降的零售商品类别

（销售额占比下降、国内区位商下降）

指标 商品	销售额占本省限额以上比重			国内区位商变化值
	2005 年	2010 年	变化值（百分点）	
综合零售	55.58%	33.63%	－22.22	－0.22
纺织、服装及日用品专门零售	1.71%	1.44%	－0.28	－0.28
文化、体育用品及器材专门零售	4.33%	2.15%	－2.18	－0.41

注：表中数据根据附表 3－1 及附图 3－1 中的数据计算得出。

对全省商品零售行业进行详细分析，可得出以下结论：

（1）2010 年，全省零售业中，综合零售、医药及医疗器材专门零售、家用电器及电子产品专门零售的国内区位商分别为 1.20、1.52、1.33，说明这几个行业发展水平处于全国平均水平之上，在全国具有较强的竞争力，其他行业竞争力较弱。

（2）比较 2005 年和 2010 年的区位商，安徽省在全国均具规模、生长力和竞争力的零售业包括食品、饮料及烟草制品专门零售，医药及医疗器材专门零售，汽车、摩托车、燃料及零配件专门零售，家用电器及电子产品专门零售，五金、家具及室内装修材料专门零售，且实力不断增强。在 2005 年和 2010 年之间，安徽省零售成长力增长最大的是汽车、摩托车、燃料及零配件专门零售，竞争力增长最大的也是汽车、摩托车、燃料及零配件专门零售，说明该产业的竞争劣势在日益减弱。

（3）安徽省在全国内成长力、竞争力均下降的零售业包括综合零售，纺织、服装及日用品专门零售，文化、体育用品及器材专门零售。

三、全省限额以上批发业区位商

根据2005年、2010年安徽省限额以上批发企业销售额、全国限额以上批发企业销售额比重计算，得出全省限额以上批发企业在全国内的区位商，详见附表3－4、图3－2。

附表3－4　2005年、2010年安徽省和全国限额以上批发业分行业销售额一览表

指标 商品	安徽省 销售额（亿元）		全国 销售额（亿元）		国内区位商	
	2005年	2010年	2005年	2010年	2005年	2010年
批发业合计	1323.85	3773.43	75510.73	219121.10		
农畜产品批发	27.73	63.32	1798.02	3969.40	0.88	0.93
食品、饮料及烟草制品批发	248.67	567.01	9509.40	19083.84	1.49	1.73
纺织、服装及日用品批发	99.49	241.55	5417.01	12221.02	1.05	1.15
文化、体育用品及器材批发	21.22	33.20	1113.63	2723.81	1.09	0.71
医药及医疗器材批发	189.31	418.08	3147.56	8076.55	3.43	3.01
矿产品、建材及化工产品批发	507.87	1789.46	38924.58	128815.74	0.74	0.81
机械设备、五金交电及电子产品批发	204.99	462.81	11620.61	35139.50	1.01	0.76
贸易经纪与代理	3.04	1.15	697.86	3483.78	0.25	0.02
其他批发	21.53	196.85	3282.06	5607.44	0.37	2.04

注：(1) 表中数据来源于《安徽统计年鉴》(2006、2011)、《中国统计年鉴》(2006、2011)。

(2) 安徽省限额以上批发和零售业标准：批发业，年末从业人员20人及以上，年销售额2000万元及以上；零售业，年末从业人员60人及以上，年销售额500万元及以上。

(3) 全国限额以上批发和零售业统计单位是指：批发业，年主营业务收入2000万元及以上；零售业，年主营业务收入500万元及以上。

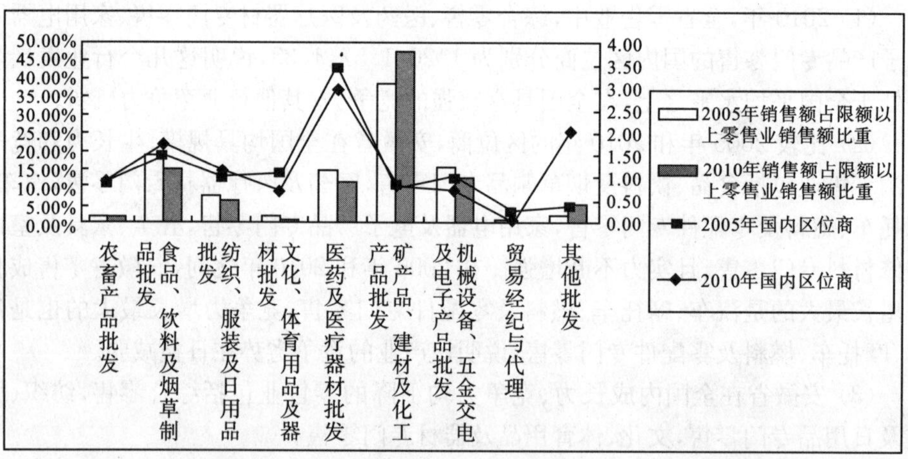

附图3－2　2005年、2010年安徽省限额以上批发业国内区位商和销售额占比图

分析附表 3－4，可以得到以下结论：

(1) 安徽省具规模、有成长力和国内竞争力的批发商品类别如附表 3－5 所示。

附表 3－5　安徽省具规模、有成长力和国内竞争力的批发商品类别

（销售额占比上升、国内区位商上升）

商品＼指标	销售额占本省限额以上比重			国内区位商变化值
	2005 年	2010 年	变化值（百分点）	
矿产品、建材及化工产品批发	38.36%	47.42%	9.06	0.06
其他批发	1.63%	5.22%	3.59	1.66

注：表中数据根据附表 3－4 及附图 3－2 中的数据计算得出。

(2) 安徽省成长力下降但国内竞争力相对较强的批发商品类别如附表 3－6 所示。

附表 3－6　安徽省成长力下降但国内竞争力相对较强的批发商品类别

（销售额占比上升、国内区位商上升）

商品＼指标	销售额占本省限额以上比重			国内区位商变化值
	2005 年	2010 年	变化值（百分点）	
农畜产品批发	2.09	1.68	－0.42	0.05
食品、饮料及烟草制品批发	18.78	15.03	－3.76	0.23
纺织、服装及日用品批发	7.52	6.40	－1.11	0.10

注：表中数据根据附表 3－4 及附图 3－2 中的数据计算得出。

(3) 安徽省成长力下降、国内竞争力下降的批发商品类别如附表 3－7 所示。

附表 3－7　安徽省成长力下降、国内竞争力下降的批发商品类别

（销售额占比上升、国内区位商上升）

商品＼指标	销售额占本省限额以上比重			国内区位商变化值
	2005 年	2010 年	变化值（百分点）	
文化、体育用品及器材批发	1.60%	0.88%	－0.72	－0.38
医药及医疗器材批发	14.30%	11.08%	－3.22	－0.42
机械设备、五金交电及电子产品批发	15.48%	12.26%	－3.22	－0.24
贸易经纪与代理	0.23%	0.03%	－0.20	－0.23

注：表中数据根据附表 3－4 及附图 3－2 中数据计算得出。

对全省批发商品进行详细分析，可得出以下结论：

(1) 2010 年，全省批发业中，食品、饮料及烟草制品批发，纺织、服装及日用品批发，医药及医疗器材批发，其他批发的国内区位商分别为 1.73、1.15、3.01、2.04，说明这几个行业发展水平处于全国平均水平之上，在全国具有较强的竞争力，其他行业竞争力较弱。

(2) 比较 2005 年和 2010 年的区位商，全省在全国均具规模、生长力和竞争力的批发业包括矿产品、建材及化工产品批发，其他批发，实力不断增强。在 2005 年和 2010 年之间，安徽省批发业成长力增长最大的是矿产品、建材及化工产品批发，竞争力增长最大的是其他批发。

(3) 安徽省在全国内成长力、竞争力均下降的批发业包括文化、体育用品及器材批发，医药及医疗器材批发，机械设备、五金交电及电子产品批发，贸易经纪与代理。

附录四　数 据 说 明

一、数据来源及优先级

（一）数据来源

本书中所使用的数据按其来源分为三部分：

（1）公开披露及已形成成果的数据。包括统计资料（年鉴）、规划资料、政府相关文件、文献资料等。

（2）尚未公开披露的数据。包括全省第二次经济普查数据、政府相关部门提供的数据、企业填报数据、我们自己的调研数据等。

（3）根据上述原始数据使用分析工具及模型获得的分析数据。

（二）数据优先级

本书中所使用数据按其权威性优先级依次为：

（1）统计数据。

（2）政府相关文件、规划资料、文献资料。

（3）企业填报数据、编者调研汇总数据。

（4）使用分析工具及模型获得的分析数据。

二、数据时点及存在问题

（一）数据时点

本书中所使用数据分为两个时点：

（1）从数据完整性角度出发，商业企业引用的部分数据为全省第二次经济普查数据，相关描述及分析为2008年末数据。

（2）除上述数据外，其余数据及其相关描述与分析均为2010年数据。

（二）存在问题

受获取数据的局限，本书在数据引用及分析中存在以下问题：

（1）由于使用了两个数据时点，故影响了分析结果的可比性及报告文档的统一性。

（2）因所了解的安徽省第二次经济普查数据尚不全面，影响了相关分析的质量。